The Tulip

チューリップ

ヨーロッパを狂わせた花の歴史

Anna Pavord
アンナ・パヴォード◆著
白幡節子◆訳

大修館書店

This book is publishied in Japan by arrangement
with Bllomsbury Publishing Plc, London
through Tuttle-Mori Agency, Inc., Tokyo.
TAISHUKAN PUBLISHING COMPANY, 2001

萎れた葉が当時人気だったチューリップ（1720年頃のチューリップの本より）

ローズ系「ジュノー」
(『フロリスト案内』、1828)

ビブロメン系「ミス・ファニー・ケンブル」
(ジョセフ・ハリソン
『園芸キャビネット』、1833)
1820年頃現れて、
大センセーションを起こしたもの

パロット系「フレイミング・パロット」
1968年にP．ヘームスケルクが作り出す

ビザーレ系「センプロン」
(『フロリスト案内』、1828)

『チューリップと洋ナシ』（ヨリス・フーフナーゲル画、1590頃）

目次

序

世の中には大変興味深い出来事に偶然めぐりあうことがある。私の場合はこうだった。五月のある日、クレタ島西部のアリカンポスという村の食堂の外庭に座っていた時のことだ。私はガイド・ブックもちゃんとした地図も持っておらず、すばらしい野生植物の本を数冊持っているだけだった。私のテーブルを取り囲んでいた、いかめしい顔つきの村の年寄り連中は、革のブーツをはき、サンザシの杖を持ち、家が貧しいことを隠すかのように豊かに髭を蓄えていた。私はほとんどギリシャ語が話せず、彼らは私のギリシャ語よりもっと英語が話せなかった。テーブルの上にはデミタス・カップに入ったコーヒー、白色をした強い自家製ブランデー、塩茹でのエンドウ豆が置いてあり、老人たちの間で私の本が手から手に回されていた。一つの花が載っているページを皆が見ていた。学名をツリパ・ベイケリというチューリップである。これは一八九五年の王立園芸協会の展示会でその花を初めて紹介した、ジョージ・パーシヴァル・ベーカーにちなんで名付けられたものだ。

クリミア半島や中央アジアで見られる野生のチューリップの燃えるような色合いに、私たちは強く引きつけられるが、それに比べればこのチューリップは特に人目を引くような花ではない。クレタ島産のこのチューリップの花は、基部がよく目立つ黄色で、赤紫か青紫色の花を付け、花弁の裏は薄いかすかに緑色がかった輝きがある。その上塗りのせいで、花弁全体が繊細で魅力的なサテンの生地のような風合いをもつことになる。なぜそう思ったかはよく憶えていないが、私はクレタ島にしか生えていないこの花を自分の目で見ようと決心していた。アリカンポスの老人たちはその本を私に返し、テンナンショウやツルボランやムスカリの絵のページを開いては、これらの花なら何百でも見せてあげられるのにと言った。しかし、誰もこのチューリップは知らなかった。がっかりした気分を追い払うために、もっと多くのブランデーがテーブルに運ばれた。

それから、ギリシャ語で短いやり取りをした後で、そこにいた老人の一人と少年が、近くに停めていた私のレンタカーの方を指さした。二人が車に乗りたがっていると思った私は、二人を乗せると、この村がある丘の上から曲がりくねった道を下って行った。老人のいいかげんな指図に従いながら、その道をはずれてでこぼこの脇道を走り、さらに歩いて丘を下って行くと、突然一軒の漆喰壁の小屋に到着した。間口が三メートル、奥行きが三・五メートルほどの小さな小屋で、泉のほとりに立っていた。

老人は小屋の鍵をはずし、まるで魔術師のような手つきで扉を開けた。その中に入って、細身の威厳に満ちた聖人が何人も天井や壁から、眼球のない目でこちらをじっと睨んでいるのが見えてくるまでは分からなかったが、それはなんと教会だった。蜜蠟のロウソクの先で順番にそれらの聖人を指し示しながら、八世紀に作られたと老人は言った。ビザンティン時代だ。彼がそのロウソクに火を灯してくれて、私はゆっくりと古びた聖人の絵姿を見て回った。ロウソクの火が明るくなったり暗くなったりするにつれて、その絵の濃い黄土色が見えなくなったり、明るくなったりした。チューリップの代わりにフレスコ画を見つけて、私は奇妙な気分になっていた。

しかし、この聖人のおかげで例のチューリップに出合えることになった。外の岩の上に座って待っていた少年は、通りがかった人を呼び止めて、私が探している花の絵を見せたのだ。私たちが教会から出てくると、少年は誇らしげに「オマーロス」と叫んだ。彼はまず絵を指し、そして次に西の方を指さしながら、もう一度「オマーロス」と言った。翌日、私は青色をしたマツムシソウやちょうど穂が出ている野生のカラスムギやオオムギがたくさん生えている狭い道を、オマーロスに向けて車を走らせた。私の後には、厚く雪をまとった岩山の峰々がそそり立つ壮大な風景が広がっていた。

オマーロスは、壁のようにそそり立つ山々の間に広がる平原に横たわるさびれた町である。平原は羊が草を食べるので、あちこちが剝げてしまっていた。とても静かで、野生のタカトウダイの種子が暑さのせいで弾ける音が聞こえるほどだった。私はブラッドハウンド犬のようにあちこち嗅ぎ回って、「ド・カエン」と呼ばれているアネモネの祖先にあたるいろいろな色のアネモネを見つけて大喜びした。アネモネのあるところ、チューリップもありと私は思っていたようだった。

一時間ほどあちこち嗅ぎ回りながら、山の中腹まで登っていくと、雪線がはっきりと見えるところに出た。そこまで登っていくのは簡単で、一時間もかからないようだったから、私は雪に触ろうと思った。そ

ツリパ・ベイケリ

(『ボタニカル・マガジン』、1940より)

の場に到着すると、雪が溶けかかっているあたりでクロッカスを見つけた。さらにもう少し高いところは、高山性のウシノシタグサが岩にしがみつくように広く生えていた。葉の間からのぞいているその花の色は、まばゆいほどの青色だった。しかしチューリップは見つからなかった。

頂上で、急降下しようとしているワシに私は雪玉を投げた。それから、車のところまでぶらぶら歩きながら戻っていくと、突然ツリパ・ベイケリが目に飛び込んできた。蜃気楼だと思ったが、本当にあった。それまで歩いていたのは「それがそこにあるから」だったのだと思えた。古木のオリーブの張り出した枝の下に生えていたせいで、放牧されている動物に食べられなかったのだ。群生しているアネモネの間から、その花の光沢のある葉が突き出ており、さらにまるで目印のように、ランや薄い緑色と黒色という珍しい色合いのクロバナイリスまでその中に混じっていた。私は感嘆の眼差しで、いやそれ以上に畏敬の念をもって、その花をただ眺めていた。その場にふさわしい言葉が見つけられなかったのだ。野生のチューリップが咲いているのをこれまで見たことがなかった。円卓の騎士ガラハッドが聖杯にたどり着いた時に、どんな気持ちがしたのか私には分かった。

この時、これまで時折私が漠然と感じていたことが確信になった。この世の中でチューリップを嫌う人はまずいないということだ。北イラン産のツリパ・アイヒレリの魅力に太刀打ちできる人がいるだろうか。このチューリップの花弁の色は、鮮やかな深紅色で、花弁の中ほどがわずかにくぼんでいて、先の部分は細い針のようにとがっている。蕾の時は外側の花弁は緑色がかった黄褐色だから、普通のチューリップにしか見えない。しかし花が咲くと、その花は人を引き付けてやまない。コテージ系［五月頃咲く遅咲きのチューリップ］の「マギア」が咲いた時、この花に恋しない人はいないだろう。花弁の色は淡いピンク色を帯びた白色で、その縁の部分は紫色だ。この花のすばらしい特質は、何年も咲き続けると全体の色が暗くなって、その縁の部分の紫色が消えてしまうことだ。それはま

『アイヒシュテットの園』(1613)の挿画

るで夢のような現象だが、本当に優雅に、上手に老いていくと言える。

どんな恋も、一目惚れの時期が過ぎると、自分の情熱の対象についてもっと知りたいと思うようになる。その思いをチューリップは失望させることはない。この花の歴史には神秘があり、数々の物語があり、ジレンマが、災難が、勝利があり、心からそれに情熱を傾けている人が考えられる以上のものがある。チューリップの野生種は、北緯四〇度前後の地域に広がっている。その線をたどると、トルコのアンカラから東にジェレヴァンやバクーを通ってトルクメニスタンまで、さらにブハラ、サマルカンド、タシュケントを過ぎてパミール=アライ山脈に至る。この山脈は天山山脈の近くにあって、チューリップの温床になっている。

西ヨーロッパのチューリップ物語はトルコに始まる。一六世紀中頃、その地を旅したヨーロッパ人が、トルコで評判になっていた「赤いユリ」の情報を持ち帰った。それこそがユリではなくチューリップだった。一五五九年四月、チューリッヒの医者で、植物学者でもあるコンラート・ゲスナーが、初めてチューリップの花を見ている。その花はバヴァリア地方のアウグスブルクのヨハニス・ハインリッヒ・ヘルヴァルトが所有しているすばらしい庭園に咲いていた。ゲスナーはそれから二年後に出版した本の中で、その花弁の色は輝くような赤で、よい匂いがすると書いている。この本は、西ヨーロッパで咲いたチューリップについて初めて記述した本と言われている。ゲスナーによると、このチューリップはコンスタンティノープルから運ばれた（カッパドキアからという説もある）種子から育てられた花だった。その花から、あるいは以後三〇〇年間にわたってシベリアのステップ、アフガニスタン、チトラル、ベイルート、マーマリス半島、あるいはイスファハン、クリミア半島、コーカサスで収集された野生種から幾多のチューリップが育てられてきた。一九二九年以来オランダの王立球根栽培家協会が定期的に出版している『国際登録書』には、五五〇〇種以上のチューリップが記載されている。

私たちを魅了するチューリップの長い物語の中で、オランダは不思議な物語の舞台となった。一六三四年から一六三七年の間にオランダで起こった「チューリップ熱」は、今でも歴史家や経済学者にとって謎である。ある種類のチューリップの球根一個が、アムステルダムの一等地にある家一軒が買える値段で売買されるというようなことが、どうして起こったのか。チューリップ熱の最盛期には、「アドミラル・ファン・エンクヒュイセン」というチューリップで、重さが二一五アゼンある球根一個が、五四〇〇ギルダーで売買されている。これはアムステルダムに住む当時の煉瓦職人の一五年分の給料に等しい金額である。

「チューリップ熱」が起こった原因については諸説あるが、その根拠として幾つかの事実が挙げられる。一六〇二年にオランダ東インド会社が設立されたこと、あるいは港としてアムステルダムの重要さが増していったことがオランダの繁栄の時代の幕開けだと言われている。商人は豊かになり、それに続いて法律家、医者、薬屋、そして宝石商も豊かになった。東インド会社の理事の一人、アドリアン・ポウはヘームステデの領主で、オランダの国璽の保管者であり、様々な外国の宮廷に使わされる公使でもあった。ハールレムの近くにあった彼の家には広大な庭があって、そこの鏡張りのあずまやの周囲にはチューリップが群生していた。鏡に反射した数百個の花は数千個の花のように見えた。アドリアン・ポウほどの人でも、チューリップを数千個も植えることはできなかったのだ。裕福な商人の庭には、噴水やいろいろな珍しい鳥やギリシャ様式の建物があった。しかし、チューリップはその人物の身分の高さを示す、究極の象徴だった。洗練度は劣るが、一九八〇年代にはポルシェの車が同じような役割を果たした。ポウの庭にあった多くの珍しいチューリップの中に、有名な「センペル・アウグスツス」があった。赤と白の縦縞模様のこの花は、一七世紀初頭に、最も美しいチューリップと呼ばれた。チューリップ熱が公式に終焉したと言われる一六四〇年代には、「センペル・アウグスツス」の球根はわずか一二個しかなかったと考

センペル・アウグスツス。チューリップ熱の象徴的花（ピーター・ホルスタイン子画）

「花」（アンブロシウス・ボッシャールト〈1573－1621〉画、
国立美術館、アムステルダム）

えられており、その球根は一個一二〇〇ギルダーの値が付いていた。これは一七世紀中頃の平均年収の三倍にあたり、現在の価値で言えば、八万ポンド［約千六百万円］くらいだろう。

チューリップが買えない場合、アンブロシウス・ボッシャールトやバルタザール・ファン・デル・アーストのような画家にチューリップの絵を描いてもらうことになる。オランダの花の絵の大家ヤン・ファン・ホイスムでさえ、一枚の絵に五〇〇〇ギルダー以上請求することはほとんどなかった。一六三七年二月五日、アルクマールで行われた競売では、「アドミラル・リーフケンズ」というチューリップの球根一個が四四〇〇ギルダーで競り落とされた。「アドミラル・ファン・エンクヒュイセン」はもっと高く、五四〇〇ギルダーだった。この時の競売で大金を出した人の中には、九九個の球根に九万ギルダー支払った人がいた。これは現在の金額で言えば、六〇〇万ポンド［百二十億円］くらいだろう。この競売は二月に行われたから、球根はまだ地面の下にあるわけで、それぞれの球根はそれを植えた時の重さで売られた。その重さの単位がアゼン［重さの単位アースの複数形。一アースは〇・〇四八グラム］である。新たに増えた子球根も親球根と同じ特色をもっているから、子球根が付いているかどうかが重要だった。それは球根に投資した資本の利子と言える。一方、チューリップの種子を蒔いた場合、親と異なった形質の花が咲くことがある。

重さでチューリップの球根を売ることは、一見すると合理的かもしれないが、この制度こそが人々を破産させることになった。すなわち、実物の球根が手渡されることなく、紙の上に書かれた重量だけが売買されることになったのだ。ビクニエフ・ハーバートによれば、「アゼンだけが、将来も生き続け、チューリップそのものは色あせ、その色や形を失い、抽象的なもの、単なる名前、ある程度のお金と交換できるものになってしまった」。球根を買うために、商人は自分の家を抵当に入れ、織工は織機を抵当に入れた。そして多くの人が破産したが、宿屋は金を儲けた。というのは、たいていの売買が宿屋で行われ、「ワインの金」がチューリップの取引に欠かせないものだったからだ。

堅実で立派なオランダの市民に、なぜ「チューリップ熱」がとりついたのかを説明するのは難しい。この花には異教徒がもつ人を熱狂させるオーラがあって、それが彼らにとりついたのだろう。この花は早くも一五二九年にウィーンの門を激しく叩いていた。この花には独特の性質があって、それが人々の身を滅ぼすほどの大きな魅力だった。この花は自分の意志で色を変えることができるように思われた。ヘルヴァルトのもつ赤いチューリップが次の春にはまったく別の色の姿で現れるかもしれなかった。花弁が白色と濃い赤色の複雑な文様になったり、羽状の模様になったり、炎状の模様になったりした。そうした「ブレイク」［普通のチューリップが変化して、驚くような多色の花をつけたり、羽状模様や炎状模様の花になったりすること］は、アブラムシが運ぶウイルスが原因で起こることを、一七世紀のチューリップ愛好家は知らなかった。何世紀もの間チューリップ栽培家が関心を持ち、作りだそうとした不可思議な現象の謎が解明されたのは、一九二〇年代のことだった。ヨーロッパ中の（そしてオスマン帝国の）チューリップ愛好家は、単色の花よりも「ブレイクした」花の方を高く評価したから、「ブレイクした」花の球根は高額な金で取引された。しかし、百本のチューリップの中で色が変わるのは、わずか一本か二本だけだったし、望んだような模様ができるわけでもなかった。どの球根も同じように扱っても、こうした違いが起こる原因が栽培家には分からなかった。「ブレイク」してできる複雑な模様は指紋と同じで、一つとして同じものはなかった。ウイルスはチューリップ畑の中のいたずら者だった。その原因が長い間分からなかったから、球根を管理してもそうした模様を作り出すことはできなかった。幸運なことに、一つの球根から「ブレイクした」花が咲くと、その球根からは「ブレイクした」花が咲き続けるし、その球根からできた子球根も親と同じ特徴を持っていた。しかし、ウイルスはチューリップを弱めてしまうので、ウイルスにおかされた球根から子球根を作り出すことは、ウイルスにおかされていない球根から子球根を作るほど簡単ではなかったし、できたとしてもその数は少なかった。結果として、「センペル・アウグスツス」などの変種を増やすには時間がかかったから、その価値は高くなった。

ウイルスが花弁の色素の一つ、アンソシアニンを部分的に抑えることによって、白か黄の下地の色が透けて見えるようになる。ブレイクしたチューリップのくっきりとした赤や紫の色は、花弁の上にまるでラクダの毛で作った細い絵筆で描いたように見える。羽状模様や炎状模様が対称形になると、チューリップ愛好家の間で高い値段が付けられた。ブレイクしたチューリップの模様は、はっきりとした色の対比を見せるので、「プリンセス・イレーヌ」やツリパ・クルシアナのように、花弁の外側の中心部だけがピンク色でそれ以外の部分が白色になっているものとは、その色の効果はまったく違う。ブレイクしたチューリップの花弁の下地色は純白か黄色のどちらかで、その下地色と模様になっている部分の色の対比が、フロリストが花の優秀さを決める際の重要な基準だった。フロリストというのは一七世紀の中頃から、厳しい審査が行われる品評会に出展される六種類の花の一つ、チューリップを栽培していた人のことである。

ブレイクが起こる過程に強い関心があったうえに、きれいなブレイクが起これば間違いなく莫大な金が手に入ることが追い風になって、初期の栽培家は、葉が斑入りになること、花が矮小になること、花の元気がなくなってしまうことなど、ウイルスがチューリップにもたらす効果には着目したが、その原因を解明しようとはしなかった。ウイルスという言葉そのものも、現在使われている意味で理解されるようになるのは、一八八〇年代になってからである。一九二〇年代後半に電子顕微鏡が発明されて、ようやく研究者はウイルスの性質を解明するための必要な道具を手に入れることができたのだ。初期の栽培家は、自分の目だけを頼りに集めた資料によって、ブレイクを起こすと称する方法を数え切れないほど多く考え出した。奇跡的な方法と称して、一回につき一ギニーでその方法を売るペテン師も出現したが、それを買う愚か者もいたのだ。よく用いられた触媒がハトの糞だったが、古い壁からとった漆喰や堆肥から流れ出た水も用いられた。当時の錬金術師から学んだのだが、チューリップの球根を植える土の上に自分が望んでいる色の絵の具の粉末をまいて、花弁にその色が付く奇跡を願う栽培家もいた。それは錬金術師が金属を金に変えようとしたのと同じで、奇妙な方法だった。錬金術師の試みがまったく成功しなかったことに比べれば、栽培家の場合は偶然うまくいくことがあったので、こちらの方がまだましだったと言える。ただどうしてその成果を得られたかが分からなかっただけだ。

昔の栽培家の中には、赤色の花の咲く球根と白色の花の咲く球根のそれぞれを半分に割って、半分になった赤色と白色の球根を結び付けてそれを植えた。その結果、赤と白の縞模様の花が咲くことを期待したのだ。これは粗雑なやり方と言えるし、お笑い種とさえ言えるが、実はブレイクが起こる過程を解明したのは、この方法だった。

一九二八年、ロンドン郊外の町、マートンにあるジョン・イネス園芸研究所の菌類学者のドロシー・ケイレー(1874–1955)は、「ブレイクした」球根の半分をコチニール・レッド色の単色の遅咲きの「バーティゴン」という名のチューリップで、ブレイクしていない球根の半分に継ぎ足した。この処理を施した球根のうち四分の一以上が初年度にブレイクした。この割合は球根を管理して栽培した場合よりはるかに高かった。ジョン・イネス研究所での初期の頃のチューリップの実験は、植物学者E・J・コリンズ博士(1877–1939)が行っていた。博士はアブラムシが球根にウイルスを運ぶ病原菌媒介生物ではないかと考え、自分が飼育していたアブラムシにまずブレイクした球根を食べさせ、次にウイルスにおかされていないと考えられる球根を食べさせた。残念ながら博士の実験では結論がでなかった。その理由は管理された、いわゆる「きれいな」球根の中にも、実際にはブレイクしたものが含まれていたからだ。しかし、ゆっくりとウイルス感染した球根は、三年以内に正常なものの二倍の割合でブレイクを起こした。ブレイクを起こす確率が一番高いアブラムシは、ムズス・ペルシカエ（英語名はピーチ・ポテト・アブラムシ）だった。このアブラムシは高温で、果樹の多い場所でよく繁殖する。果樹が豊富にあることは、一七世紀の庭の特徴だった。そして桃の木は特に、チューリップの故郷でもある東の国々にたくさん植えられていた。観察眼をもった初期の栽培家は、チューリップを新鮮な土壌に移し替えると、ブレイクしたチューリップや果樹やウイルスを体内にもっているアブラムシに接触しなくても、ブレイクがよく起こることを知っていた。

ウイルスに感染した球根から生まれたチューリップは、その価値が飛躍的に高くなったが、ウイルスはそうした結果をもたらす、知られている唯一の病原菌だった。しかしながら世紀が変わろうとする頃から、単色のダーウィン系［19世紀にオランダで作られた遅咲きのチューリップ。この系統から多くの交配種が生まれた］のチューリップが市場に大量に出回って、他を圧倒するようになる。そうなると、今度は栽培家はブレイクを起こさせないように努力した。チューリップは宝石に等しい花として三〇〇年以上もの間、高く評価され、大切に扱われ、洗練され、最も美しい花と考えられ、それぞれの花の模様が複雑であることで大事にされていたが、明るい色の壁紙の模様としても高い評価を得た。チューリップは、我々人間の身勝手な行為に対して反逆の仕方を知っているようだ。チューリップの花壇の中にいたずら者がまだ潜んでいるのだろう。

法律と戦争を通して歴史を解釈することがよくある。これ以降、本書の大部分では、一つの花の歴史に関して記述するが、その花は他のどんなものよりも政治的、社会的、経済的、宗教的、知的、文化的内容を含んだものである。何世紀にもわたって、この花は人々の生活に深く関わってきたし、オスマン帝国やヨーロッパのほとんどの国で注目されてきた。例えば、ステュアート朝時代のイギリスでは、国内で二つの戦争があり、国王が殺害され、共和制になり、王政復古があり、革命が起こるという具合で、息つく暇もないほど連続して事件が起こった。しかしこの間、フリントシャーのベティスフィールドの園芸家であり、忠実な王党派のトマス・ハンマー卿（1619–1683）は何をしていたのか。当時、国王が所有している北ウェールズの土地を防衛しなければならなくなって、ハンマー卿は国王に援軍を送るために二〇〇人を召集していた。その一方で、クロムウェル軍の将軍の一人ジョン・ランバートにチューリップを送っているのである。ハンマーと同じく、ランバートも熱狂的なチューリップ愛好家で、彼の住居ウィンブルドン・マナーに有名な庭をもっていた。ハンマーは、自分のチューリップの中で最高のものの一つ、「アガト・ハンマーの大きな親球根一個」をランバートに送った。このチューリップの花弁は「灰色がかった紫色と濃い赤色と純白で、それぞれの色がくっきりとした、縦縞模様や瑪瑙模様になっている。色の配置がすばらしく、花弁の基部と雄しべは青色で、最後までその色が変わらない。」

一七世紀、国王とその支持者が次々とイギリスを出たり入ったりし、火薬陰謀事件［一六〇五年一一月五日にガイ・フォークスが議事堂の爆破を企てて失敗した事件］、ロンドン大疫病［一六六四－一六六五年］、ロンドン大火災［一六六六年］などの大変動が起こる間も、チューリップは花の女王で、その地位が揺らぐことはなかった。一七世紀を通してチューリップは一番求められた花であり、最も高価な花であり、その時代の花であり、その時代がそうだったように非常に劇的で、突然変化する花だった。これはイギリスに限ったことではなく、チューリップはヨーロッパ中を支配し、バヴァリアのヴュルツブルクにある司教公の庭、選帝侯の夏の離宮ニンフェンブルク城にある庭、ウィーンのハプスブルク家のシェーンブルン城の刺繡花壇、ザルツブルクの市壁の外にある、元はディートリヒ大司教のために建てられたミラベルの庭などで最も重要な花だった。またフランスのオー・デ・シアンのサン・クローでは、ルイ一四世の弟オルレアン公が画家ニコラ・ロベール（1614–1685）に彼のお気に入りのチューリップを描かせていた。そのチューリップには「ブリネ」、「フエッテ」、「ペナシェ」という名前が付けられている。ロベールは赤、緑、黄色の鮮やかな多色のパロット系〔ダーウィン系、コテージ系等から生じた、花弁の先端に切り込みがあるもの〕のチューリップ、黄色の炎状模様がついた「ジャスペ・ド・ハールレム」を含む数種類の赤いチューリップ、花弁の縁がピンク色で薄いクリーム色がかった白色の優雅なチューリップ、現在のユリ型の花が咲くタイプの先祖ではないかと思われる、花弁の中程はたいへん細く、先の方がヒラヒラと広がり、その先端が尖っていて、少し緑色がかかった濃いピンク色のチューリップなどの絵を描いた。ガストン・ドルレアンの宝物の多くはパリの種苗商、ピエール・モランが売ったもので、この種苗商には世界中に顧客がいた。

犢皮紙に描かれたチューリップ
(ニコラ・ロベール画)

一六世紀後半以降、宗教上の理由で迫害された多くの人々の移動地図とチューリップの移動地図は同じだった。球根は高価で、逃亡者が持ち歩くには都合がよかったのだ。チューリップはフランドルやフランスからの追放者が移住した新しい土地に、ゆっくりとではあるが姿を現した。一六世紀後半、こうしたユグノー派の新教徒が、フランドル地方からイギリスにチューリップをもたらしたのはまず間違いないだろう。その理由は、オランダ人がチューリップ市場を独占する以前は、フランドル地方がヨーロッパのチューリップ栽培の重要な中心地だったからだ。移住者の多くは織工で、その中にノリッジに定住した者もいた。当時ノリッジはイギリスで三番目に重要な町だった。それ以外の人々はロンドンのライム通りあたりに定住した。その中にはフランドルの植物学者マティアス・ド・ローベル（1538-1616）がいた。マクシミリアン・フランソア・ミッソンなどのフランスのユグノー派が第二波の移住者として、ルイ一四世の迫害を逃れてイギリスに到着したのは、一六八〇年代だった。そして一六八〇年から一七二〇年にかけて、イギリスでチューリップ栽培が爆発的に盛んになった。ユグノー派の移住者はアイルランドにもチューリップをもたらし、一七四六年にシュネヴィー大佐、コルネイユ大尉、デブリサイ大尉によってダブリン・フロリスト協会が設立された。この三人はボイン川［アイルランド東部の川］の戦いで、オラニエ公ウィレムの側で戦ったユグノーの連隊にいた将校である。

野生のチューリップがなかった新大陸でも、ごく限られた範囲ではあるが、チューリップが栽培されるようになった。一六二四年、オランダの初の植民地がニュー・ネザーランド［今のニューヨーク、ニュージャージー、コネティカット州］にオランダ西インド会社によってつくられた。ニュー・アムステルダム（現在のマンハッタン）に定住したアドリアエン・ファン・デル・ドンクは、移住者の家の庭に植えられたヨーロッパの花について記述している。そうした花はオランダ人の静かな生活の中のまさに「花」だった。例えば、ヨウラクユリ、斑点模様があるバイモ、バラ、カーネーション、チューリップなどである。これらの花はペンシルヴェニアでも繁茂した。一六九八年、ウィリアム・ペンが受け取ったジョン・テータムの「大きくりっぱな城」についての報告書によれば、その「城」の庭にはチューリップがたくさん咲いている。一七六〇年までには、ボストンの新聞に五〇種類の多色のチューリップの「根」の広告が掲載されるようになっていた。しかしアメリカとヨーロッパは遠く離れていたので、多くの困難があった。イギリスからの移住者トマス・ハンコックは、「プラムの木とチューリップの根を贈り物として送り届けてくれてありがとう。とても気に入っています」という手紙をその送り主の種苗商に書いている。しかし、翌年の一七三七年六月二四日の手紙では、ハンコックの言い分は変わっている。彼は「私の代理人のウィルクス氏があなたから買った種子や花の種子を送ってくれました。その代金として一六ポンド四シリング二ペンスも払いましたが、届いたものはまったくその金額に見合うものではありませんでした。……あなたが贈り物として送り届けてくれた例のチューリップの根ですが、あれも全部腐ってしまいました」と書いている。

チューリップは、ホランド（現在のミシガン）には遅れて一九世紀の初め頃に到着した。オランダ改革派教会に属する人々がウィレム一世の迫害を逃れて、この地に移住してくるのと同時にチューリップも移住した。オランダ人移住者はファン・ラールト師の指導により、ミシガンの平地に入植・定住し、ペラやアイオワなどにいた他の多くのオランダ人移住者と共同で、ヨーロッパの植物を定期的に購入するようになった。こうした人々は、新しく生まれた商売、つまりチューリップの訪問販売を利用して購入することができた。一八四九年、オランダ人のヘンドリック・ファン・デル・シュートは、六か月間アメリカ中を旅して、チューリップの球根の注文を取った。八月二九日、大型帆船セラピス号に上船し、帰国の途に着いた。彼の日記には「船が左右に激しく揺れる。強い北西の風が吹いて、船の前方から高い波が押し寄せ、海は天に届きそうだ」と書かれている。一八四九年一〇月五日、彼はロッテルダムに近い、ヘッレフーツロイスにやっと着いた。彼の注文帳は無事だった。

イギリスとオランダからの移住者がもつ望郷の念を満たすために、チューリップの球根がヨーロッパからアメリカに送られる一方で、アメリカの植物もヨーロッパに送り出された。その多くがジョン・バートラム（1699-1777）の手を通して行われた。彼はフィラデルフィアに近いキングズエシングに評判の種苗園をもち、アメリカの植物の収集にとって重要な立場にある人物だった。イギリス人が新たに、レッド・オーク、ロードデンドロン・マクシムム、シュガーメープル、美しいステワルティア・マラコデンドロン（ナツツバキ属）などのアメリカの植物を熱心に求めるようになったことが、チューリップが流行らなくなる原因の一つとなった。この頃、庭園作りの好みにも大きな変化が現れた。「ケイパビリティ」・ブラウン（1716-1783）が、それまでの刺繡花壇を花でいっぱいにする様式を捨て風景式庭園を作り出したのだ。普通イギリスでは、チューリップはオランダの花ではなくフランスの花だと考えられていた。その結果、一八世紀半ばにフランスとの間で七年戦争が勃発すると、フランスのものはすべて拒否するようになり、その被害をチューリップも被った。こうした理由で、チューリップはイギリスの当時の最先端の庭では輝かしい地位を失った。

チューリップをゴミ溜の中から救い出したのは、これまでとはまったく違った階層の栽培家だった。例えば、リーズにあるミル・ヒル・チャペルのユニテリアン派の牧師ウィリアム・ウッド師（1745-1808）がその一人だった。ダービーに住む、鉄道員でチューリップ愛好家のトム・ストーラーは、自分の庭をもっていなかったので、ダービーシャーの鉄道線路の築堤にチューリップを植えていた。マンチェスターのチータム・ヒルに住むジョン・スレーター（c.1799-1883）は、たいそう優雅で起毛した羽状模様の赤色と白色の「ジュリア・ファーネス」というチューリップを育てた。サミュエル・バーロー（1825-1893）はカステルトンのステークヒル漂白工場で、まず徒弟となり、次いで支配人に、そして最後にはその所有者になった人物である。これらの人々は自分のことをフロリストだと言うだろうが、一七世紀、その言葉の意味は、ある特別な花の栽培に無心に全身全霊を傾ける人のことで、厳しい規則に従って自分の手でその花を改良し、常に公明正大な判定が行われたとは言えない品評会にそれを出品した人のことを指す。一七五〇年代のノリッジ・フロリスト協会の会員は、サドル職人、ガラス工、散髪屋、織工だった。一八三五年に設立されたウェイクフィールド・チューリップ協会では靴職人が力をもっていたようだ。

　フロリストが栽培する六種類の花の中にチューリップ、オーリキュラ、ラナンキュラスなどが含まれる。細心の注意を払い、辛抱強くフロリストが育てたチューリップは、やがてその絶頂期を迎える。ハンマーなどは高い金を払って、ヨーロッパの種苗商からほとんどのチューリップを手に入れた。フロリストにはその財力がなかったので、自らがチューリップの種子を蒔き、種子を蒔いてから花が咲くほどの球根になるまで七年間も待ち続けたのだ。フロリストの栽培計画から生まれるチューリップは三種類あった。「ビザーレ」は黄色の上に赤色か濃い紫がかった茶色の模様があり、「ローズ」は白色に起毛し、赤色かピンク色の羽状模様か炎状模様がある。「ビブロメン」は白色の上に藤色か紫色か黒色の模様が入る。こうした種類はそれ以前にもあったが、優劣を競う品評会に出展するには厳しい規定があったので、それぞれのグループには明確な線引きが行われたし、その規定に従って判定者は入賞者を決めた。『ミッドランドのフロリスト』や『庭のゴシップ話』などフロリストが必要とする情報を提供する専門誌が創刊されたが、それを見るとチューリップを判定することは、時に身に危険が及ぶかもしれない作業だったことが分かる。

サミュエル・バーロー

　イギリス人は、完璧なチューリップを作り出すためにはけっして妥協しなかった。そのおかげで「ミス・ファニー・ケンブル」のような優雅で美しいチューリップが作り出された。このチューリップはビブロメン系で、花弁の縁にほとんど黒色と言ってよい紫色の模様がある。この花は一八二〇年代にダリッジのフロリスト、ウィリアム・クラーク（*c.* 1763–1831）が作り出した。彼の死亡記事には「尊敬に値する誠実な人物」との記述があり、高く評価されている。「純粋」ということがチューリップを愛好する者の頭に常にあった。「ミス・ファニー・ケンブル」の花の色は下地の色も模様の色もどちらも純粋な色でなければならない。一八二六年、南部に住むもう一人の栽培家ローレンス・ハンプトンが有名な「種馬」のチューリップと呼ばれる「ポリフェムス」を作り出した。ランカシャーの栽培家も最終的にはこのポリフェムスに手を出すようになるのだが、彼らの間ではもっと親しみをこめて、このチューリップを「ポリ」と呼んでいた。ポリはビザーレの仲間で、花弁が薄いレモン色であることが高く評価されていた。それに劇的と言えるほど見事な黒色の羽状模様や炎状模様がある。

かつて百以上もあったチューリップ協会は、現在ではヨークシャーにある「ウェイクフィールドおよび北イングランド・チューリップ協会」だけになっている。そこに属している会員は、この花の発展に重要な役割を果たしたフロリストの長い伝統の最後を担っている。毎年ウェイクフィールドのフロリストが品評会に出す、美しく珍しい花の中には、一七世紀にジョン・イヴリンやジョン・リーが初めて育てたチューリップの血が流れている。

イギリスのフロリストと同様、トルコの栽培家も妥協を知らなかった。チューリップに取り付かれたようになっていたスルタン・アフメット三世（1703–1730）の統治時代をラレ・デヴリ（「チューリップの時代」の意味）と呼ぶ。イギリスの王立園芸協会とオランダのチューリップの球根栽培家が協力して、チューリップの名前の分類一覧を初めて作ろうとした時より三〇〇年も前に、トルコの栽培家はチューリップの新種の交配種の判定とそれに名前を付けるための会合を開いていた。イギリスのフロリストは丸く、横幅が広い、できるだけ半球の形に近い花をつけるチューリップを好んだが、トルコ人は花弁が針のように尖った短剣形のチューリップの方を好んだ。オスマン帝国期の装飾芸術品の中に、その特徴を備えたチューリップが表現されている。ツリパ・アクミナタは、トルコ人が熱狂的に好んだクモの足のような花弁をもつチューリップである。この細長い球根からはクリーム色の花が咲き、それに赤色の縞模様か斑点が付いている場合もある。これには種小名が付けられているが、トルコでもまたそれ以外の土地でも自生してはいない。

トルコに自生するチューリップは一四種類と言われているが、鮮やかな赤色の花をつけるツリパ・アルメナとツリパ・ユリアを含む四種類だけが本当のトルコの自生種だろう。それ以外のものはトルコ以東で、条件のよく似た土地に自生していたものが、古い交易路を通ってトルコに導入され、野生化したと考えられる。私はしばらく前、夫と二人の友人と一緒にトルコの東部に滞在した折、ツリパ・アルメナとツリパ・ユリアをエルゼルム、ホサプ、ワンのあたりで探そうとした。ワンにある湖は、いまだ頂上に雪をいただいた山々を反射してトルコ・ブルーに輝いていた。時は五月で、私たちの乗っている四輪駆動の車は道路を弾むように走り、点在する雪の塊は車の耐久性を試すかのようだった。私たちが借りていた小型車は、あらゆる障害を乗り越えて、奥地にある地肌がむきだしになっている丘まで私たちを運んでくれた。そこには赤い花をつけたチューリップが、花を付けたばかりの矮小のゼラニウムやエレムルスに混じって群生していた。

ツリパ・アルメナだろうか、それともツリパ・ユリアだろうか。赤色のチューリップの群生を見つけるたびに、私たちはそう言い合った。そこに咲くチューリップは分類学者が定めた学名命名法の規則にまったく合っておらず、そんなことには無関心なように見えた。アシュカレとテルジャンの間の道を走っている時も、少なくとも二〇本の満開の赤色のチューリップを見つけた。しかもその一本一本が全部違うチューリップだった。花が同じように見えるチューリップも、葉の形が違っていた。葉の形が同じでも、花弁の下地色が赤で、黄色い羽状模様の花だったり、黒色の滲み模様がないものだったりで、まるで私たちをからかっているかのようだった。私たちは一個の球根を掘り出して、それがツリパ・アルメナだと確信した。その理由は、ツリパ・ユリアの球根にはびっしりと細かい毛が付いているが、この球根の表面にはそれがなかったからだ。

エルゼルムの北に位置するトルツムの北にある谷に群生していたチューリップは、私たちが見つけた中で最も美しいものだった。ツリパ・アルメナが石灰岩の絶壁の窪みに群生していたのだ。この地域に出かけるといつも何か好奇心をそそられるものを見つけた。ある時はイヌナズナだったし、イリスの時もあったし、狼を見つけたこともあった。ある日、私は太陽の下で一枚の平らな岩の上に、目を閉じて大の字になって横たわっていた。ツリパ・ユリアとツリパ・アルメナのことが私の頭の中でグルグル回っていた。私が目を開けた時、狼の影が見えた。その狼はしっぽを前足のところで丸めて、近くの岩の上で私の方を見ながら、体をまっすぐにして座っていた。狼の前方、私からわずかしか離れていないところに、鮮やかな赤色のチューリップが生えていた。私が起き上がると、狼は急いで逃げて行き、近くの絶壁の岩下の小さな穴の中に姿を消した。チューリップと狼の結びつきはクレタ島にあった聖人の絵と同じくらい不思議なことだった。トルツムで輝く太陽の光を浴びながら横たわっていた時、私はそのチューリップのことを考えていた。茶色の頁岩でできた山の斜面に生えている、鮮やかな血色の模様があるチューリップのことを。チューリップに比べれば狼は何でもなかった。聖人の絵も何でもなかった。この斜面に何千年もの時が過ぎていた。例の狼と同じく野生のチューリップは、その間何世代にもわたってゆっくりと楽しそうに進化してきたのだ。今でも岩の下にある地下の暗い空洞では、私たちが夢想だにしない方法で、チューリップは新しい技を考え、自らの姿を変え続けている。

チューリップ——ヨーロッパを狂わせた花の歴史

第1章　近東の花

春になると華やかなチューリップが花屋にあふれるが、その中には野生のチューリップの遺伝子が深く埋め込まれている。現在庭に植えられている園芸種のチューリップも、今の姿になるまでには長い時間がかかっており、突然庭に飛び込んできたのではない。中央アジアやコーカサスのあちこちに自生していたチューリップの中から選別され、改良されたものなのだ。ツリパ・シュレンキーのような順応性がある種は、野生の状態ではほとんど変種がないツリパ・ブトコヴィーよりも交配種を作るのに適していたようだ。ツリパ・シュレンキーはクリミア半島のステップや半砂漠地帯、ドン川の下流、コーカサスやクルディスタンに生えていて、その細長い球根から咲く花はコップの形をしており、花弁はクラレット酒の赤色か黄色、ピンク色、白色である。同じ種の花でも花弁の色が違うことがある。例えば、ピンクに赤が混じったりするが、それは普通の人には花弁のどこにその色が混じっているのかは分からないほど、ごくわずかである。しかも淡緑青色が花弁全体にかかっているので、その二色の色の対比ははっきりしない。淡緑青色は多くの野生種のチューリップの花弁の色に含まれている。それとも、現在オランダのチューリップ栽培者が何千万本も作っている様々な色の花に、ツリパ・プラエコクスの亡霊が取り憑いているの

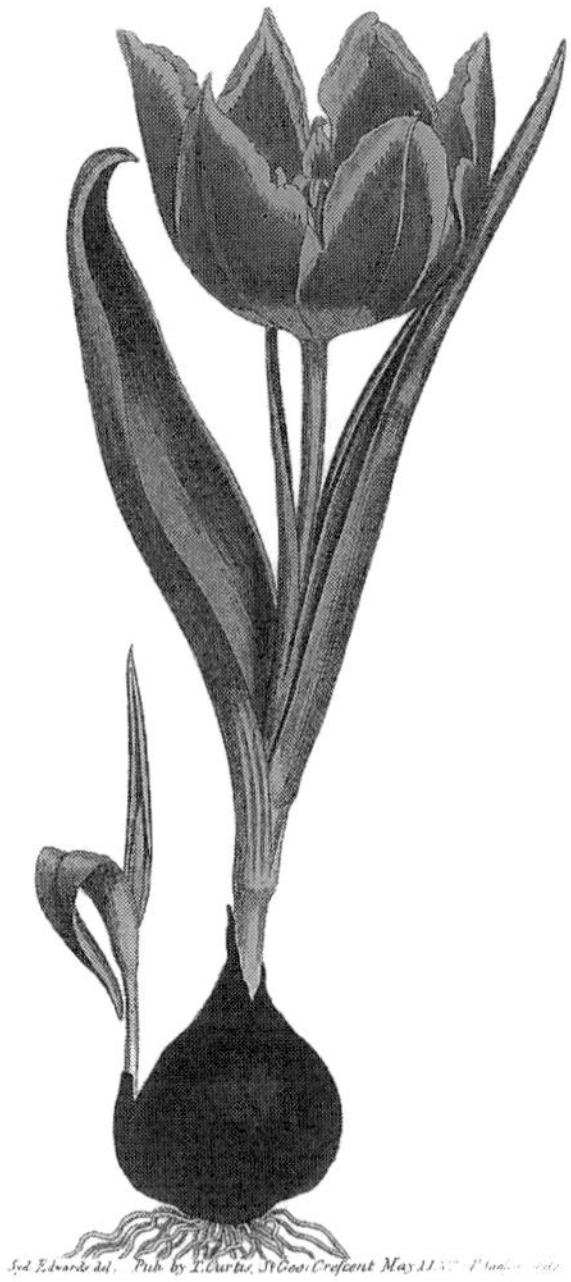

ツリパ・シュレンキー
(『ボタニカル・マガジン』、1805)

だろうか。ツリパ・プラエコクスは優雅なツリパ・シュレンキーよりも大型の、どっしりしたチューリップで、茎は太くしっかりとして、オレンジがかった赤色の花を付ける。内側の花弁は、先が尖った外側の花弁より小さくて細い。その花弁は主脈にそって黄色の炎状模様がある。イタリア人植物学者ミケーレ・テノーレが北イタリアのボローニャ辺りで収集した植物の記録の中で、初めてこのチューリップのことを述べているが、それが一八一一年のことである。このチューリップはプロヴァンス地方、ラングドック地方、ローヌ渓谷など南ヨーロッパにも生えていることが知られている。しかし、この花の自生地はここなのか、それとも、トルコあるいはイラクから旅行者か商人がここに運んで来たのか。初期の植物関係者は誰もこの花について記述していないから、後者の見解の方が正しいように思える。トルコではこのチューリップはカバ・ラレ［大きな花］と呼ばれ、誰でも知っている花だった。あるいはツリパ・プラエコクスは種ではなく、初期のチューリップ愛好家が身近に生えていた野生種を改良して作り出した交配種なのだろうか。遺伝学上は、野生の植物の大半は、二四の染色体をもつ二倍体である。しかし一九二〇年代に行われた科学的調査によって、ツリパ・プラエコクスは三六の染色体をもつ三倍体であることが分かった。この事実は、この花が比較的最近作り出された品種であることを示している。最近と言ってもそれは、自然界での時間でということだ。

これらの疑問に答えるのは容易ではない。他の球根植物と違って、チューリップには植物学者や分類学者の言う幾多の細かい要素が欠けているからだ。分類学者の仕事は、植物にラベルを付けることであり、そのラベルを見れば、同属の植物でもそれぞれの違いが誰にでも分かる。分類学者は暗い植物標本室にいて、ほこりをかぶった棚の上に保存されている乾燥標本を用いて仕事をする場合が多い。しかし、チューリップが自然状態で咲いているのを見れば、この花には異常なほど種類が多いことに誰でも気付く。一種類のチューリップしか育っていないはずの群生地でもそうなのだ。例えば、中央アジア産のツリパ・ボルスズクゾヴィーの自生地、タシュケント付近を流れるシルダリヤ川辺りでは、このチューリップは黄色、オレンジ色、あるいは朱色の花を付ける。広くトルコやイラン北西部に生えているツリパ・アルメナは、分類学者の記述では中くらいの大きさで、花弁の色は明るい赤で、花弁の下部には小さな黒い斑点がある。しかし、トルコ東部のアシュカレとテルジャンをつなぐ道路沿いに生えている同種のチューリップの花弁は、赤に黄色の縦縞模様がついている。花弁の色は赤だが、斑点がまったくないものもある。このような雑な分類で満足しているなら、分類学者とは一体何なのだろうか。こうした細かい違いが変種になり、さらに多くの別種を作り上げていったのだ。トランスコーカサスやアルメニアの山地で見られる、耐寒性の黄色の花を付ける「ツリパ・アルメナ」には、ツリパ・ムクロナタという別の名前が付けられた。下地色のオリーブ色に黄色がにじみ出ているものは、ツリパ・ガラティカとなった。アナトリア北部のアマシャあたりに生える、基部に黒というより濃い青の斑点がついている黄色の種類には、ボヘミアの植物学者で技術者でもあったヨーゼフ・フレイン（1845-1903）がツリパ・ルテアという学名を付けた。

フレインは気の毒だった。チューリップと分類学者の間で果てしなく続いているイタチごっこのようなゲームでは、チューリップが常に勝者だったから。異常なほど種類が多いこと、常に新しい衣装を身に着けたがることに栽培家は驚き、かつ喜んだ。そのおかげで何百年にもわたって、チューリップ自身も予想しなかったような形や色のチューリップを育てることができたのだから。この属は今でも流動的な状態だが、約一二〇種類のチューリップが旧世界に広まっていると考えられている。その内の四分の三が中央アジアに集中している。新世界には、人間がそこに持ち込むまでチューリップはなかった。天山山脈とパミール＝アライの山々に囲まれたチューリップの温床地域から、この花は山や草原を越えて、北に向かってプリバルカーシャやアルタイの地域へと広がっていった。その北進を止めたのは北極海の厳しい寒さだった。南へは、ヒマラヤやカシミールの方向へ進んでいった。西への移動は広範囲にわたったが、それに貢献したのが、中央アジアからヨーロッパに向かう、交通量が豊富な交易路を通って移動する商人だったのは間違いない。チューリップはシルダリヤ、カラクムの草原、ヒンズークシ地域、トルクメニスタンの方に向かって、イランのコーラサンまで、さらにイランの北西部を通ってコーカサス地域にまで広がった。コーカサスからさらに移動は続き、西はバルカン半島へ、そこからさらにイタリア、フランス、スペインへ、またアフリカの北西部のアトラス山脈にまで進んだ。

チューリップの北進が寒さで止まったように、南進は耐えられないほど熱い砂漠地帯で止まった。コーカサスからシリア、イラク、レバノンを経由してイスラエルに来たチューリップは、ここの砂漠地帯で南進を止めた。その暑い地域の東側にあるカシュガリアやズンガリアを一九世紀に旅した人々が、天山山脈に生えているのと同種のチューリップを見たと記録している。中国の江西省、湖北省、山東省のあたりでもいくつかの品種が見つけられている。約一四種類のチューリップがトルコの山々に生えているが、その内のわずか四種、つまりツリパ・アルメナ、ツリパ・ビフロラ、ツリパ・フミリス、ツリパ・ユリアだけがトルコ原産と考えられている。チューリップはトルコを制圧すると、商人や探検家と共に、さらにはオジエ・ギゼリン・ド・ブスベックのような外交官の鞄の中に入って、ボスポラス海峡を越え、ゆっくりと西に向かって旅を続けた。そして一六世紀の中頃までにはイタリア、オーストリア、ドイツ、フランドル地方の庭に到着していた。

それ以前にはチューリップは自生地の外では知られていなかったようだ。中世ヨーロッパの手書き本の縁飾りには、チューリップは描かれていない。ヒューゴ・ファン・デル・グース（c.1440-1482）が描いたポーティナリの祭壇画の前景として、黒っぽいオダマキ、明るい赤色のユリ、青色と白色のイリス、ビオラが描かれているが、そこにチューリップの姿はない。一五五九年、植物学者のコンラート・ゲスナーは、ヘルヴァルト顧問官のアウグスブルクにある屋敷の庭に一本の赤色のチューリップが咲いていると書いており、さらに自分の知る限りヨーロッパで最初の出来事だと明記している。しかし、ペルシャでは早くも一三世紀には、ムシャリフッド＝ディン・サーディなどの詩人がチューリップのことを歌っていた。『グリスタン』の中で、この詩人は空想の庭のことを書いている。「涼しい流れの囁き／鳥の歌声、豊富な果実／あざやかな多色のチューリップそして香り立つバラ」が空想の庭に咲いており、そこは地上の楽園で、その庭の所有者は幸せだと書いている。別の詩人は「ああ、グラスを持つ者よ、すぐにワインを供せよ、チューリップが萎んでしまわないうちに」とも、また「暖炉の炎は冬のチューリップの庭である」と

ツリパ・ビフロラとツリパ・イリエンシス
（『ボタニカル・マガジン』、1880）

も書いている。チューリップの名は、エルゼルム近くのラレリ（チューリップの土地の意味）、あるいは、カイセリとシワスの間にあるラレリ・ゲシディ（チューリップの道の意味）などトルコの地名に残っている。また気味の悪い記述もある。一三八九年六月一五日の聖ヴィッツスの祝日に、ムラト一世の指揮下にあったオスマン・トルコ人は、スコピエから九〇キロ北にある高原地帯、コソボの平原でセルビアの支配者ラザール王子とその同盟者のボスニア人と戦った。いくつもの頭とターバンが散乱しているその戦場は広大なチューリップの花壇のようだと、トルコの年代記作者が書いている。鮮やかな黄や赤の頭飾りは多様で鮮やかなこの花の色に似ているとも。

チューリップはオスマン・トルコ帝国の後半期に特に繁茂した。タイルや織物、彩飾された手書き本、細密画、墓石、祈りの時に用いる敷物、壁掛け銘板の絵柄としても用いられた。しかし、それ以前のビザンティン時代の工芸品にはまったく見られない。その理由はおそらく、チューリップを知らなかったからではなく、人々がこの花に価値を置いていなかったからだろう。しかし、作者不明の『イスタンブールのチューリップの庭の本』には、一〇五五年、セルジュク・トルコがバクダッドに侵入する以前に、「サーラーイ・ラレ」（牧場のチューリップの意味）がイスタンブールで知られていたとの記述がある。一一世紀から、セルジュク・トルコは、その発祥地の中央アジアやアジアの北西部からイラン、メソポタミア、そしてシリアを経由して西に移動したが、彼らがチューリップを知っていたのは確かだ。一〇九六年、セルジュク・トルコは内アナトリアにあるコンヤを占領し、アナトリアにいたセルジュク人が作ったチューリップ模様のタイルを、ベイシェヒル湖の岸に立つアラエディン・ケイクバッド一世の城からはぎ取ってしまった。

オスマン・トルコがコンスタンティノープルを征服した後の比較的定住していた時期、チューリップはスルタン・メフメット二世（1451-1481）が作った庭園に繁茂していた。彼はコンスタンティノープルを大規模に改造した人物である。トプカプ・サライと呼ばれる城をコンスタンティノープルにある七つの丘の一つに建設し、町のあちこちにある中庭に遊園を作った。一二あるスルタンの庭で作られた極上の花が、定期的に花市場で売られ、果樹園、菜園、広大な遊園を管理する庭師が九二〇人もいた。カシム・イブン・ユルフ・アブ・ナスリ・ハラヴィは『農業に関する論文』の中で、庭を作る際の貴重な指示をしている。それによれば、水路やあずまやはポプラの木で囲まなければならないし、遊園の中にあるそれぞれの花壇には種類の異なった花を組み合わせて植えるようにと提案している。イヌサフランにはビオラを、バラにはスイセンとサフランを、ペルシャ・ライラックにはチューリップと藤色のストックを組み合わせるようにとも言っている。屋敷に一番近い花壇にはバラが一面に植えられることが多かった。その理由はバラはモハメッドの汗から生まれたと言われており、イスラム世界では神聖な花だったからだ。

この文化圏では、限られた花、ヒヤシンス、バラ、キズイセン、イリス、カーネーション、チューリップだけが価値をもっていた。トルコ語でチューリップを表すラレの語源はペルシャ語だが、この言葉はアラビア文字で書くとアラーとつづるのに用いるのと同じ文字を使う。そこで、チューリップは宗教上の象徴として用いられることが多かった。チューリップは建造物や噴水の表面に装飾として彫られ、オスマンの支配者の建物の表象として用いられるようになった。オスマン帝国の初期の手書き本を見ると後期とは違って、様々な種類のチューリップは特別な交配で作り出されたのではなく、庭に「出現」したのが明らかである。ヴィクトリア朝時代のシダ愛好家が、葉の端が縮んで、房状になっているコタニワタリやミヤマメシダの変種の中でも特に不思議な形をしたものを、野生種の中から探し出して収集したように、多くの野生種のチューリップの中から、珍しいものが収集され、オスマン人の庭に植えられた。スルタン・ムラト四世の東方遠征に同行した歴史家ホジャ・ハサン・エフェンディは、イスタンブールにある家の庭で育てるために、七種類のチューリップをペルシャから持ち帰った。

スレイマン大帝（*c*.1495–1566）の統治下がオスマン帝国の絶頂期で、政治上も軍事上も頂点にあった。帝国はクリミアからエジプトまで広がり、バルカン半島の大部分も手中に収めた。オスマンの皇帝はブハラとサマルカンドを統治し、軍人であり園芸家でもあったモハメド・バブールはアフガニスタンとインドを管理していた。バブールは絶えずアジアのあちこちに長期にわたって滞在し、そこにペルシャの流れを汲むイスラムの伝統的な庭を作った。その庭に植える植物も伝統的に決まっていたが、バブールが書いた日記には彼が好んだ木や花の名前が書かれている。彼はあらゆる種類の果樹を好み、ポプラ、ヤナギ、ジャスミン、スイセン、スミレ、チューリップも好きだった。一五三〇年に死ぬ前に、彼はサマルカンド付近のチューリップの自生地を訪れている。それ以前から彼がトルコとインドに作ったすべての庭にチューリップを植えていたのだ。マトラクシ・ナスーがイスラム大学図書館に描いた細密画には、彼の常勝軍が戦争をしながら通っていった場所が描かれている。一枚の細密画にはコンヤ近くの荒れ地に生えているチューリップが描かれているし、別の細密画にはエスキセヒール近くのセイトガジにある修道院の庭でチューリップが栽培されている様子が描かれている。

一六世紀以降、チューリップはオスマンの文化にとって不可欠なものとなり、装飾のモチーフとして広く用いられた。クリーム色の錦織のサテン地でできたスレイマン大帝のガウンの縁には、チューリップが刺繍されている。彼の甲冑には表象としてチューリップが金メッキで付けられているし、この時期の陶器やタイルの模様にもよく用いられた。それはイスタンブールのトプカプ宮殿の模様として多く用いられており、この町のモスクの天井部のタイルにも見られる。オスマン時代の建物の壁全体にチューリップ模様のタイルをはめ込むことも多かった。タイルは四枚で一組になっていることが多く、四枚それぞれに模様の四分の一が描かれている。チューリップの模様は、一五三五年から一五四〇年の間にイズニック産のタイルに描かれたのが最初である。チューリップが庭に生えている様子を描いているものもあれば、小さな花瓶に生けてある一本のチューリップを描いている場合もある。この地を旅したヨーロッパ人は、トルコ人がチューリップを入れる器に特徴があることに気付いていた。その器は口のところが細くなっていてラレダンと呼ばれていた。初期のタイルは青色とトルコブルーの釉薬だけだったが、後には灰緑色、くすんだ黄色、紫色がさらに加わった。チューリップの花を描くために特別に考え出された鮮やかな赤色は一五六〇年頃現れるが、その世紀の終わる頃までにはなくなっていた。

イズニッキ産のタイル（16世紀後半、エユプ・スルタンの墓廟、イスタンブール）

宮廷にいたナッカサン（デザイナーであり、画家であり、室内装飾家であり、照明係でもある人々）は、都にいる他の芸術家や工芸家に大きな影響をもっていた。ナッカサンのデザインが広がるにつれて、ペルシャの影響を受けた工芸とはまったく違う、この国独自の新しい様式が確立された。チューリップは至る所で見られた。茎の先端でパッと開いている花弁のついた優雅で細身の花が、自信に満ちた筆遣いで三筆で描かれていた。このチューリップはスルタン・アフメット三世の時代後期に好まれていた弱々しく餓死したような花よりもふっくらとした丸みを帯びている。この時期独特の陶器にぴったり合うようにチューリップはボール・レッドの色で描かれている。それと同じくらいの量のチューリップが明るい青色で描かれているが、それは実際にあるチューリップより矮小な姿である。同じような不思議な青色をヨリス・フーフナーゲルなどのヨーロッパの画家も用いている。彼はイズニッキの陶器が作られたのとほぼ同じ頃に、ヨーロッパで最初にチューリップを描いた人物である。イズニッキの皿やタイル、蓋付きジョッキ、水入れに描かれたチューリップのほとんどは一色で下絵付けが施されているが、中には、花弁の色とは対照的な様々な色の斑点があるチューリップが描かれた壺もある。それらはヨーロッパの栽培家が熱狂するようになるブレイクしたチューリップなのだろうか。

フランス人の旅行家で植物学者でもあるピエール・ベロンは、一五四六年から三年間トルコとレヴァントに滞在したことがあって、「トルコ人ほど美しい花で自らを飾ることに喜びを感じる者は他にはいないし、美しい花を愛でる者もいない」と賞賛している。イギリス人の旅行家で、ヨークの大司教の末息子でもあるジョージ・サンディーズ（1578-1644）は、ベロンほど高く評価していない。「海外では興奮することは何もない。しかし、チューリップやトライフル［ケーキ菓子の一種］は、イスラム教の熱狂派修道僧やイエニチェリ［オスマン帝国の歩兵親衛軍団］から手に入れることが出来る」と、トルコ冒険談の中で書いている。セイフリスラム・エブスード（1490-1573）は、初期のチューリップの専門家で、彼の時代に最も好まれたチューリップの一つ「ヌル＝イ・アドン（楽園の光）」をトルコの庭に導入した。一六世紀にトルコで入手できる別のチューリップが、アナドル・ヒサールにある、ボスポラス海峡に突き出るように立っていたりっぱな「チューリップのあずまや」の壁板に描かれた。このあずまやはスルタンが建てたものではなく、主人が放つカレーの匂いを嫌がっていた宰相の一人が建てたものだった。スルタン・セリム二世は庭作りが非常に好きだった。一五七四年にアジズ（トルコ国境から七キロ南にあるシリアのアゼズである）の行政官に命じて、コンスタンティノープルの宮殿の庭用にチューリップの球根を五万個送らせている。それらは群生しているように植えるために集められた様々な野生種だったに違いない。別に三〇万個がケーフェ（ウクライナのフェオドシヤ）から宮殿に送られた。言うまでもないが、スルタンは自分の情熱を満たすために自分の金を使うことはなかったが、特殊なチューリップには高額の金が支払われた。トルコ（後にはオランダ）で、投機を管理する法律が定められた。スルタンはイスタンブールの長官に需要の高いチューリップには定価を明示するように命じ、それより高い値でチューリップを売ろうとする者は、この町から追放された。法律違反者が非常に軽い刑で済めば幸運だった。スルタン付きの庭師頭は地位が高く、同時に刑執行官長でもあったからだ。

後に多くのスルタンが属領に大量の球根を送るように要求し続けた。一五七四年から一五九五年まで統治したムラト三世は「マラスの行政官への命令」の中で、「宮殿の庭にはヒヤシンスの球根がないから、マラスの山岳地や高地にあるヒヤシンスの群生地から五万個の白いヒヤシンスと五万個の空色のヒヤシンスを集めよ。そしてことは急を要するので、以下のように命ずる。植物の知識をもっている若者をその地に派遣すること。上記のヒヤシンスを至急集めるために信頼できる人間を一緒に送ること。ヒヤシンスが手に入ったら、私が送った人物にそれを渡すこと。そしてその球根を町の城門まで運ぶこと。さらにどれくらいの球根が獲得できるか情報を書き送ること。球根を運んだ人々はその個数に応じて賃金を要求できる。前記のことは特に重要である。熱心に努力せよ。十分用心せよ。怠惰と不注意を避けるようにせよ。帝王の命令。イスラム暦一〇〇一年サバン月七日（一五九三年五月九日）」と書いている。すでに同様の命令がアレッポのウセイルの行政官にも出されていた。しかし、スルタンの命令に従うためでも、収集している者たちにヒヤシンスの開花時期や球根を掘り出す時期を好き勝手に決められるはずはない。収集に携わった人たちには気の毒なことだが、アナトリア南部の荒野から遠い首都まで球根を運ぶために荷造りをしている時、彼らの耳元で首切り役人の振り下ろす斧の音が響いていたに違いない。

オスマン朝の芸術家でオスマンという人物が描いた王家の物語を語る細密画の中に、一五八二年の出来事を描いたものがある。当時の記録によると、それは、五二日間続いたスルタン・ムラト三世の後継者、メフメット王子の割礼を祝う行事だった。その細密画を見ると、当時のトルコはチューリップの栽培技術が大変高度だったことが分かる。その中の一枚には、ターバンを巻いたトルコ人が、そそり立つ（チューリップでできた巨大な花瓶に見える）多くの塔を行列して運んでいる様子が描かれている。それぞれの塔には大量の赤いチューリップが生えている。別の絵では、大勢の庭師が、平らな台の上に作られた縦横三メートルほどのミニチュアの庭園をいくつも運んでいる。そこには刈り込まれた常緑樹や小型の庭園に付属する建物が飾り付けられ、カナリアのかごが果樹の枝にぶら下げられ、細長く幅の狭い花弁のチューリップが庭園の縁に規則正しく植えられている。当時の記録によると、この庭園は蠟細工かマジパン［アーモンドの粉末を固めたもの］で作られていたようだ。

こうしたチューリップへの情熱をもっていたのは、コンスタンティノープルにいる支配者だけではなかった。一六二七年から二八年にかけてイランを旅したトマス・ハーバート卿はシャー・アッバスが作った多くの庭園の一つについて記述している。それはイスファハン近くの砂漠の中にあった。大理石を敷きつめた小さな池と池の間には花をつけた桃、ザクロ、プラム、ヨウナシが植えられており、それぞれの木の下にはダマスク・ローズ、チューリップなどの花が植えられていた。同じような場面が一六八五年頃に描かれたインドの細密画にも見られる。その絵では、あずまやから庭の中央を走る運河が見渡せるようになっていて、運河の両側にはイチジク、ザクロ、マンゴーが格子模様に植えられ、その下の草の中からはスイセンやチューリップが姿を現している。偉大なバーブルが一五二六年にパーニパットの戦いに勝利して以来、インドのムガール朝では庭作りが盛んだった。バーブル自身が気に入っていた庭はカブールにあった。彼の曾孫にあたるジャハンギールも庭作りに熱中し、しかもその才能をもった王だった。彼のお気に入りの庭はカシミールにあった。一六二〇年にカシミールを訪れた時、王は「春を魅了するかのように、丘や平原は花であふれている。宴会場を飾るチューリップが、まるでたいまつのように門や壁、中庭や屋根を明るくしている」と記述している。ジャハンギールは百種の自分好みの花を画家ウスタッド・マンスールに描かせている。その中に野生種のツリパ・ラナタではないかと思われる美しい赤色のチューリップも含まれている。このチューリップは中央アジアが原産地で、おそらく一六世紀にムガール人によってカシミールに導入され、その多くはモスクの屋根に植えられたと思われる。マンスールの絵には、花弁に複雑な二重の縁取りがある、四本のチューリップが描かれている。球根から満開までそれぞれ異なる発育段階が表され、チューリップに独特の薄い色の主脈も描写されている。それは花弁の先から下部まで走っており、通常は内側よりも外側の花弁の方にはっきりと見られる。実に細かく描いていることから判断すると、彼は生きた花を写生したに違いないが、常にそうした描き方をしていたわけではない。インド人の手になる細密画の中には、一五六九年にレンバート・ドドエンスが、あるいは一五七六年にクルシウスが出版した本など、ヨーロッパで出版された本の絵を模写したと思えるチューリップがある。ムガール人の画家バルチャンドが一六三五年頃描いた細密画に、シャー・ジェハンの三人の息子が馬に乗っているものがあって、その絵の周囲には多くの花が描かれている［口絵67頁］。その右側の一番上に描かれているずんぐりとした赤いチューリップは、一五六一年に出版されたコルドスの『注釈』に付録を書いたコンラート・ゲスナーが描いたチューリップとそっくりだ。同時期に描かれた別の細密画では、中央に描かれているりっぱな七面鳥の肉垂の鮮やかな赤色は、その左側にある繊細なチューリップの色と同じ色合いだ。このチューリップを描いた画家は生えている花を写生したのだろうか、それとも一五八三年に出版されたクルシウスの『パンノニア、オーストリア、およびその近隣の稀少植物誌』の中に描かれているチューリップを模写したのだろうか。

事実この細密画のチューリップは驚くほどクルシウスのものによく似ている。後に、中国や日本の陶工もヨーロッパの模様を多く用いた。ヤン・ブリューゲルやヤーコップ・ド・ヘインなどの画家が描いた花を模写し、それを組み合わせて花束にした模様が一八世紀初期に現れる。例えば、特注磁器として知られている輸出用の陶磁器の模様として用いられ、陶磁器の表面にはピンクのカーネーション、バラ、植物学上はありえない形をしたラッパズイセン、そして金色のチューリップが描かれた。

旅行家のイヴリヤ・セレビが見積もったものによると、一六三〇年代までには、イスタンブールとその周辺には少なくとも三〇〇人の植物栽培家がおり、約八〇軒の花屋があった。さらに彼の記述によると、ボスポラス海峡沿いにある庭園にはチューリップが大量に植えられ、そこは首都から船に乗って見学者が訪れる、人気のある遠出の目的地になっていた。カギットハーンにある牧場にはゴールデン岬まで流れている二本の小川があり、ここは特にチューリップで有名だった。チューリップが咲く頃にはこの地は「人を酔わせる」ほどだとセレビは書いている。彼はさらに「ケーフェ」チューリップについても記述しており、それは、ケーフェ（フェオドシヤ）産のチューリップのことで、この名はヨーロッパでも知られていた。オランダのライデン植物園の初代園長、クルシウス（シャルル・ド・レクルーズ 1526–1609）は、「カフェ」チューリップについて記述しているし、スルタン・ムラト四世（1609–1640）が育てていた花の一六三〇年版のリストの中にも出ている。このスルタンは五六種類のチューリップを所有していたが、その中には大変珍しいものもあって、彼でさえ、球根を一個しかもっていないものもあった。ヨーロッパの初期の栽培家は、最上の花にだけ公認の名前を付けて識別していた。しかし、この時期、手に入る球根の種類は急増し、トルコの主要な栽培家は自国の栽培家が育てた新しいチューリップを判定するための評議会を作っていた。サリ・アブドラー・エフェンディは主要な栽培家の一人で、一六四〇年から一六四八年まで統治したスルタン・イブラヒム付きの庭師だった。しかし、この評議会の制度を完成させたのは、彼の死後四〇年間統治したスルタン・メフメット四世だった。完璧な栽培種だけが公式のチューリップ・リストに載せられた。そのリストには、一つ一つのチューリップについての記述と栽培した人物の名前が掲載された。評議会自体にも独自の研究所があって、新しい栽培種を時間をかけて評価していた。

トルコの栽培家が自然が提供してくれるものの中から最高のものを選別するのではなく、自分たちで独自のチューリップを栽培し始めると、チューリップの形は特別な方法を用いて作られるようになった。(今日では、洋の東西を問わずそうしている場合が多い。) 例えば、西ヨーロッパでは、チューリップの愛好家は丸いコップ形の花を好み、色の相違によって評価を決めた。トルコ人の栽培家の基準も同様に妥協のないものだったが、トルコでは長く細いチューリップを好み、幅が狭く、短剣形の花弁を作り出そうとした。花弁そのものも、よい生地でなければならず、しっかりとしているが表面は滑らかで、しかも単色でなければならなかった。六枚の花弁の一枚一枚が同じ大きさで、同じ長さでなければならなかった。完璧な花の条件は花弁がすべての雄しべを隠していて、それぞれの花弁の間に隙間がないことだった。さらに雌しべは見えなければならないし、花は茎の上にまっすぐに立っていなくてはならず、その茎も細く、花とバランスが取れていなければならなかった。花弁の形が最大の関心事で、チューリップの栽培家は細く先の尖った花弁のチューリップを選び出した。短剣のような花弁、あるいは針のような花弁を望んだ。初期の専門家が書いているのだが、「もし花弁にこうした特徴がなければ、そのチューリップは安物である。花弁の先が針のようになっていることが特に重要である。短剣のような花弁で先が針のようになっていれば大変貴重である」。欠点についてもきちんと定められていた。それは、茎が柔らかく、花弁がばらばらで締まりがなく、花弁の形が不揃いのものをいう。花の特徴は多くの野生種から受け継ぐのだが、内側の花弁の方が外側の花弁より幅が広く短いことも欠点だった。新しい栽培種を評価することは時間のかかる困難な仕事だったから、あるチューリップが新種として認められれば、それは盛大に祝われることになった。詩人は新たにデビューしたチューリップに捧げる詩を作り、その美しさと形を褒め称えた。最上の詩には賞金が与えられ、最高の花を作り出した者にも褒美が与えられた。才能のある詩人でも、現代の栽培種の名前の「ゴウトシュトゥック［金貨］」、「ヒットパレード」、「ミッキーマウス」のような平凡な名前では言葉に詰まるだろうが、トルコ産のチューリップにはすばらしく気をそそるような名前が付けられていた。例えば、「心を燃やすもの」、「比類なき真珠」といった名前ならば、詩人はインスピレーションをわかせただろう。トルコ語でチューリップを意味するラレが、ワイングラスを意味するピヤレと韻が踏めることも、十分に利用された。ワインの隠喩は最後の一滴まで絞り出された。チューリップの名前はアラビア語やペルシャ語からとられることが多く、その例としては「ニゼ＝イ＝ルンマニ（ザクロ色の槍）」、「ペイマネ＝イグルグン（バラ色のグラス）」、「フェラ＝エフザ（喜びを増すもの）」などがある。繊細なトルコ語の名前は少なく、「ブユク・アル（大輪の緋色）」、「イクバル・イルディジ（至福の星）」などがある。「繊細な媚び」、「バラ園の細身のもの」、「心の光」、「ダイヤが嫉妬するもの」、「愛された顔」など大仰な名前は、その名前のチューリップの評価の高さを証明している。

しかし、アーモンド形で、短剣形の花弁をもつチューリップは、どのようにして生まれたのだろうか。どの野生種がこの珍しい形のチューリップを作り出すのに貢献したのだろうか。花の形については、クモの足のような形をしているツリパ・アクミナタに一番似ている。しかし、このチューリップは種小名は付いているが、自生の状態では知られておらず、栽培種だと考えられている。このトルコ産の針状の花弁をもつチューリップの親は、この国にある一四種類の野生種のどれでもない。一七世紀の中頃までにはチューリップ交易の流れが変わっていた。西ヨーロッパで見られた最初のチューリップはトルコから来たものだが、しかし、一六五一年にオーストリア大使、シュミット・フォン・シュヴァルツェンホルンは一〇種類のチューリップ四〇本をヨーロッパからイスタンブールへ運び、メフメット四世に贈った（それらのチューリップの子孫は、オーストリアで付けられた名前のまま今もトルコで栽培されている）。この一〇種類のチューリップが、薄い短剣形の花弁をもつ「イスタンブールのチューリップ」として知られるチューリップの親だと、『イブラヒムの覚え書き』（1726）の著者メフメット・エフェンディは書いている。さらに、トルコのチューリップはヨーロッパ産のチューリップの花粉を受粉して作り出されたと言う人もいる。チューリップはクレタからもトルコに届いた（おそらく藤色の花をつけるツリパ・サクサティリス）。そしてそのチューリップについては、イタリアの旅行家ベネッティ博士の一六八〇年の日記には、「ゴールデン岬のエヨウブにある家で私は食事をした。その庭には、一本の茎に三、四の花が咲くすばらしいチューリップがあった。クレタから輸入されたものだ」とある。オランダのチューリップの権威者M・H・フークによると、細長く薄い花弁をもつツリパ・シュレンキーはクレタの草原地から「ケーフェ・チューリップ」の名前でイスタンブールに運ばれ、イスタンブールのチューリップの栽培に一役買った。スルタン・セリム二世は宮殿の庭園に三〇万本のチューリップをウクライナのケーフェから届けるように命じている。さらに六〇年後、歴史家のホジャ・ハサン・エフェンディは、一六三八年にスルタン・ムラト二世に同行してバクダッドまで遠征し、彼のイスタンブールにある庭に

ナゼンデ・アル［きわだつ赤色］
（1725年頃の本より）

植えるために七種類のチューリップを持ち帰った。このような種や変種を大々的に交配して、イスタンブールのチューリップが生まれた。

ベロンやブスベック以外の旅行家も、トルコ人のチューリップへの激しい情熱について触れている。一六七三年、フランス大使アントワーヌ・ギャランは、ブスベックがそれより一〇〇年以上も前に通った、エディルネとイスタンブールをつなぐ道を通っている。ギャランの一六七三年五月一五日月曜日の日記には、「今日はすばらしい一日だった。好天で、ブルガズへの道沿いにはチューリップやシャクヤクが咲く広い野原があったからだ」とある。一七世紀に『ペルシャの旅』を書いたジョン・シャルダン卿は、この花はイランの国境地帯でも同じように大切な花と考えられていると明言している。「若者が恋人にチューリップの花を贈る時、普通の色の花であれば、その若者が彼女の美しさに夢中だということを、黒い花であれば、若者の心が燃えて炭になっている」ことを表す。メフメット・ビン・アフメット＝ウル・ウベイディの『花の業績』は一六九九年に出版されたが、これはチューリップの美しさとこの花を育てた人々の技を讃えた、トルコ人が書いた最初の本である。ウベイディはセラーパサ寺院のイマーム〔導師〕で、その著書の中で、その時代のすぐれたチューリップの栽培家二〇二名の名前を挙げている。その栽培家の多くは、パシャ〔長官〕、ムラー〔イスラム法裁判官〕、あるいはイェニチェリの隊長など地位の高い人々だった。また、そうした人々が栽培しているチューリップとスイセンについての記述もあって、「ジュージという名のチューリップはセイヨウハナミズキのつぼみの色である。白かそれに近い色の縦縞模様がある。花弁の先は細く尖っている。そのチューリップには縦縞がない花もある。このチューリップはスクタリでジュージ・チェレビが初めて展示した。このチューリップの球根はヨーロッパから来た」とある。それはありえることで、この記述はオランダのチューリップ「ヴァイスロイ」にあてはまる。

一八世紀初頭のイスタンブールの最も重要な栽培家は、セイ・メフメット・ラレザリである。彼は大宰相ダーマト・イブラヒム・パサ付きの庭師頭だった。彼の著書『花の手引き』はイスタンブールで出版され、この時期とこの地に特有のチューリップの特徴が記述されている。第一部では、メフメットは良質のチューリップの要点を二〇挙げている。六枚の花弁は長く、同じ長さでなければならない。それぞれの花弁の間には隙間がなく、しっかり閉じていなければならない。花粉が花弁を汚してはならない。茎は長く、しっかりとしていなくてはならない。葉も長くなければならないが、花弁に影を落とすほど長過ぎてはならない。花それ自体は茎の上にしっかり立っていて、その色は純粋で、くすんだ色であってはならない。「ブレイク」している多色のチューリップは、白地のものの方が黄色のものより好まれる（フランスやイギリスの栽培家も白地の方を好んだ）。花弁の縁は滑らかでなければならない。八重の花は論外である。この時代に最も価値あるチューリップと言われたものの一つ、「ルルウ・エズラク（青い真珠）」はシラガンの宮殿で育てられており、ダチョウの卵ほどの大きさの花を付けた。「ルルウ・エズラク」は花の色から付けられた名前だが、「イブラヒム・ベイの深赤色」のように花を育てた人の名前が付けられることもあった。しかし、多くは「理性を惑わすもの」、「心を燃やすもの」など空想的なものだった。

トルコの基準はイギリスの愛好家を縛っていたものより厳格だったが、完璧なチューリップの定義に偏見がある点は共通している。双方で決定的な違いは花の形だった。イギリスの栽培家は花を箱の中に入れるなど様々な工夫を凝らして、彼らが完璧だと思っている形、すなわち半球の形にしようとした。トルコの栽培家は、長くて薄い花弁のチューリップを好み、クモの足のように細い花弁のチューリップを作りたいと思っていた。メフメットの本は、完璧なチューリップについての基準を明確にした第一部に続き、第二部で、それを作る方法を述べ、第三部でスイセンのことを書いている。

一七〇三年から一七三〇年まで続いたアフメット三世の統治時代を歴史家はチューリップ時代と呼んでいる。このスルタンは、自分が好きな花の珍種を手に入れることに振り回されていた。アフメット三世は自分の庭を飾るために、何百万ものチューリップの球根をオランダから輸入したから、この時期に球根の東西交易の流れが変わった。この頃、球根作りとその流通にかけて、ヨーロッパ中でオランダの栽培家に優る者は他にいなかった。当時の記録によると、トルコのチューリップの交易者の数は「日に日に増加し」、「それまでとは別の美しい変種を作り出せるかもしれない球根をお互いに交換していた」。しかし、チューリップに対する情熱のせいで、アフメットは身を滅ぼすことになる。彼は毎年チューリップ祭を催すために、大規模な特設舞台を作って莫大な金を浪費したので、臣下が反乱を起こした。オランダ人はそれ以前、一六三〇年代にチューリップ狂時代を経験していたが、他の者が同じような浪費の道をたどろうとも良心の痛みを感じることはなかった。

チューリップは帝国中の庭にあふれた。さらに、彫刻、噴水、墓石、壁掛け板にもチューリップの模様が用いられた。アフメット三世のトプカプ宮殿の果実の間にさえチューリップが飾られた。ヒヤシンス、カーネーションそしてオスマン帝国で好まれた細長く短剣形のチューリップを生けた花瓶がいくつも置かれたのだ。宮殿の庭にあふれていた球根は西洋産で、果実の間の装飾のやり方も西洋の影響を感じさせる。本物でも、絵に描かれたチューリップでも、一種類の花を飾るのがトルコの習慣だったが、各種の花を混ぜた花束にして飾っているからだ。西洋との交易は増加し、ベロンなどの初期のヨーロッパ人旅行者に続いて、新たな人々がやってくるようになった。その多くは外交官で、例えば、一七〇三年から一七一六年までスミルナにいたイギリス領事のウィリアム・シェラード（1659–1728）がそうである。彼は植物学者でもあって、一六八三年にオックスフォード大学で学位を取った後、一六八六年から八八年までパリでツルンフォールと一緒に研究し、一六八八年から八九年まではライデンでヘルマンと研究していた。優れたドイツ人植物学者のヨハン・ヤーコップ・ディレニウス（1684-1747）をイギリスに招聘したのはシェラードだった。一七三二年、シェラードの兄弟のジェームズがディレニウスを説得して、エルサムにある自分の庭に生えている植物についての重要な概説書『エルサムの園』を編集してもらった。ジェームズ・シェラードは薬屋で、エルサムにある彼の庭は、珍しい植物が植えられているので有名だった。チューリップなど、そのいくつかはスミルナに滞在していたウィリアムから手に入れたのだろう。

スルタン・アフメット三世の時代にトルコは園芸の温床になった。マニサの北、シピルス山地の高地にある夏の牧場にはスルタンのチューリップ畑があった。そこで、シラガン、サド・アバド、ネサト・アバドにある宮殿の庭園用に球根が増殖されていた。チューリップの開花期には、大宰相が義理の父親、すなわちアフメット三世のためにシラガン宮殿の庭で夜会を催した。シラガンという名前は、庭を照明するために何千も使われた、光を反射するランタンを意味する言葉に由来している。スルタンの五人の妻が散歩する場所では音楽が流された。大宮殿の庭園の一つは野外劇場になっていて、何千本ものチューリップがいくつものピラミッドや塔の形に植え付けられ、その間にはランタンや鳥かごが吊るされていた。チューリップは花壇にも敷きつめられ、異なった種類のそれぞれに、銀線細工で種名が記されていた。大砲の合図でハーレムの扉が開くと、たいまつを持った宦官がスルタンの妻たちを庭の中に導いた。招待された客はチューリップにふさわしい衣装を着て来なければならず、しかも宴会場をゆっくり歩く何百匹もの亀の背中に取り付けられているロウソクに触れて、衣装に火が着かないようにしなければならなかった。このチューリップの大宴会については、一八世紀初頭にコンスタンティノープルにいたフランス大使ダンドレセルの記述が残っている。「大宰相（アフメット三世の義理の息子でダーマト・イブラヒム・パサ）やその他の宮廷人は、花に対して、とりわけチューリップに対して、優れた嗜好をもっている。大宰相家の庭には、五〇万個のチューリップが植えられている。チューリップが開花し、大宰相がそれをスルタンに見せる時は、他の庭から摘んできたチューリップを花瓶に生けて、至る所に飾っておく。四番目の花ごとに、チューリップと同じ高さのロウソクが地面に立てられる。そしてすべての通り道には、あらゆる種類の鳥を入れた鳥かごが飾られている。格子細工を施したあずまやの縁には花瓶に差したチューリップが置かれて、様々な色のクリスタル・ガラスで作られたランプがそれらの花瓶を明るく照らしている。周辺にある森から運ばれてきた緑の木々が格子細工の後ろ側に背景として用いられている。反射する光とその様々な色がすばらしい効果を生んでいる。照明を入れると同時ににぎやかな音楽が演奏される。このトルコ音楽はチューリップの花が咲いている間は毎晩続く。これらすべてにかかる費用は大宰相が負担する。さらにチューリップの時期には、スルタンとその随行員の住まいと食事の面倒もみるのだ」と、ダンドレセルは一七二六年四月二四日付の手紙の中で書いている。しかしその支出は後で取り返していたに違いない。

イゼット・アリ・パサやこの時代の詩人たちがチューリップを賞賛するクロノグラム［年代表示銘］や詩を書いているが、その詩の中にチューリップの年代を特定する鍵がある。「ニゼ＝イ＝ルンマニ」（「ザクロ色の槍」とか「ローマ人の槍」とかいろいろに訳されている）という名のチューリップがよく年代表示銘の中に出ている。しかし、チューリップに関する多くの書物が出版されたり、裕福な人が集めたチューリップの記録やチューリップ栽培家に売り込む球根の宣伝用にも多くの出版物があったオランダとは異なり、トルコのチューリップについては絵入りの書物がただ一冊現存しているだけである。縦三一センチ横二二センチの美しい、皮表紙のこの本には、四九種類のイスタンブールのチューリップの絵が入っている。出版年は書かれていないが、他の出版物や年代が書かれている写本に出ているチューリップの名前と比較したり、この本の中のチューリップの周囲に描かれている枠の絵と、別のものに見られる同様の装飾を比較することで、トルコ人の歴史家エクレム・ハッキ・アイヴェルディは、この書物はスルタン・アフメット三世の統治時代、おそらく一七二五年頃に出版されたに違いないとの結論を出している。

アイヴェルディはチューリップに関するすべてのトルコ語の文献で、絵入りの本はこの本だけだと言っている。その絵は分厚く上塗りが施された、小麦色のインド産の紙に描かれている。四四のチューリップには名前が付けられており、その内七種については二度以上も描かれている。大半のチューリップの周りには枠が描かれている。この本はまず高価な「ローマ人の槍」という名のチューリップから話を始めている。さらにこのチューリップについては三種類の違った絵が載っている。その絵の一枚には細い糸で細い花弁が結わえられている様子が描かれている。チューリップ愛好家が望んでいる半球形以上に大きく花弁が開かないようにするためで、イギリスでも後にこれと同じ方法が用いられるようになる。縛ってある木綿糸を審判員が展示台に近づくまで取ることはない。トルコ人の栽培家もまたイギリス人の栽培家と同じで、チューリップの色は変えることができると信じており、球根を植える地面に、望んでいる色の絵具の粉末を混ぜ込むことによって、チューリップに縦縞模様ができると信じていた。一六六〇年に『畑の輝き』の作者も、土壌にブドウの汁を少し混ぜるとチューリップの花の色を紫色に変えられると提案している。

「ローマ人の槍」の次に「咲き乱れるもの」と「所有者を変えるもの」について述べられる。この二種類のチューリップは赤に黄色のくっきりとした縦縞が入っている。この本では、チューリップは、その価値が高い順番に書かれていると言えるかもしれない。花の色は多様である。そしてイスタンブールのチューリップの親と考えられているツリパ・シュレンキーが大量に自生している所では、様々な色の花が見られる。「媚びを売るもの」の最も薄いピンク色から「フセイニ」の赤色がしみ込んだような濃い色まであらゆる色合いがあるが、赤色が最も優勢である。「喜びを増すもの」は薄いクリーム色がかった黄色にピンク色がかった赤の縦縞があるチューリップで、イギリスのケンブリッジ大学の植物園にある、国内品種のチューリップを集めた部門で育てられているツリパ・アクミナタと大変よく似ている。さらに純白の「春の朝」という名のチューリップや、「宰相の指」、「ツルンク・シェイヒ」、「光を与えるもの」という三種類の鮮やかな黄色のチューリップがある。最も変わっているものの一つが「クケモル」というチューリップで、これは濃い紫色、灰色、クリーム色の混じったもので、百年前にウェールズにあるトマス・ハンマー卿の庭で栽培され、彼が大変高く評価していた「グリス・デ・リン」と同じ色合いである。しかし、イギリスではイスタンブールのチューリップほど奇妙な白っぽいチューリップを育てた人物はいない。この手書き本の中に出てくるすべての花は同じ様式で描かれ、そのほとんどが一本の波状の葉が添えられている。何枚かの絵にはレカメ・メフメットのサインがある。アイヴェルディは、これらの絵はすべて同じ人物が描いたと確信していた。大半のチューリップは一本だけ描かれ、花は左側を向いている。「ローマ人の槍」だけは、下部が球根のような形で、首の部分が細長い濃い青色のガラス製のラレダンと呼ばれる花瓶の中に入れられている。この花瓶はトルコ人が珍しい高価な花を入れるためのものとして作り出したものである。ほぼ二百年前、フランス人ピエール・ベロンは、トルコ人のチューリップに対する儀式めいたほどの偏愛にとって、ラレダンは大変重要であると言っている。ほとんどのラレダンは高さが二〇センチほどで、銀製か他の磨き込んだ金属製、あるいはガラス製だった。スクフェダンはもっと大きな花瓶で、チューリップだけでなくあらゆる種類の花を生けるために用いられた。スクフェダンの形は首の部分がラレダンより広く、中央部が球根のように膨らんでおり、下部は細くなって台座か足が付いている。

自分は支配者の従者だと記述しているから、レカメ・メフメットがナッカサンの一人だった可能性は大いにありうる。こうした珍しく高価なチューリップの絵は、スルタンか宰相の誰かが集めた花の記録として描かれた可能性が高い。このチューリップの本は、イスタンブールのチューリップに対する情熱が頂点に達し、特殊なチューリップを購入するために莫大な金が使われていた頃に書かれた。つまりトルコ人もチューリップ熱に罹っていたのだ。この本にはそれぞれのチューリップの名前以外何も書かれていない。その名前も流れるようなタリク体で赤インク（黒インクを用いるのは稀）で書かれている。ただ奇妙な紫色がかった灰色の「クケモル」だけは、その特徴がこの花の左側に斜めに書かれた本文の中に記述されている。高騰し続ける価格を管理するために、公式の価格表を出すように政府が命じた頃に、この本は出版されたから、この二つを比較すると、球根の価値が分かる。一七二六年六月二十八日に出された価格表によれば、有名な「ローマ人の槍」はそこに登録されている二三九種のチューリップの中で一番高価で、五〇クルスあるいは金貨七枚であった。同じように濃い赤色のチューリップも、次の年の八月に出版された三〇六種類のチューリップの価格表の一番上にある。しかし、短期間で、その値段は四倍にはね上がって二〇〇クルスになった。「ローマ人の槍」の次に高価なのは、下地色が豪華な赤で、もつれたようなクロムイエローの縞模様があり、花弁の

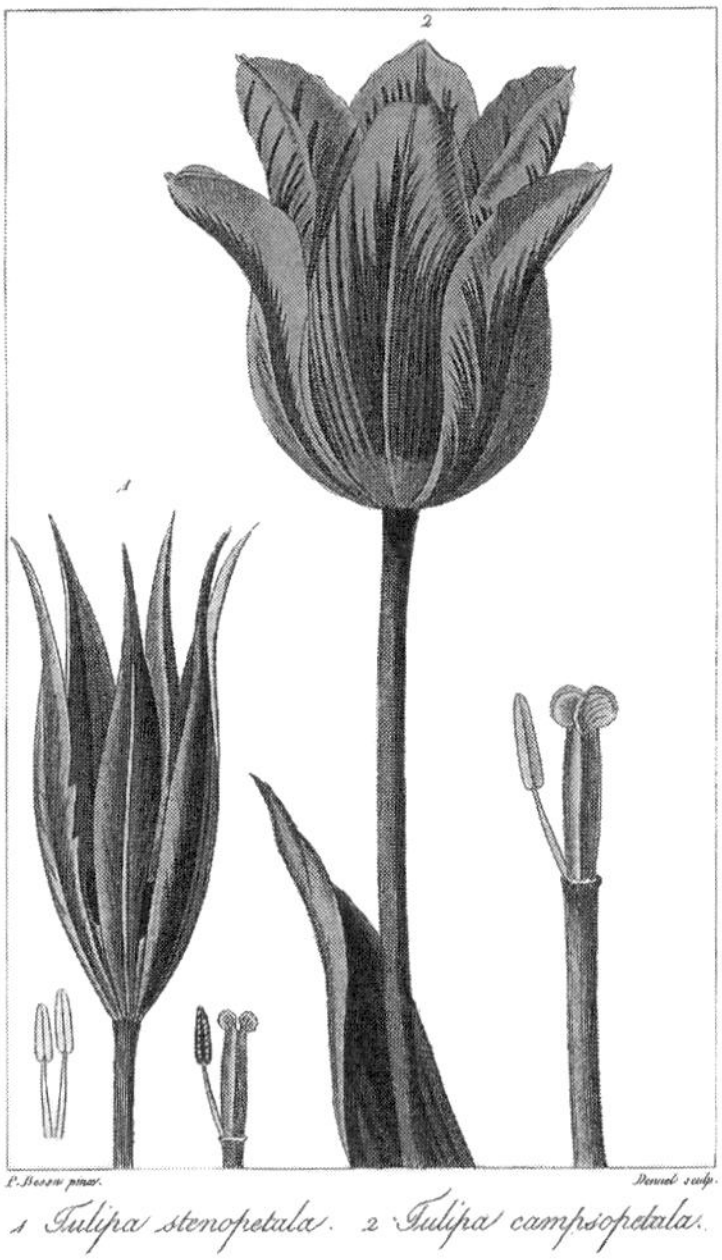

「ツリパ・アクミナタ」と思われる
（『植物画集』1819）

緑もクロムイエローの「所有者を変えるもの」である。これの価格は一五〇クルスだった。三番目に高価なチューリップは、赤と黄色のチューリップ「咲き乱れるもの」で、その価格は一〇〇クルスだった。チューリップの売買は普通、イスタンブールにあるニューモスク（エミノウム）の裏で行われたが、ここには今も花市場がある。

この公式の価格表には手に入るものの中で最も高価なもの、すなわち投機家を強く誘惑するものだけが載せられており、チューリップ時代に存在していたイスタンブールのチューリップの五分の一にすぎない。一七二六年、メフメット・ウカンバルリが書いた『チューリップ栽培家イブラヒムの覚え書き』には八五〇の変種が挙げられている。同じ年、アリ・エミリ・エフェンディ・クツファネシの『イスタンブールのチューリップ栽培家の覚え書き』には、一六八一年から一七二六年までにイスタンブールで栽培されていた一一〇八種のチューリップの名前とその特徴が記述されている。今日の熱心な栽培家が、種苗商用のカタログの中から見つけ出したいと望むすべての情報がこの本の中に入っている。「ヴァラ゠サン」という変種について、「その色は濃い赤で、ザクロの花の色と似ている。花弁はアーモンドの形をしている。花弁の大きさは皆同じで、薄く先端が尖っている。スルサニ（書体の一種）と同じように繊細でしなやかな先端をもつこの花は多年生で、屋外でもよく育つ。雄しべの葯は黄色で子房よりも長い。雄しべに花糸がついた、繊細な花である。花全体として、非常に美しい。このチューリップにはアリ・サンにちなんで『ヴァラ゠サン』という名前が付いている」と、クツファネシは言っている。アフメット三世治下の最後の二年間にチューリップ栽培の主任だったシェイク・モハメドは、その任期中にチューリップについての本を二冊書いた。その一冊にはイスタンブールのチューリップの変種一三二三種とその名前が記載されている。さらに、珍しいことだが、二人の女性の栽培家の名前も載っている。この二人のうち、アジズ・カディンは一七二八年に「シャーの宝石」と「灰色のツバメ」というチューリップを作り、ファットマ・ハツンは「心を求めるもの」というチューリップを作った。

一七三〇年にアフメット三世の統治が終わると、チューリップは突然帝国の花としての地位を失った。アフメットの後継者、マフムト一世の宮廷で個人的にチューリップの展示が行われることはあったが、金庫室の宝石と同じくらい価値があった、アフメットが収集した高価なチューリップを照明していたランタンやたいまつで、トプカプ宮殿の秘密の庭園が輝くことは二度となかった。イスタンブールのチューリップの美しさを賞賛する書物の洪水も干上がって、雫のようになってしまった。宮廷内の高官だったチューリップの選別評議員も、迷路のような宮殿の影の中に如才なく消えていった。マニサ北部のシピルス山地の高地にあった夏の牧場には、羊飼いと羊や山羊だけがスルタンの庭用に育てられていたチューリップの刈り跡を眺めていた。しかし、チューリップは完全に忘れられたわけではなかった。少なくとも一八世紀の終わる頃まで、織工や石工はチューリップの模様を用い続けていた。イスタンブールのシリヴリカピにある、ハディム・イブラヒム・パシャ・モスクの墓地の中の一七四六年の墓石には、典型的な細い首のラレダンに入っているすばらしい、長い短剣形の花弁をもつチューリップが刻まれている。そして、イスタンブールのチューリップは、二〇世紀になって再び栽培家の心を捕らえている。なぜなら、特にパロット系チューリップに多く見られる現象であるが、球根が、オランダの栽培家が「チューリップ泥棒」と呼んでいた形に先祖帰りすることがあるからだ。このチューリップは尖った短剣形の花弁が付いた不思議な、背の高い、虹色のチューリップである。泥棒ではなく恩人であって、人々の喜びを増やしてくれるものだ。

第2章　北ヨーロッパのチューリップ

チューリップがヨーロッパに導入された時期を記録したものはない。しかし、フェルディナンド一世の大使としてコンスタンティノープルのスレイマン大帝の宮廷に出向いたオジエ・ギゼリン・ド・ブスベックは、ヨーロッパにチューリップを最初に導入した栄誉は自分のものだと主張している。けれどもそれよりも前に導入されていた可能性が高い。スレイマンは、その統治時代の早い時期にバルカン半島の大部分とハンガリーを併合し、一五二九年にウィーンを奪うことには失敗したが、その統治時代を通じてハンガリー帝国と交易をしていたのだから。しかし、一五世紀あるいは一六世紀初頭のヨーロッパ絵画にはチューリップの姿は見えない。一六世紀中頃、当時ヨーロッパの学問の中心地だったヴィッテンベルク、モンペリエ、パドヴァ、ウィーンを動き回って、それぞれの土地で育てられていた植物について記述したり、植物の目録を作ったりする植物学者、栽培家、医者が現れるが、それ以前にはチューリップについての記述は何もない。

ブスベック（1522–1591）は、神聖ローマ帝国が次々にコンスタンティノープルに送ったフランドル人の大使の一人である。これらの大使は自分たちの後援者に植物や珍しい物を送っていた。医者のヴィレム・クィッケルベルクと共に、ブスベックは一五五四年一一月三日にトルコに向かった。「アドリアノープルに予定より一日遅れて着いた。コンスタンティノープルまでもう一息の所に来て、私たちの旅はほぼ終わろうとしていた。アドリアノープルでは、至る所にスイセン、ヒヤシンス、トルコ人がツリパムと呼んでいる花などが私たちの目の前にあった。植物にとっては不都合な真冬だったにもかかわらず、花が豊富だったので本当に驚いた。ギリシャには芳香をもつのが特徴のスイセンやヒヤシンスが豊富である。チューリップには匂いがないか、あってもごくわずかである。変種が豊富で、花弁の色が美しいので賞賛されている。トルコ人は本当に熱心に花を栽培している。彼らは慎重だが、珍しい花に大枚の金を払うことには躊躇しない」と、その旅について書いた手紙の中でブスベックは述べている。

チューリップの呼び方についての混乱が始まった。トルコ人はチューリップのことをツリパムとは呼んでいなかった。彼らはラレと呼んでいたのだが、ツリパムという名がイランの中心地域から導入されたこの花と一緒にヨーロッパにやってきた。ブスベックの通訳は、ターバンについている花ではなく、ターバンのことを尋ねていると思って、ターバン自体の名（トルコ語ではツルバンドという）を彼に言ったのだ。彼の手紙を読むと、チューリップを知らなかったのははっきりしている。彼はスイセンやヒヤシンスのことはよく知っていたが、その花の名前を尋ねているのだから。ウィーンやプラハにあるフェルディナンド一世の庭に植えるために彼が送った珍しい種子や球根の中にチューリップの球根もあった。さらにチューリップの球根は、

オジエ・ギゼリン・ド・ブスベック

ヴェニスなどのヨーロッパの港に送る船荷の中にも偶然混じっていた。

チューリップの名前をヨーロッパに紹介したのがブスベックだと言われるのは、彼の四通の有名な手紙の日付が根拠になっている。この『トルコ派遣員の四通の書簡』は彼がオスマン帝国に滞在していた七年間（1555–1562）か、あるいは帰国直後に書かれたと推定されていた。しかし、最近の研究によれば、実際にはその手紙は二〇年後の一五八一年から八九年の間に書かれて出版されたものである。その頃は当然ブスベックはヨーロッパにいた。おそらくチューリップ紹介の名誉はこのフランドル人ではなく、恐れを知らないフランス人の探検家ピエール・ベロンのものだろう。

ベロン（1517–1564）は一五四〇年にルマン近郊のツーヴォアで庭作りを始めた。彼の後援者、ルマンの司祭、ルネ・ド・ベレイの援助で、外国の樹木や灌木を収集した。それらの中にはレバノン産のスギやフランスでは初めてのタバコがあった。彼の目的はフランス人の園芸家が手に入れられる植物を増やすことだった。その目的のために、彼は一五四六年にレヴァント地方に出かけ、それから三年間その地域を旅して植物を収集した。彼の冒険については、一五五三年にパリで出版された重要な本『いくつかの珍品についての考察』の中で述べている。一五五三年というのはブスベックがコンスタンティノープルへの旅を始める一年前である。この本はパリで三刷になったこと、二年後にはアントワープでも出版されたことからも分かるように、よく売れた。この本の第三部で、「美しい花を持つことに無上の喜びをおぼえ、これを高く評価することではトルコ人以上の人々はいない。というのも、トルコ人が美しいニオイアラセイトウとか、あるいは他の雅な花を目にしたときには、花に香りがなくとも、その値打ちが下がるようなことには決してならないからである。私たちは、いろいろな花と香しい若草を一緒に盛り合わせた花束を好むが、トルコ人が気にするのは花の姿だけであり、また欲しがるのも一輪の花だけである。とはいえ、彼らも何種類もの花を持つことはもちろんできるのだが、それでも共通の慣習にならって、複数の花を一つ一つ離してターバンの折り返しに挟み込んでいるのである。栽培家たちは、目の前に容器を置き、花の美しさを新鮮に保つために水をいっぱい張って、そこに色とりどりの花を入れているのがふつうである」と書いている。

ブスベックは「赤いユリ」について書いている。この花は八重のチューリップのことだと思うが、彼の意見では、ごくありふれたものであり、「庭園に植物を植えない人はいない。問題の『赤いユリ』はヨーロッパにある白いユリとはまったく別の花である。『トルコのユリ』の葉は『エレギア』という名の籐の葉に似ており、その根はハマムギの根とよく似ているが、それよりは大きい。色々な国から船に乗ってコンスタンティノープルにやって来た人々がこの美しい花の球根を持ち込んで、市場でその球根を売買する。彼らが運んできた球根はすべて金になった」。

ブスベックと同じくベロンも、細密画、刺繡、詩歌、タイルの中に美しく表現されていることを挙げ、チューリップに対するトルコ人の情熱について記述している。この「赤いユリ」(赤色のチューリップはほとんど匂わない)には匂いがないが、だからといって、この花の価値が低くなることはなかったと彼は言っている。ヨーロッパ人はいろいろの花を花束にすることを好むが、トルコ人は一本の花を単独で飾ると彼は言っている。陶器のラレダンや装飾が施されている金属製のラレダン、あるいは「水をいっぱい張った容器」にチューリップを入れて飾ったり、ターバンに刺して飾る。

「赤いユリ」が本物のユリだったはずはない。ユリはトルコにはほとんど自生していないし、自生しているものも赤色ではないからだ。ベロンによれば、トルコではこの赤い花は誰の庭にもあるごくありふれたものだった。しかし、ベロンにはなじみのないものだったし、それはブスベックにとっても同様だった。そこでベロンは、彼の本を読む人が連想しやすくするために、ヨーロッパで知られている花(籐、ハマムギ)と関連づけている。彼はまた、船でコンスタンティノープルにやってくる商人がこの球根を売買していたとも言っている。後にクルシウスが書いているのだが、一五六二年、チューリップの球根がベルギー北部のアントワープの港に入ってきた。布に包まれたチューリップの球根がコンスタンティノープルから、ある商人の所に送られてきたのだが、その商人はそれをタマネギだと思い、暖炉の燃え残りであぶって、油と酢をつけて食べてしまった。「残りの球根を自分の家の庭にキャベツなどの野菜の間に埋めた。しかもそのことを完全に忘れてしまったために球根のほとんどが短期間のうちに枯れてしまった。メヘレンの商人で、熱心な園芸家のヨリス・ライがわずかに残った球根を集めた。その後いろいろな変種が生まれて、私たちの目を楽しませてくれるようになったのは彼の勤勉と努力のおかげである。」このアントワープの商人と同様にクルシウスもチューリップの球根を食べている。フランクフルトの薬屋、J・ムラーに、ランの根と同じように球根を砂糖漬けにしてくれるように依頼している。彼は砂糖漬けの球根をお菓子として食べ、ランの根の砂糖漬けよりもはるかにおいしいと言っている。

カロルス・クルシウス（1526–1609）ともシャルル・ド・レクルーズともいう人物は、ヨーロッパの初期のチューリップ史の中で独創的な役割を演じている。彼は特に球根に関心があって、ヨウラクユリ、イリス、ヒヤシンス、アネモネ、ラナンキュラス、スイセン、ユリ、チューリップなど多くの新種の植物を広めるのに貢献した。彼は、ルネサンス期の花壇に植えられた高価な花の多くを紹介し、北ヨーロッパの庭を変えた。おそらく他の誰よりも、彼はこの時代がもつ国際的精神を具現化している人物だった。フランスのアラスで生まれ、ルーヴァンで勉学し、二三歳の時にヴィッテンベルクに移り、優れた新教改革論者のフィリップ・メランチトンの下で勉強した。そこからモンペリエに移り、ジェローム・ロンデレットの弟子になった。その後彼は二年間旅をして、スペインとポルトガルで植物の収集をした。一五七三年に神聖ローマ帝国のマクシミリアン二世の招待を受け、ウィーンに行き、帝国付きの植物園を作り、さらに運営の指導をした。三年後マクシミリアン二世が死亡するまでには、クルシウスはイベリア半島の花についての先進的な書物『イスパニア稀少植物誌』を出版していた。この書物には重要な付録（五〇九ページから始まっている）がついていて、それはスペインとは関係がないが、クルシウスがその時までに手にしていた植物、アネモネ、ラナンキュラス、チューリップの詳しい一覧表が載せられている。彼はさらにブスベックについても触れている。ブスベックはウィーンの庭用にクルシウスに種子や球根（チューリップの球根も含んでいる）を送ったが、彼は、スルタン・セリム一世とスルタン・ムラト一世の統治下で、トルコ、オーストリア、オランダの間を強く結びつけたトルコとの盛んな交易の中で、ほんの一役を担っていたにすぎない、と。

クルシウスはイギリスの園芸家とも交流があって、イギリスを二度訪れ、フィリップ・シドニーやフランシス・ドレイク卿と会っている。一五八七年から九三年まで彼はフランクフルトを拠点とし、友人、ヨアヒム・カメラリウス（1534-1598）が基礎を作った植物園について、ヘッセの領主ヴィルヘルム四世に助言をしていた。しかし、もう一人の文通相手のヨエスト・リップス（1547-1606）の説得に応じて、クルシウスは新しくできた大学で植物学の教授の職に就くためにフランクフルトを離れ、ライデンにやってきた。彼はフランクフルトの自分の庭で栽培していた球根を携えて、一五九三年一〇月一九日に薬草園を作るという任務を帯びてライデンに到着した。

カロルス・クルシウス

その時、クルシウスはすでに六七歳だったが、広い国際的関係（彼は七か国語に堪能だった）を維持していた。彼の手紙と一緒に、彼の球根もヨーロッパ中に広まった。彼がライデンに移住して三年後に、ノルウェー人の若い医者ヘンリク・ホイアーが医学博士号を取るためにライデンに来た。ホイアーがベルゲンに戻る時、彼のカバンにはクルシウスの球根のいくつかが入っていた。次の年にはさらに多くの球根が彼に送られた。チューリップがヨーロッパ中に広がったのはクルシウスのおかげだと、カメラリウスは一五八八年に出版した『薬草園』の中で書いている。この二人は学生の頃、ヴィッテンベルクで初めて出会った。それから三〇年間にわたる二人の友情は、クルシウスがカメラリウスに出した一九五通の手紙が物語っている。手紙の中で、クルシウスはカメラリウスの庭にあるチューリップの数とその種類の多さ（その多くはクルシウスが提供していた）を高く評価している。彼はカメラリウスにトルコから到着したばかりの種子を送り、彼にいろいろな植物を送ってくれるブダペストに住んでいるトルコ人のパシャのことを知らせている。また、コンスタンティノープルから着いた様々な球根の一覧表を作り、球根を世話する最善の方法を細かく記したものを添えて、カメラリウスに送っている。二人の手紙は本の行商人に託されることが多かった。

クルシウスがライデンに行く頃には、すでにこの町でジョン・ホージランドという名の熱心な栽培者がチューリップを育てていた。チューリップの価値を知らないアントワープの商人の庭から球根を救い出したメチリンの商人ヨリス・ライから球根を手に入れたのだった。しかしながら、クルシウスは自分のもつ珍しい花に対する独占欲が強く、「誰がどれほどお金を積んでも売ろうとはしなかった。彼の所にある植物のほとんどが、また植物の中でも最上のものが夜のうちに盗まれることがよくあって、そのたびに彼は花を栽培する気力や野心を失った。しかし、チューリップを盗んだ人物は時を移さず種子を蒔いて、チューリップを増やしていった。こうして一七の地域で育てるのに十分なほどチューリップが増えた」。チューリップはクルシウスがライデンに来る以前にアムステルダムにも植えられていた。そこではチューリップは、薬屋のヴァリッヒ・ジーヴェルツの庭で初めて育てられ、「栽培者は皆大いに驚いた」とニコラス・ヴァッセナーが書いている。

クルシウスはチューリップをヨーロッパに導入するのに深く関与していたが、チューリップについての印刷されたものを出版した最初の人物ではなかった。その名誉はチューリッヒに住む医者で植物学者でもあったコンラート・ゲスナー（1516–1565）のものである。彼は、一五五九年四月、ヨハニス・ハインリッヒ・ヘルヴァルトの大庭園でヨーロッパ初のチューリップが咲いているのを見た。それは「コンスタンティノープルから、あるいは他の人々が言っているようにカッパドキアから来た種子から咲いた。一重の美しい赤い花をつけ、ユリのように大きな八枚の花弁のうち、四枚が外側に、残りの四枚が内側にある。この花にはすぐに消えてしまうが大変甘く、柔らかで繊細な香りがある」と彼は書いている。

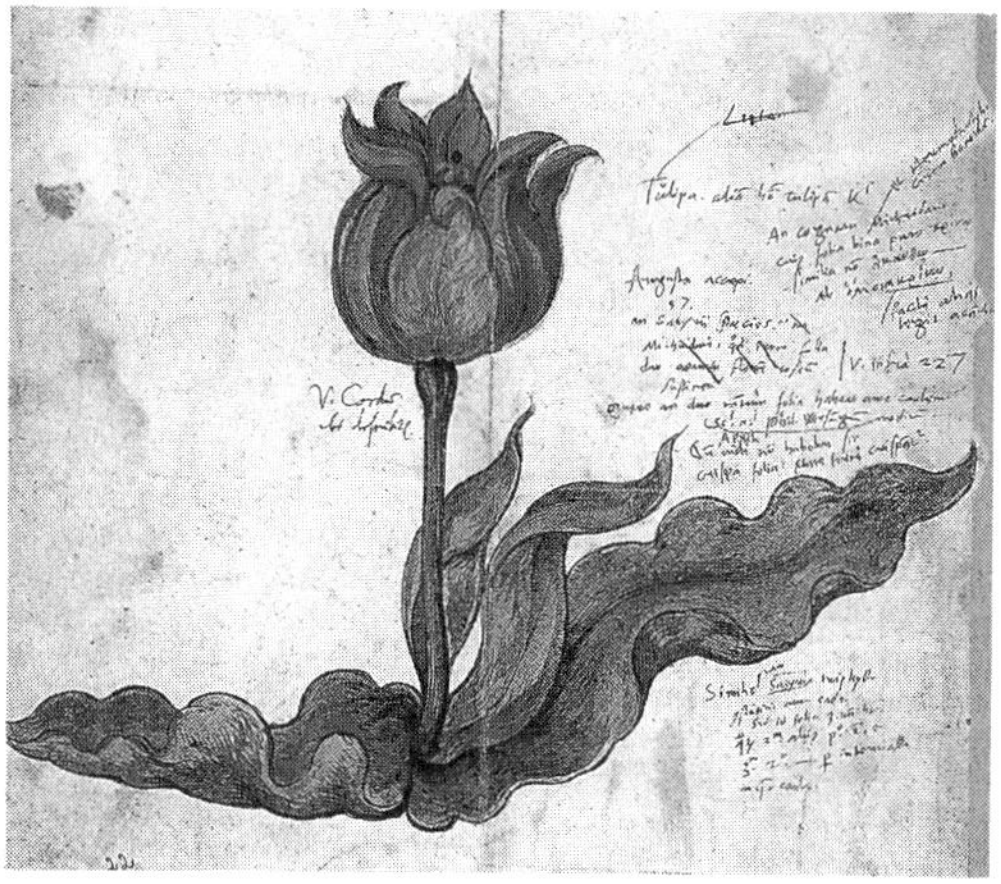

ヘルヴァルトのチューリップ
（ゲスナーによって記述されたもの、1557、エルランゲン大学図書館所蔵）

収集家ヘルヴァルトの庭はバヴァリアのアウグスブルクにあった。バヴァリアは銀鉱の中心地で、豊かで重要な町だったから、ゲスナーがそこで初めてチューリップを見たとしても驚くことではないが、ヘルヴァルトはどこからチューリップを手に入れたのだろうか。アントワープから来たのか、それともウィーンから来たのか。ブスベックが与えたのかそれともベロンだろうか。花弁の数は六枚ではなく八枚と書いているゲスナーは正しいのだろうか。七枚とか八枚の花弁をもつ奇形がよく生まれるから、そのチューリップは八重ではなく、花弁が八枚あったのかもしれない。一五六五年の『古写本』でレオンハルト・フックス（1501–1566）が描いたチューリップの一本には花弁が八枚ついている。しかし、アウグスブルクのチューリップについてゲスナーが記述しているものの挿絵の花弁の数は六枚である。そしてゲスナーはチューリップには匂いがあると書いているが、ブスベックとベロンは匂いはないと書いている。当時は現在よりも、匂いは花の特徴として記述すべきものだった。

ゲスナーがこのチューリップをツリパ・ツルカルムと呼んでいることから判断すると、トルコに広く生えていたツリパ・アルメナなどと同じようにトルコ産だった可能性がある。しかし、チューリップの球根がコンスタンティノープルからヨーロッパに最初に届いた頃までには、バルカン半島と黒海沿いの国の大部分はトルコに征服されていた。種小名ツルカルムは「トルコの」という意味だが、当時トルコは、今日よりはるかに広大な地域を指していた。ツリパ・ツルカルムはトルコ産だとも、ロシア産だとも言える。コンスタンティノープルでは、「カフェ・ラレ」と「カヴァラ・ラレ」の二種類のチューリップが取引されていた。クルシウスもその著書『稀少植物誌』（1601）の中で同じ言葉を用いている。しかしその頃、誤解によって使われるようになった「ツリパム」をトルコ語の正しいチューリップの呼び名「ラレ」に改めるのは手遅れだった。「カフェ・ラレ」はケーフェ（今日のウクライナのフェオドシヤ）産の早咲きのチューリップだった。遅咲きの「カヴァラ・ラレ」は、おそらくバルカン半島のマケドニア地域にあるカヴァラから来たものだろう。そしてクリミアやトランスコーカシアの草原や低い山々に自生しているツリパ・シュレンキーの仲間だったかもしれない。

ゲスナーは初のヨーロッパ産のチューリップの絵も出版している。それはアウグスブルクのチューリップで、ゲスナー自身か彼の弟子の一人が描いた絵をもとにして、よく育っている様子が木版で表現されている。その花の周りにはこのチューリップの出所、葉の様子、その他の特徴が書かれている。その絵にはふっくらとした背の低い、高さと幅が同じくらいで、先が尖った六枚の花弁が付いている。その花弁は最初は閉じているが、ゆっくりとその先端が開く。ゲスナーはこのチューリップは「ビザンチウム」が原産だと書いている。そして、ドイツ人の博物学者で画家で、一五四九年から五一年までイタリアに滞在していたヨハン・ケントマン（1518–1574）からこのチューリップの絵を送ってもらったと言っている。ゲスナーが描いた水彩画には、一五五七年の日付があるアウグスブルクのチューリップだけでなく、黄色のチューリップもある。この黄色のチューリップの絵は三枚あって、一枚は上から、一枚は下から、そしてもう一枚は側面から描いた絵である。それには「ナルキスシ［スイセン］・ルテイ［黄色の］・オドラティ［芳香の］」と記述されているが、明らかにツリパ・シルヴェストリス［野生の］と呼ばれている種類で、初期によく記述されているチューリップである。その三枚の絵には球根、子房、そして花が美しく配置されている。その花の二本には七枚の花弁があり、真ん中に描かれている花の花弁は八枚ある。ツリパ・シルヴェストリスは、六枚以上の花弁を付ける傾向が強い。その記述には匂いについての記述もある。匂いがあるのはこの種だけで、他のチューリップとは異なる特徴である。

コンラート・ゲスナー

『カスパリ・コリノ・ファーモコポエオ』の著者。同書はチューリップのヨーロッパ初の記述と初の絵が載っている。

　ゲスナー以降、チューリップは多くの書物の中に現れるようになったが、常に正しい名前が記されていたわけではない。一五六五年に出版された『ディオスコリデス注釈』の中では、イタリア人の医者で植物学者のピエール・アンドレア・マッティオリ（1501–1577）は、チューリップを「ナルキスス」と記述している。しかし、ウディーネのジョルジオ・レベラーレとヴォルフガング・マイヤーペックというドイツ人の手になるすばらしい挿絵を見れば、その花は間違いなくチューリップである。葉は幅広で波打っており、ゲスナーの絵の葉と違って、茎に絡み付いているのはこの花の典型的な姿と言える。マッティオリの次は、メヘレンの医者で植物学者のレンバート・ドドエンス（1517–1585）で、彼の本に載せられたピーター・ファン・デル・ボルクトの手になる七枚の木版画の一枚は、美しいチューリップの絵である。しかし、ドドエンスはこの花の命名については危険地帯に踏み込んだようで、チューリップのことを広範囲の花を指す「リリオナルキスス〔ユリスイセン〕」と呼んでいる。さらに、チューリップはトラキアとカッパドキアから来たと書いている。マティアス・ド・ローベル（ロベリウスとも）が書いた『植物誌』という草本書の中に、ドドエンスの本の中にも出ているチューリップの一つが「リリオナルキスス・カルセドニクス〔めのうの〕」という名で記載されている。この本には三七種類のチューリップが載っていて、その一つは美しい赤と白のツリパ・クルシアナである。ロベリウスは、多くの花を付けるツリパ・プラエスタンス〔優れた〕の変種と思われる黄色のチューリップを、「リリオナルキスス・ルテウス〔黄色の〕・ボノニエンシス〔ボローニャの〕」と命名している。また、このチューリップは一本の茎に二ないし三個の花が付き、黄色のニオイアラセイトウと同じ匂いがすると記している。イギリス人の医者ジョン・ジェラードは、一五九七年に出版した『本草書』の中で同じ絵を用いているが、彼はその花をツリパ・ナルボネンシス〔ナルボの〕と呼んでいる。これはカール・リンネ（1707–1778）以前には分類法が混乱していたことを表す好例である。スウェーデン人リンネは、植物の命名法を確立した植物学者である。

クルシウスと同じくロベリウス（1538–1616）もモンペリエでロンデレットのもとで勉強した。ロンデレットが死亡した時、ロベリウスは師の原稿をすべて引き継いだ。彼は一五六六年頃イギリスに向かうまでは、アントワー

35歳のレンバート・ドドエンス（右）**と1553年アントワープで出版された彼の本の挿画**（おそらくツリパ・セルシアナ）

プとデルフトで医者として働いていた。イギリスでは、ジェームズ・ガレットらのフランドル人と一緒に暮らした時期もあったが、ウィレム沈黙王付きの医師として働くためにオランダに戻った。ウィレム王が殺された後、ロベリウスはジェームズ一世付きの植物学者としてイギリスに定住した。この地位を得たことで、名声を得ることになるが、彼にはハックニーにあるズーチェ卿の庭を監督すること以上に重要な仕事はなかった。一六二一年にオックスフォードに植物園が作られるまで、パドヴァ、ウィーン、あるいはライデンに匹敵する優れた学問の中心になる場所は、イギリスにはなかった。植物収集をしているのは裕福な貴族だけだった。そうした貴族の中ではズーチェが群を抜いていた。彼のハックニーの庭には、あらゆる優秀なイギリス人の植物学者が集まっていた。そしてロベリウスはイギリスとヨーロッパ大陸とを繋ぐ重要な人物だった。

フランドルのリールで生まれたロベリウスは、そこでははるか十字軍の時代から植物に関心をもつ人々がおり、特にブルゴーニュ公の下で隆盛を極めたと書いている。フランドル人がレヴァント地方から初めて植物を持ち帰ったと記し、さらにフランドル人の庭には、それ以外のヨーロッパにある稀少植物をすべて集めた量よりももっと多くの稀少植物があるとも記述している。ただ、その庭の大半は一六世紀に起こった内乱で荒廃した。ロベリウスはフランドル人のチューリップの栽培家のことも書いている。カロルス・ド・クロワ、キメイ王子、ヨハンネス・ド・ブランシオン（後に羽状模様のチューリップの一つに彼の名前が付けられ、「テスタメント・ブランシオン」と呼ばれた）、ヨハンネス・ファン・デル・ディルフ、ヨリス・ライ、ヨハンネス・ムトヌス、コンラルディ・シェッツの妻でマリア・ド・ブリミューなどである。

これまでロベリウスの作と言われていた初の挿絵付きの植物本『植物図譜』（一五八一年）の中には、当然チューリップが入っているが、今日では、プロイセンの公爵付きの医者ゴベリウスが編集したものと考えられている。この誤りは、フランドル人の刷師クリストフ・プランタン（c.1520-1589）が楽に金儲けをしようと同じ版木を何度も用いたせいだ。この本には一〇ページにわたって二三種類のチューリップが載っているが、プランタンは、そのうちツリパ・プラエコクス・アルバ［白い］、ツリパ・プラエコクス・ルテア［輝黄色の］、ツリパ・プラエコクス・ルブラ［赤い］など数種類については、古い版木を再度使用して、クルシウスの『稀少植物誌』［一五八三年］の挿画も刷っている。

初期のチューリップの挿画は単色で、しかもその名が現在の種小名と一致しないから、チューリップの同定は難しい。それぞれに記述されている内容も種を識別できるほど詳しいものではなく、十分な情報ではない。初期に付けられた名前はその開花期を示していることが多く、例えばプラエコクスは「早い」という意味だし、メディアは「中頃」の意味である。さらにルテウス［輝黄色の］やコクキネウス［緋紅色の］というのは花の色を示している。ルブリス・ストリアティス［赤色の縞状の］あるいはカンドレ・エト・ルボレ・コンフスス［純白に赤色が混じった］

のような表現もあり、これらの表現から推測すると、ブレイクしたチューリップがあったらしいことがうかがえる。チューリップが初めて記述されたのは本草書だった。本草書の目的は植物を同定し、食物や医薬品としての有用性を記すことだったから、チューリップについても、球根は牛乳を凝固させると書かれている。医薬品として植物を利用する医者は、当然のことながら栽培もしていたから、植物は園芸家だけのものではなかった。一七世紀の初頭には庭園が熱心に作られ始め、その頃現れた花譜は医者の必要性と合致したのだ。ブレイクしたチューリップは一五八五年以降、ゲスナー、マッティオリ、ロベリウスが本を出版した後に熱心に収集されるようになった。クルシウスはヨハン・ド・ホゲランデなどの熱心な収集家のことを記述している。ホゲランデは一五九〇年に〝すべての花びらの先が尖っている〟チューリップについてクルシウスに情報を与えた人物である。

リンネに先だって、クルシウスは彼が出版した最後の本で、当時の混乱した命名法を確定しようと努力した。チューリップの新しい属名が確立されて、それ以前の本では「リリオナルキシ」だったのが「ツリパ」になったと、その本には書かれている。クルシウスはチューリップをいくつかの種類に分類して、プラエコクス（早咲き）としては八種類を挙げ、さらにセロティナス（遅咲き）、そしてドゥビアス（中間）と分類した。その本の挿絵はプランタンが担当しており、すでによく知られた絵が用いられているが、印刷史の中で最もしっかりと彫られた木版画だろう。もちろん種小名は違っている。一五八一年に出版されたゴベリウスの『図譜』で、「リリオ・ナルキスス・アルバ」だったチューリップは「ツリパ・プラエコクス・

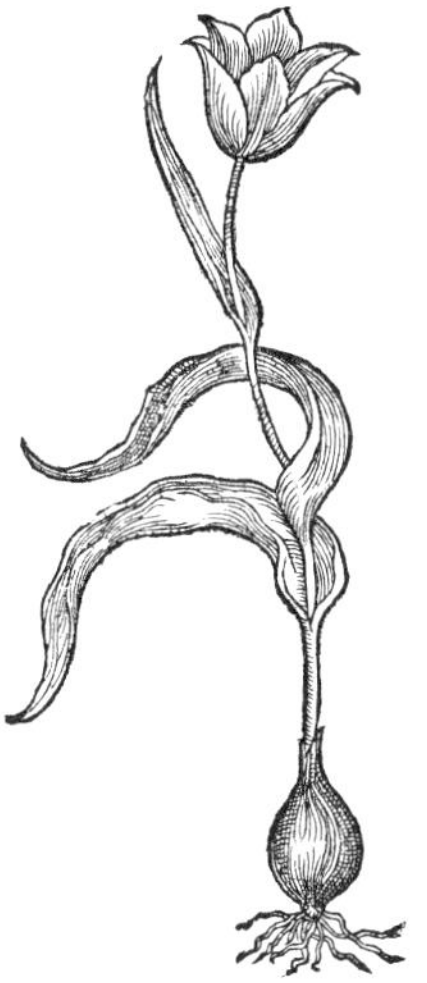

ツリパ・プラエコクス・フラヴァ（クルシウスの本のために準備された初期の木版画）

フラヴァ［黄色い］」になった。「リリオナルキスス・ルテウス・フォエニコ［ザクロ色の］」はツリパ・ドゥビア・マジョール［大きい］になった。『図譜』の中に出ているチューリップの一つ「リリオナルキスス・ルベルス［やや赤い］・ニティドゥス［光沢のある］」、カンディディス［純白色の］・オリス［口の］」はクルシウスの本の表紙の絵に使われている。その構図はこのチューリップを中心に、その両側にテオフラスツスやディオスコリデスが苦悩に満ちた様子で横たわっているというものだ。ツリパ・セロティナ［晩生の］・ミノール［小さい］やツリパ・プミリオ［小人］・アルテラ［もう一つの］などの挿絵が新たに載っているものは、これらのチューリップが新しいことを示している。

クルシウスの最後の本が出版される頃には、印刷工が挿画家を兼ねるようになっていた。ルドルフ二世の宮廷画家、ヨリス・フーフナーゲル（1542–1600）は本の挿絵画家と静物画家のあいまいな区別を無くしてしまった。彼の描いたチューリップは、下部がふっくらとしており、花弁の先が尖っていて、先の方で広がっている［口絵vi頁］。それはゲスナーの描いた赤いチューリップよりも洗練されており、色数も多い。また赤い羽状模様がある黄色のチューリップや、ピンクの優雅なチューリップも描いている。また別の版では二種類のチューリップをそれぞれの茎を絡ませて、表象のように対照的に配置している。葉は波打ち、花は洋梨の形で、花弁の先は尖って開いている、典型的なチューリップである。フーフナーゲルはこのチューリップの花弁の中央に走っている幅広の主脈を強調している。花の一つは赤で、もう一つは赤、青、緑が混ざっているというまったく信じられない、奇妙な花である。しかし、「ヴィリディフロラ［緑色花の］」と名付けられているチューリップには、花の中央部に緑色の波線があるから、この絵の現在は青色になっている部分は、元々はこの色だったのかもしれない。不思議なことだが、その後ヤン・ブリューゲル父（1568–1625）が描いたものにもそれと同じ色が見られる。

植物への関心が強い時代だった。ウィーンやドイツの至る所、低地三国、あるいはイギリスで、時間と資金のある人々が庭作りに精を出し、ベロン、ゲスナー、ラウヴォルフなどの探検家や植物学者が、旅先から持ち帰った宝物で庭を一杯にした。レオンハルト・ラウヴォルフはドイツ人の医者で、クルシウスやゲスナーと文通しており、西ヨーロッパの研究者の情報交換の大きなネットワークの中にいた。一五七三年、彼はアウグスブルクの家を出発して、植物の自生地を探し出すことによって「明確な知識」を得ようとした。植物収集をするために近東に出かけ、そこから八百種類以上の植物を持ち帰ったが、その内のいくつかは現在もライデンの標本室に保管されている。彼はレバノン山で自生するスギを見、自生のルバーブを見つけ、黄色の縦縞が入った「可憐なチューリップ」を集めた。そしてベロンと同じく、トルコ人があらゆる種類の花を愛でることに喜びを見出していると書いている。さらに彼もトルコ人がターバンに花を飾る習慣があることは、「毎日のように次々といろいろな花を見ることが」できるので、とても役に立つとも書いている。

一度導入されると、チューリップは急速に広まっていった。ヨーロッパでチューリップが最初に咲いたのは、一五五九年のアウグスブルクだと記述されている。一五六二年までにはアントワープに、一五八三年までにはベルギーの他の場所で、一五九〇年までには（クルシウスのおかげで）ライデンで、一五九六年までにはミドルブルクとルツェルンで、一五九八年までにはモンペリエでも見られた。八重のチューリップについては、一七世紀の初頭にすでに記述されている。チューリップはその時代の精神や多くの人が熱狂して「珍種」を集めようとする要求にも合致した。当時、「珍品の部屋」には、珍しい花や大切に育てられている花がまるで宝石のように展示されたのだ。クルシウスやロベリウスなどの研究者は、自分たちの科学的な研究を広げるためにそうした珍種を収集していたし、王族や力をもつ商人は地位の象徴として珍種を求めた。なぜならば、裕福な者だけが楽しみのために庭を作ることができたからだ。画家のクリスピン・ド・パスがそうした庭園を描いている。周囲を囲まれた小さな空間で、その中に正方形に区切られた花壇があり、そこには現在の基準から見るとまばらに、ヨウラクユリ、新たにトルコから導入されたクロアヤメ、ヒヤシンス、チューリップなどが植えられていた。チューリップは一七世紀の庭作りをする人が手にすることができる植物の中で一番求められた植物であり、高価なことでも一番有名な花だった。

人に見せるために植物を育てるという新しい関心が生まれるにつれて、一七世紀初頭に出版された植物書の中では強調される部分が次第に変わっていった。エマニュエル・スウェールトが描いたすばらしい手彩色の書物『花譜』が、一六一二年にフランクフルトで出版され、『アイヒシュテットの園』が翌年出版された。この二冊は庭作りをする人のための書物であり、カタログであり、収集品の記録でもあった。大量の「庭用」のチューリップが現れた。豪華な色の花弁に羽状模様や、炎状模様のものなど、初期の書物の中に載っているチューリップとは比べものにならないほど高度に改良されていた。技術の進歩がそれを助けた。次第に銅板画が木版画に取って代わるようになると、一七世紀初頭の書物の挿絵は、いっそう細かい部分まで描かれるようになった。

『アイヒシュテットの園』は、ドイツのアイヒシュテットの王子であり司教でもあったヨハン・コンラート・フォン・ゲミンゲンに献じられている。彼の庭は一七世紀初頭の庭としては最高のものだった。そこには当時知られていたほとんどすべての灌木や花卉があり、もちろんチューリップも大量に植えられていて、アメリカから輸入された灌木と同じように重要視されていた。その庭が完成すると、司教は植物学者で薬屋のバシリウス・ベスラーに管理をまかせた。彼はその庭の改善を助けたり、記録を作成した。その記録は一六一三年に出版されたが、そこには司教が所有している千種類以上の植物と三六七枚の挿絵が載っている。

この司教はバヴァリアの公爵、ヴィルヘルム五世に手紙を書いて、「庭用の植物がこの地の商人の手を経て運ばれました。とりわけ、オランダから、特にアントワープ、アムステルダムから、他にもあちらこちらから運ばれてきました……」と説明している。ヴィルヘルムの代理人が一六一一年五月一七日に庭を訪れて、八つの種類の庭について、それぞれの庭には「国籍の違う花が植えられており、花壇が違えば花の種類も違っている。特にバラとユリとチューリップが美しい」と言っている。各週ごとに一ないし二個の箱の中に入れた植物がニュールンベルクに送られた。かの大著に載せる絵を画家に描かせるためで、司教はこの大著を作るには三千フローリンはかかるだろうと見積もっていた。豪華に描かれているチューリップの中には、茎の短いツリパ・プラエコクスがヒヤシンスと組み合わせて描かれたものや、ツリパ・シルヴェストリス（この本ではまだリリオナルキスス・ボノニエンシスと記述されている）の脇にスノーフレークが配されている絵もある。しかし、ほとんどのチューリップは原種ではなく、美しい縞模様があったり、先が尖っていたり、燃えるような色合いの庭用に改良された変種で、中には非常に新しいものもある。パロット系の「ファンタジー」は二〇世紀に作り出されたが、『アイヒシュテットの園』の中にそれとそっくりなチューリップが載っており、ラズベリーの実の赤色で、緑色の羽状模様がついている。司教の「ツリパ・ニヴェア［雪の］・オリス・プルプラセンテ［やや紫色がかった］」は

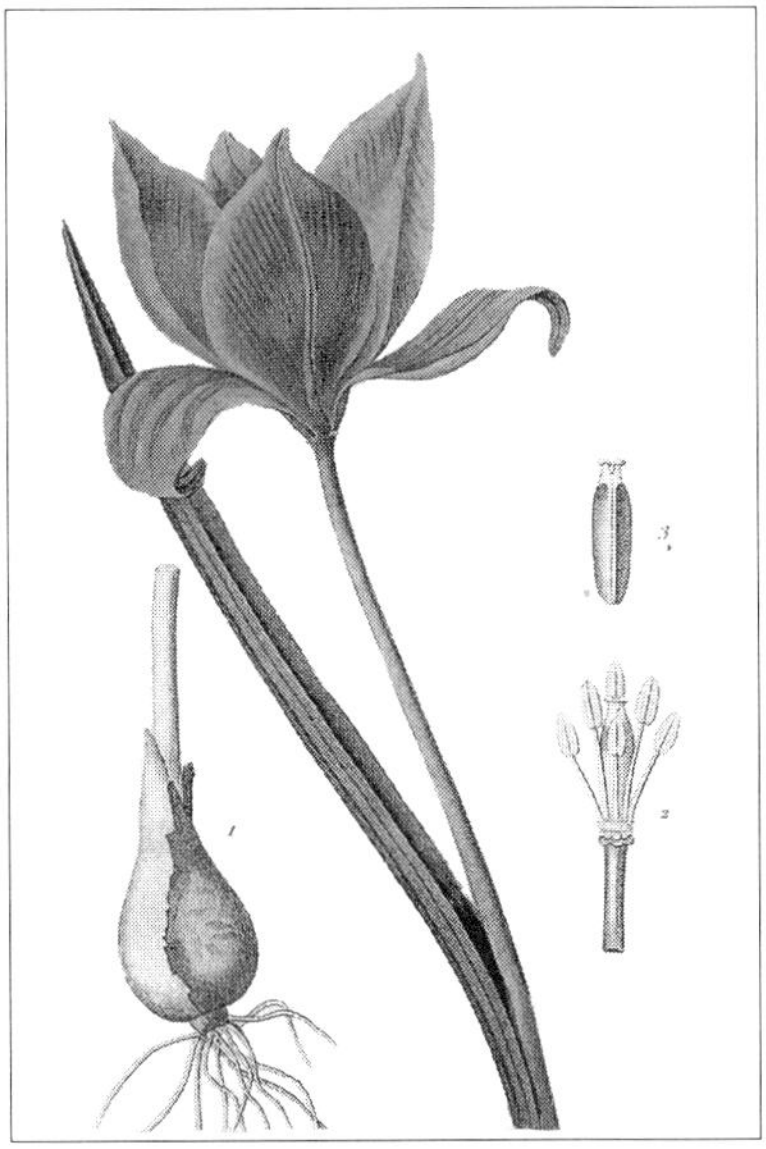

ツリパ・シルヴェストリス

奇妙なチューリップで、花弁の色と茎の下の方の擬葉の色が同じである。

『アイヒシュテットの園』は一七世紀初頭に大量に出版された本の一冊で、ゲスナーやマッティオリの先駆的書物の後に出版された。この本は司教の収集品の記録書である。一六一二年のエマニュエル・スウェールトの『花譜』は、ヨーロッパ初の種苗商の商品植物のカタログだった。本文はなく、買い手に便利なように属別に植物が並べられている。初期の本草書とは異なり、スウェールトは多くの植物について美辞麗句を並べている。何ページにもわたって魅力的なチューリップが載せられ、しかも異常なほど多様な色のチューリップが複雑に組み合わされて並べられている。

バーデン゠ドゥルラッハの辺境伯は当時の典型的な収集家だった。彼は毎年オランダから何千もの球根を購入していた。シーズンごとに千フローリン以上の金を費やしたが、それは乳母や洗濯女の年収の五〇倍にはなった。一六三六年までには彼の庭の植物目録には四七九六本のチューリップが載せられるようになっている。稀少種の中にはただ一つの球根しかないものがあるが、他の普通に見られる変種は何千と植えられていた。代々辺境伯のチューリップ好きはけっして変わることはなかった。一七一五年、新たに辺境伯になったカール・ヴィルヘルム（1679–1738）はバーデン゠ヴュルテンベルクのカールスルーエにすばらしい庭を再建した。新しい城の二つの翼の周囲に複雑な刺繍花壇がある遊園が造られたのだ。そこに収集された植物の手書き目録が現存していて、一七三〇年の目録には二三二九本のチューリップが載っている。一七三三年までにはその収集は、様々な変種が三八六八本にまで増えており、その後三年間でさらに約千種類のチューリップが加えられている。この辺境伯はチューリップの球根をオランダにある一七軒の商会、その内一五軒はハールレムの商会から購入した。前述のヨハン・コンラート・フォン・ゲミンゲンがそうだったように、彼も自分が所有している貴重な植物の絵を描かせた。ゲオルグ・エーレット（1708-1770）が描いた水彩画だけでも二〇冊の本になり、チューリップの数は五千本にもなる。

ヨハン・ヤーコップ・ヴァルター（c.1600-1679）も、イドシュタインのナッソウのヨハン伯爵の命で、同じような花譜を作成した。この城はフランクフルト近郊にあって一七世紀初頭に再建されたものだが、三十年戦争が終わる頃にはまた廃墟になっていた。ヨハン伯爵は亡命先から戻ると、その城の再建を開始し、あずまややグロット［岩屋］もあるみごとな整形式の庭園を造った。この庭園にある稀少植物の絵を描くためにヴァルターが訪れて、その庭園を絵に残した。絵の中にはヨウラクユリやチューリップが植えられている美しい刺繍花壇が描かれ、その周囲には、入念に刈り込まれたツゲが植えられ、常緑樹が植わっている鉢が並び、様々な像や庭の建築物がある。そしてこの庭の所有者は、妻や娘たちと一緒に庭の中で誇らしげにポーズをとっている。そこにはシャクヤク、イリス、バラ、カーネーション、そしてもちろんチューリップも描かれている。チューリップについて言えば、その多くは縦縞模様の種類で、水彩で華やかに色の対比が描き出されている。百年前にフーフ

スウェールト著『花譜』の扉（アムステルダム、1647。初版：フランクフルト、1612）

ナーゲルが描いた、先が尖って基部が丸いチューリップは、当時はもうよく知られた種類となり、花弁の先の方が百年前のものより柔らかく丸みをおびたものになっている。後年ビザーレ系、ローズ系、ビブロメン系という名で区別されるようになる三種類のチューリップがはっきりと識別されて描かれている。ビザーレ系のチューリップは黄色の上に赤の縞模様があり、ローズは白の生地に赤の羽状模様や炎状模様があり、ビブロメンは白地に濃い紫色の模様がある。葉の形ははっきりと波状になっている。

チューリップへの情熱をもっていたのは、十七世紀のバーデン＝ドゥルラッハの辺境伯とナッソウの伯爵だけではなかった。イタリアではセルモネッタの公爵がチステルナにある彼の庭園の刺繡花壇に植えられている植物の中に一万五千本のチューリップがあることを誇っている。イタリアではチューリップは少なくとも一六世紀中頃以降には知られるようになっていたと思われる。その頃にはパドヴァにある重要な植物園の管理をしていたヴェニス人のピエトロ・ミキエル（1510-1566）が、パドヴァを離れてヴェニスに戻り、優れた本草書『植物に関する五冊の本』を書いているからである。この本にはツリパ・シルヴェストリスとツリパ・プラエコクスの絵が載っている。スペイン人の画家ホアン・ヴァン・デル・ハメン・イ・レオンが一六二〇年代に存在していたチューリップをたくさん描いていることから、イベリア半島でもこの花が好まれていたことが分かる。彼が描いた何枚かの静物画の中には、植物画としても通用するほど植物が正確に描写されている。チューリップは圧倒的に赤と黄色のものが多く、ヒマワリ、イリス、グラジオラスも一緒に描かれている。そうした花は、金で渦巻き模様が施された装飾ガラスの器の中に生けられている場合が多い。

スウェールトやド・パスがカタログを作ったことが、チューリップ市場をさらに拡大することに一役買った。さらに、ゆっくりとではあるが、チューリップ熱は宮廷からさらに広まって、特にライン川河口にあるドイツやオランダの町に広がっていった。一六二〇年代にはオランダ、ドイツ、フランドル地方の西部では流行を取り入れた庭に、チューリップは不可欠の花になっていた。そうした地域ではチューリップの栽培が盛んに行われるようになっていたからだ。フランドルの画家ヤン・ブリューゲルの作品を見れば、クルシウスが初めて縦縞模様のチューリップを記述して以来、チューリップの改良がどれほど進んだかが分かる。ケンブリッジのフィッツウィリアム美術館にある有名な『花瓶に生けた花』のような絵には、白地に赤、黄色地に赤、赤色地に黄の色の対比も鮮やかな羽状模様のチューリップが描かれている。しかしそれ以降に人気が出る濃い紫色や白色の種類は一つもないし、「ブレイク」した花もまだなかったようだ。一六一六年に描かれたブリューゲルの『春の寓話』には上記のチューリップと同種のものが庭の縁に植えられている。それぞれの種がただ一本ずつあるだけだが、その中には白い花弁に赤い縁どりがある美しいチューリップも描かれている。イリス、三本のシャクヤク、アネモネ、大きなヨウラクユリそしてオダマキがチューリップの側に配置されている。

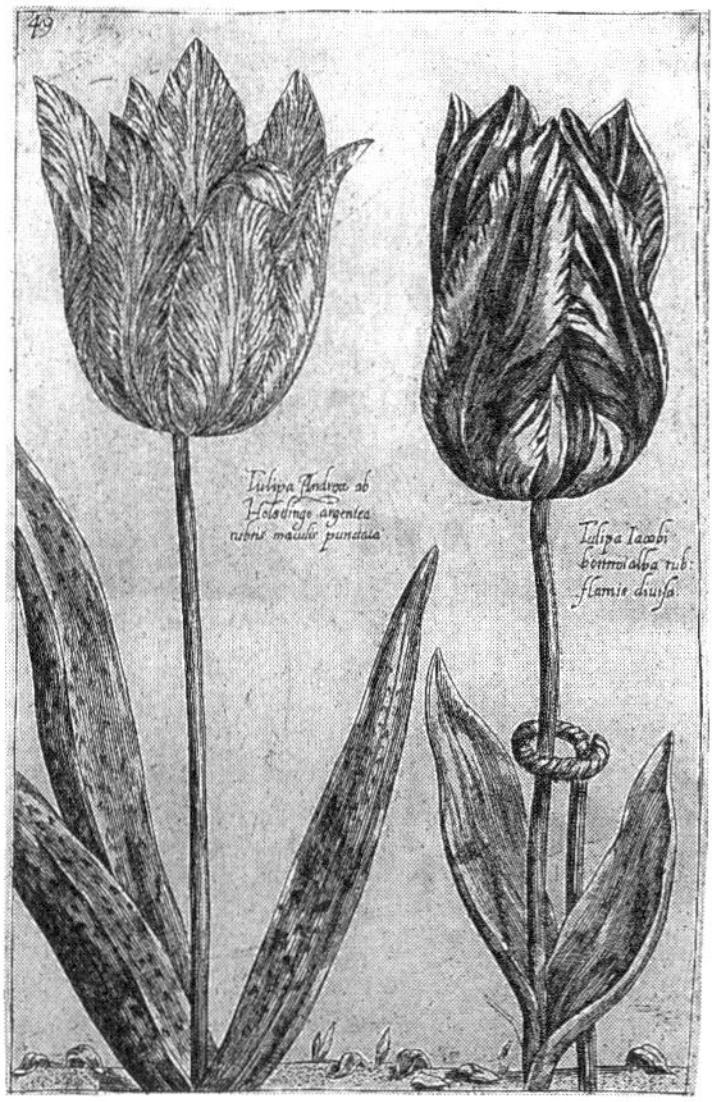

クリスピン・ド・パス作のチューリップのカタログ（1614）**から**

一七世紀の初頭には、フランスでもチューリップは確固たる地位を得ており、一六一一年までにはペイレスが所有しているプロヴァンスの庭で咲いていた。後年オランダを巻き込んだ有名なチューリップ熱よりももっと激しいチューリップ狂時代にフランスは突入することになった。三万フランの価値があると言われた繁盛しているワイン醸造所が、人気を博していた「ツリプ・ブラッセリー［軽食堂］」の球根一つと交換された。一六〇八年には、製粉業者は自分の水車を「メール・ブルン［ブルネット色の髪の母］」の球根一個と交換した。持参金としてチューリップの球根を一つ受け取った婿が、大喜びしたという例もある。それは義理の父親が大切に育てていた赤地に白色の縦縞模様の八重のチューリップで、おそらく「マリアージュ・ド・マ・フィーユ［我が娘の結婚］」だろう。流行に敏感な女性は、珍種のチューリップの花束をもたずに外に出ることはなかった。つまり宝石を身につけるようにチューリップを身につけたのだ。そうしたチューリップは宝石に優るとも劣らないほど高価だった。ピエール・ヴァレ（1575–1635）は、フランスのアンリ四世付きの「刺繡師」と言われているが、このチューリップ熱に便乗して花の版画を出版して儲けた。その花にはパリのピエール・ロバンの種苗園で育てられていた高価なチューリップも含まれている。裕福な家では、花は庭に植えられるだけでなく家の中に飾られるようになっていた。使用していない暖炉の中に花を飾ったり、大切な宴会では切り花がテーブルの上にまき散らされた。一六八〇年にフランスで行われた結婚式では、テーブルにはアネモネ、ヒヤシンス、ジャスミン、オレンジの花、チューリップなどの花が入った一九個の花籠が置かれた。ポアチエのジャン・ル・ロワ・ド・ラ・ボワジエールが描いた美しい花譜には、当時人気があった庭用の花の多くが載っており、四〇種類以上のチューリップも入っている。ルイ一四世の弟のガストン・ドルレアンのためにニコラ・ロベール（1614–1685）が描いた華やかな絵の中にも、当時のフランスのチューリップ愛好家が高く評価していた花が入っている。すでにチューリップには特別なフランス語の用語があって、オランダやイギリスの栽培家も広く用いていた。フランス語の用語はイギリスでは少なくとも一八世紀中頃まで普通に用いられていた。一八世紀中頃までというのは、フランスのものはどんなものでも好むという風潮が、フランスとの戦争で薄れてしまったからだ。ラングル生まれで、宿屋の息子ロベールは、一六四〇年にローマで出版した『花のいろいろ』というエッチングの小冊子で有名になったが、この主著は彼の援助者だったガストン・ドルレアンに献じられている。ロベールは、ブロワにあるオルレアン公爵の庭園や動物園で育てられていた膨大な動物と植物を、羊皮紙の上に水彩で丹念に記録してる。赤、緑、黄色が混じり合った派手なパロット系のチューリップ［口絵70頁］、鮮やかな黄色の縦縞模様がある「ジャスペ・ド・ハールレム」などの赤地のチューリップ、緑がピンクの薄いクリーム色がかった白地のチューリップ、花の中央部はしっかりと重なっているが、先の方が開いていて、先端に緑色の縞模様がある、おそらく現在のユリ型の花を付ける種類の親と思われる濃いピンク色のチューリップなどが載っている。そうしたチューリップには「ビュリネ［刻まれたもの］」、「フエッテ［かき回されたもの］」、「ペナシェ［傾いたもの］」などの表現が用いられており、当時人気があったチューリップを識別する羽状模様とか、炎状模様とか、「ブレイク」しているとか、チューリップの特徴を示している表現である。それぞれのチューリップはブロワの庭にあるアネモネ、スハマソウ、ヒヤシンス、パンジー、カンパニュラなど、他の宝物と一緒に巧みに配置され、一枚の紙の上に描かれている。

オルレアン公は、こうした宝物の多くをパリの種苗商ピエール・モランから手に入れていた。彼の店はヨーロッパ中に顧客をもっていた。イギリスの日記作者、ジョン・イヴリン（1620-1706）は球根植物よりも木を愛好していたが、彼の『記録』にはモランの珍しい貝類や花卉のことが書かれており、一万本のチューリップがあるとも書いている。一六五一年にピエール・モランと弟のルネは最初の商売用のカタログを出版したが、この年イヴリンはモランを訪れて、「彼の所有するすべての花が描かれている本」を見ただけでなく本物の何千ものチューリップを見たと報告している。モランの種苗園は、イギリスのハットフィールドにあるセシルが所有していた大きな庭園の管理者ジョン・トラデスカントにも球根を売っていた。

チューリップはフランスで高額で売買されて、シャルル・ド・ラ・シェズネ＝モンテルールが記述しているように、「花の女王で、自然が作り出したものの中で最も美しいもの」だった。フランス人がこの花に取り憑かれたようになったことを考えると、その頃に専門の研究書が増え続けたことは驚くにはあたらない。それらの大半は『チューリップとその花の変種についての概論と要約』が基になっている。このぴったりの題の本は一七世紀に出版された専門書で、一六一七年にパリで出版されたが、筆者は分からない。しかし出版されてから百年間にわたって何度も剽窃された。チューリップの価値がこの本に特別なオーラのようなものを与えたのだろうが、この本には錬金術を連想させる表現と神秘性が取り巻いていた。栽培家はこの花が不可思議で手に入れ難く、栽培も難しいと思わせたかった。そうすれば、チューリップの価値が上がったからである。動物の中では人間が一番高い位置にいるように、また宝石の中ではダイヤモンドが最高であるように、花の中ではチューリップが一番高い位置にいると、モンテルールは言っている。

彼はまた、白、赤、黄色のチューリップは最も普通で、評価が一番低いと説明している。「様々な色の斑点があるチューリップが増えている。しかもジャスパー〔碧玉〕という名のチューリップのように斑点模様がはっきりせず、色が混じり合っているものもある」。彼は二〇枚あるいはそれ以上の数の花弁がついた八重のチューリップについても述べている。クルシウスと同じように、彼もチューリップを早咲き、遅咲き、そしてその中間の三種類に分類している。良質のチューリップの特性や、きれいな形、きれいな下地色を作るために必要なことにも目を向けた。当時大変好まれていたチューリップは、現在のコテージ系の「シャーレー」のようにきれいな空色の下地色をもつものだった。チューリップの花の色は均一で、艶があり、外側と同じように内側も美しくなければならなかった。縦縞も炎状模様も花弁の下から始まって上に向かって花弁全体に広がっていなければならなかった。ある色の模様が花弁に付いていれば美しいのではなく、下地色と模様の色がくっきりしていなければならなかった。花弁自体も鈴のように外側に反り返っていなければならないと、彼は言っている。これはただ当時の流行がそうだったということだ。イギリスのフロリストも同じように、チューリップの花は半球の形がよいと断言していた。

縦縞模様のチューリップのうち最上のものはクラウンと呼ばれているグループのチューリップだった。それは赤と黄色の縞模様か白と赤の縞模様のどちらかでなければならなかった。パルトディ系はクラウンより美しく縞模様がはっきりしている種類だった。アガト系は二色の縞があったが、アガティン系はアガトよりも好まれたチューリップで、三色の縞模様が付いていた。マーカンティンあるいはマーケトリンというグループは四あるいは五色、時にはそれ以上の色のチューリップだったらしい。「これらはクルシウスが評価したチューリップの中で最も評価の高いものである。クルシウスは、そのチューリップを人々の技術と労力の目標点であり、最高の報酬だと見ている」とモンテルールは言っている。モンテルールはさらに「別のチューリップは花の形が変わっており、多色で、見ると恐ろしくなるような花なので『モンスター』と呼ばれている」とも言っている。これはパロット系のチューリップの親だったのだろうか。

チューリップの花は、その親の一方が変わるだけでも違ってくるが、その花を作り出す種子については、モンテルールは率直に「暗闇の中にいる」と言っている。彼の出した結論は、多くの空気を含んだ種子からは空色のチューリップが、多くの気候を取り込んだ種子からは白いチューリップが、太陽を取り込んだ種子からは赤いチューリップが生まれるということだった。これは特徴優先の考え方と言える。彼は「チューリップは生まれる瞬間に、自然がチューリップに注入した様々な色を決める要素から自分の色を受け取る」という魅力的な意見を支持した。後の他の優れた園芸家と同じように、彼も最も高い評価を得ている種類の子孫がなくなることがないように、チューリップの中で最上のものには「稀少種」という名を付けるようにと力説した。

モンテルールは、チューリップの球根は十月に植えるべきで、「怠け者が十一月に植え始めるのはしょうがないが、花が咲くのも怠けて遅くなる」と助言している。夏の間、球根は花壇に植える順番に従ってチューリップ用の箱の中に入れておかなければならない。別の観察眼のある愛好家も言っているのだが、モンテルールは、耐寒性の弱いチューリップから期待する縞模様ができる場合が多いことに気が付いていた。単色のチューリップがパラゴンという名のチューリップに変わると、花の大きさは小さくなった（パラゴンというのは縦縞模様の美しいものができると栽培者が見境なくつけた名称である）。さらに葉はしっかり閉じた方が、茎は細いものの方がパラゴンになる率が高かった。しかし、彼は結果の方から原因を導き出している。縦縞模様のチューリップは、その色を花弁の先までいきわたらせるほどには強くないと彼は指摘し、また単色のチューリップよりも子孫を作り出すことが少ないとも怒りを込めて言っている。栽培に熱心な者は、子球根（親球根の側にできる小さな球根）から育てたチューリップは、種子から育てたチューリップとは違って、必ず親のチューリップのもつ特徴をすべてもっていることに気が付いた。高い評価を受けているチューリップは子球根以外で増やすことはできなかった。これは特にマーケトリンのグループ［白色の大型の花弁のチューリップ］にとっては問題だった。つまり、「珍種を作り出そうとする栽培家のほとんどがマーケトリンにその時間と工夫をそそぎ込んで、その美しさを増殖しようと費用を厭わなかった」からである。

モンテルールが好んだチューリップの中に「セダヌレ」（ラテン語のcedenulli［何事にも引けを取るなかれ］からきている）、「紫色とはまったく違う美しいスミレ色」、「ドリレ」、「パス・ザブロン」があった。後者の二つは紫色、スミレ色、そして白色の混じった花を付ける。彼は「ローマン・アガテ」、「ガレート」、「ウィドウ」など黄褐色のチューリップや「テューダー」、「ハーロン」など斑点模様のチューリップを好んだ。ファンタスティックは黄色に茶色の縦縞模様があるチューリップで、時に紫色の細い線が入る場合もあった。後にイギリス人栽培家はこれを好み、それをビザーレと呼んだ。ファンタスティックは少々色が濁っているのは事実だが、栽培家は特にこのチューリップを好んだ。それはこのチューリップが珍しいものだからではなく、気まぐれだったからだとモンテールは記述している。気まぐれだということが、特にその栽培に力を入れさせることになった。ファンタスティック系の中でも「ファンタスティッキシモ」のチューリップを作り出すことができるかもしれなかったからだ。「人間の気まぐれは常に新奇なものを追いかける」と彼はうんざりして書いている。

黄色のチューリップは、「その花の親の匂いを保つ」ことがよくあり、また縦縞模様のチューリップはそのつぼみに「二つの小さな角のような形、つまり鶏のけづめのような形がある」花から生まれるとモンテルールは書いている。栽培の秘訣は花の下地色を理解することにあり、下地が白色か青色のチューリップからは黒や黄色の下地のものより望んでいる変化を作りやすい。ただし、ファンタスティック系は下地が黄色のチューリップから生まれた。「私たちは自然が計画しただけのものを技術で実現させ完成させた」ともモンテルールは言う。ブレイクについてモンテルールは「暗闇の中にいた」が、彼はそれを認めたくはなかった。したがって、その謎を語る時は不可解な、ほとんど秘密結社めいた調子になっている。「理解力のある物知りの栽培家だけに、チューリップを完全なものにする秘訣を教えるべきだ」と彼は言う。彼は、自分にはこの謎に光をあてることが禁じられているが、その理由は「教養のない人や俗人がこの謎を汚すといけないからで、有識者にだけこの謎を教えることが許されている」と言っている。「秘密を暴く人は、その価値をなくす、あるいは低くする」と考えたベーコンから発言のヒントを得たのだろう。モンテルールは骨や岩やワインの川など訳の分からないことを記述した後で、「目と耳をもつ人なら理解する」と締めくくっている。後にイギリスで出現したのだが、裕福な人々の間で人気がある植物の中でも最高の花として君臨していたチューリップを、自分たちの利益のために、素人には触らせないと主張して独占した栽培家の一派があった。モンテルールはルーアンの栽培家の悪例を示している。その栽培家はブレイクしたチューリップを作るために必要と考えて、ハトのフンを花壇に入れ、その結果自分のもっていたチューリップを全滅させた。「だから私が豚の前に真珠を投げることはないだろう。なぜならば、この宝物は印刷された本によってではなく、手紙による情報交換によって技術をもつ人にのみ知らせるようにするべきだから」と彼は断言している。

彼の意見では、本物の栽培家と無知で栽培家のつもりになっている人との違いは、後者の場合は豚と同じで「我々の花園中をうろちょろするのが好きで、不尊な態度で人の財産を奪い取ってしまう。……そうした連中がチューリップについて話をしているのを聞くことは不快な騒音である」。フランドル人がチューリップを導入した結果、フランス人がチューリップに熱狂するようになったり、「現世の神々を賞賛するようになった」のは間違いないと、彼は言っている。そしてチューリップをヨーロッパに導入したという名誉を彼と競っている人物としてロペス・サンパヨを挙げている。ポルトガル人のエドワルド・バルベロースはインド諸島への旅についての本を出版しているが、その中で、船長のサンパヨが、一五三〇年にポルトガルにチューリップを持ち帰ったと書いている。サンパヨはその花を国王に献上し、国王はチューリップに「ウジ虫よりも大きな価値」を与えた。チューリップは、球根が焼かれてしまうほど夏が熱い国でも増殖した。そしてその名声はヨーロッパの他の国々にも広がっていった。

この記述によれば、フランドル人の商人は「この花の美しさと壮麗さの虜になって」、チューリップをポルトガルから持ち出し、低地三国に持ち込んだ。「そこで貴重な商品になり、さらにフランドルに運ばれ、栽培された。

その後、そうした球根や種子の子孫が、フランスやその隣国を飾るようになるきっかけを、この低地三国に与えたのは奇妙なことだった。」おそらくチューリップは一五四六年頃、フランドル地方からカンビエール・ド・リールの手を経てパリに到着した。「それより前にこれほどのものはなかった。」チューリップを見て、パリは騒然となった。種子から美しいチューリップを育てた最初のフランス人はロンバールという人物だった。彼はロールという名の同業の栽培家がもっていたそれほど良質ではない球根を一つ手に入れた。ロンバールの球根から育てられた花は「ウイレ」だった。このチューリップはくすんだ色の地味なもので、チューリップの栽培家が賞賛していた鮮やかで派手な色の縞模様もなかった。この見込みのない球根から、ロンバールはフランスではこれまで誰も見たこともないすばらしい花を育てた。彼はロールと同じほど油断なく彼のチューリップを警護した。しかし、晩年の一六七〇年頃、三人の愛好家に球根のいくつかを売ってほしいと要望され、ド・ヴァルネイ、デグランジェ、カブーという名の法律家に売り渡した。三人は法外な金を払ったが、その判断は正しかった。ロンバールの育てた実生の苗からフランドル産の「改良種」の耐寒性のある種類が生まれ、それが今日ダーウィン系と呼ばれているチューリップを大量に提供することになる。料理皿を飾るために、バシュリエール（ブスベックのこと）がトルコから持ち帰った花弁の縁の色が下地色とは違うチューリップがあったことを、モンテルールは忘れているようだ。栽培家はすぐに発見したのだが、こうした早咲きのチューリップは「ブレイク」することはなかった。

種苗商のピエール・モランが、自分がもっているトランペット型の花のチューリップを、チューリップを取り巻いている大騒ぎの中に加えようとしたのは、商売上当然と言える。一六七八年パリで破廉恥にもシャルル・ド・セルシーが出版した『花の栽培にとって必要な記述』は、実際はモランが書いたもので、本のように見えるが種苗商の花のカタログだった。モランの『花のカタログ』がその本の大部分を占め、一〇〇種類のチューリップが載っている。それは「一つの市場を一杯にする」のに十分な量で、「普通の大きさの花壇」を満たすにも十分だと書かれている。モランが好きだったのは黄色と茶色の「アミドール」と「エリマンテ」という二種類のチューリップだった。イギリスの種苗商のジョン・リーはそれより少し前に『フローラ』という本を出版したが、彼も「アミドール」のことは知っており、このチューリップについて「フランス人が『ビザール』と呼び、我々が『フランス型』と呼んでいる良質の黄色と茶色のチューリップから生まれた美しい花」の一つと記述した。モランは「好奇心が強く、パリから遠いところにいて、その絵を見ることができないが、パリで高く評価されているものを知りたいと思っている人々を満足させるため」と、そのチューリップの目録の意義を強調した。彼の目録には斑入りの葉をもつチューリップが初めて掲載されたが、それは「オンデ」という名の白い花のチューリップで、その葉は「縁が波状で、周囲が」白い。彼が記載しているチューリップの大半は遅咲き種で、「パラゴン・ダコスタ」や白に紫や亜麻色の「混じった」チューリップが挙げられている。チューリップ愛好家に限れば、白色と紫色が混じったものは上品さを表しており、初期のチューリップの絵には見られないものの、欠くことができないものになった。モランが言っているのだが、オランダ人はチューリップに海軍や陸軍の将軍の名前を付けていた。パリでは国王の名前を付けるのが流行で、「ラ・フロラタン」、「ラ・ルコワーズ」、「ラ・トゥリノワーズ」など地方名や都市の名前を付けることもあった。栽培家の中にはチューリップにローマ人の名前を付ける人がいたり、画家の名前を付ける人もいた。リシュリュー枢機卿（1585–1642）はもっとでたらめで、彼が育てていたチューリップの名前に特別なこだわりはなかったらしく、「ジャン・シャーム」、「ガニュパン［稼ぎ手］」、「シャンセリエール［大法官夫人］」などの名前を付けている。

チューリップ熱がはやると、それを揶揄する者が現れた。オランダの愛好家は、コルネリス・ダンケルツの『愚か者の帽子』に代表される風刺画の中で情け容赦なく馬鹿にされた。ヤン・ブリューゲルの『チューリップ熱の寓話』では猿が球根を商っている。スティール（1672-1729）［アイルランド生まれの文人、政治家。週刊誌『タトラー』を創刊した］は日刊紙の『スペクテイター』の中でイギリスの栽培家を風刺した。フランスのチューリップを熱烈に好んだ人々はラ・ブリュイエールの発言に耐えなければならなかった。彼は、怠け者と金持ちは自分たちの退屈な生活をましなものにするために、酔狂なこと、あるいは流行していることに手を出さざるを得ないと言っている。

あるチューリップの愛好家は「日の出とともに郊外にある庭に急いで出かけ、寝る時間になるまで家にはもどらない。彼はまるで地面に根が生えたように、チューリップの花の真ん中に立っている。『孤独』という名前のチューリップがある。彼は喜びで手揉みしている。かがみ込んでそのチューリップにキスをしている。これほど美しいものをこれまで見たことがないのだ。彼は『未亡人』、『金色の布』あるいは『アガト』にも足を運ぶが、『孤独』にもどってくる。彼はこのチューリップから離れようとはしないだろう。千個の王冠を引き替えにすると言われても絶対に。しかし彼は良識ある人物で、情け深いし、教会にも出かける。」

ラ・ブリュイエールにこれほど軽蔑されても、ルイ一四世はヴェルサイユ宮殿の大トリアノンをチューリップで一杯にするという意志を曲げなかった。一六九三年の植栽計画書によれば、チューリップと白いスイセンとヒヤシンスがＡＢＡＢＡＣの順番で縁飾りとして植えられた。Ａはチューリップ、Ｂはスイセン、Ｃはヒヤシンスである。この頃にはヒヤシンスは、珍種のチューリップを除けば他のどんな花よりも高価だった。その結果当然ながら大量に植えられなかったのだ。しかし、この大トリアノンの花壇には大量のチューリップの変種が集められた。チューリップはルイ一四世の現実逃避のための娯楽にはふさわしいものだった。例えば一六六四年には「魔法の島の楽しみ」という会が、一六六八年には「国王の盛大な娯楽」という会が催された。こうした会は、洗練された社交界に属していた者ならば、誰でも参加できた。こうした金のかかる壮麗な催しに招待したり、しなかったりすることで、ルイ一四世は次第にフランスの貴族を気ままに操るようになった。しかし、彼の後継者ルイ一五世は、一四世より植物を好み、ルイ一四世統治下ではヴェルサイユ宮殿に派手な植物だけが集められていたが、まじめに植物を収集するようになった。特に異国の植物が熱心に収集され、チューリップが最優先で展示されることはなくなった。

チューリップを輸出する商売がフランスで盛んになったのは、一八世紀初頭だった。イギリス、オランダ、ドイツの買い手はアガト系を求めた。その中には二色の茎が短い「アガト・フェニ・ダ・コスタ」、「アガト・ロワイヤル」、「アガト・オリエンタル」があった。アガト系は、多数の色が混じり合っている貴石［めのう］から名前が付けられた。新種のヴィオレット系も購入した。この品種は下地が白色で紫色かライラック色の模様がある。バゲット系にも法外な金が払われた。これは白の下地色とはっきりとした対照をみせる、赤あるいは紫色の炎状模様がある品種である。バゲットの花弁は大きく、丸い。その茎は太くて長く、八〇センチ以上の長さのものもある。これはフランドルの栽培家が改良していたチューリップで、一七世紀後半から一八世紀初頭にかけて最も人気があるチューリップの一つだった。ファンタスティック系は黄色の下地に赤、あるいは紫、あるいは茶色の羽状模様があるチューリップで、人々の心をしっかりとつかんでいた。美しい遅咲きのマーケトリン系はモンテルールがこよなく愛好していた品種だが、おそろしく高価で、長期にわたってフランスの庭の中で最も人気がある品種だった。しかし、フランドルの栽培家、特にリール近郊の栽培家は、良質の「ブレイク」を起こす可能性がある花を交配し、作り出すことでは自分たちが一番優れていると考えていた。「ブレイク」を起こさせる秘訣は下地に青色が混じったチューリップ、あるいは青色の下地に白色が混じったチューリップを用いることにあるらしい。

アントワーヌ=ジョセフ・ドザリエール=ダルガンヴィーユ（1680–1765）は、客のために用意した多くの庭園計画や植栽計画ではチューリップを勧めていた。彼の計画では庭は整形式で、幾何学模様に配置された花壇は、その周囲にツゲの木の縁取りがある。そして刺繡花壇を縁取っているツゲの木の近くに二列にチューリップを植える。その内側にはヒヤシンスとスイセンが一列ずつ交互に植えられている。それから生まれる効果は「植えられているすべての花の色が鮮やかに混じること」だった。植栽は格子模様で、それは今日でもイギリスのチューリップの花壇で行われている手法である。ドザリエールは春の庭にはいろいろな早咲きのチューリップを植え、夏の庭には遅咲きのチューリップを植えるべきだと言っている。そうすれば、多くのチューリップが五月が終わってもまだ咲いているからだ。

チューリップの交易は、次第にフランス人からオランダ人の手に移っていった。（一八世紀のバーデン=ドゥルラッハの辺境伯のカール・ヴィルヘルムは、フランスよりオランダから球根を購入している。）しかしながら、少なくとも一八世紀中頃までフランス文化が他を圧倒していたこと、社交界ではフランス語が用いられていたことが、チューリップに関するあらゆる知識の泉として、長い間フランスが優位に立つことを保証していた。このことを反映して、この時期の多くのチューリップに「ラ・クロン・アンペリアル〔皇帝の王冠〕」のようなフランス語の名前が付けられている。これは美しい八重のチューリップで、「マリアージュ・ド・マ・フィーユ」と同じく白地に赤色の縦縞模様が付いている。一六一七年に作者不明の『チューリップ論』が初めて出版されてからフランスでチューリップに関する論文が次々と発表されたことも、フランスの優位を示している。ダルデン神父の『チューリップ論』が一七六〇年にアビニョンで出版されたが、この本はその流れの終わりを記すもので、フランス王の宮廷でのチューリップの圧倒的な支配が終わったことを示している。

神父にふさわしく、ダルデンは自分の本の独創性について多くの敬虔な意見を述べており、それ以前に出ていた悪意に満ちた剽窃と自分の本を好意的に比較している。しかし、彼の本自体がモンテルールから多大な影響を受けていた。他の人との違いは、ダルデンはその事実を知っていたということだ。この二冊の本の出版には百年ほどの隔たりがあるが、その内容はそれほど変わっていないようだ。例外はチューリップで、フランスでもイギリスでもダルデンの時代には、イギリス北部で菊やリークを専門に栽培するのと同じように、フロリストと呼ばれる専門の栽培家だけがチューリップを手がけるようになっていた。そうした人々はモンテルールが記述しているどれよりも秘密めいた品評会に膨大な量のチューリップを展示している。チューリップの出来を競うことが新しい要素だった。罪意識から完全には解放されてはいないが、見る人すべてに嫉妬心を感じさせるチューリップを所有しているとひそかに心がわくわくすると、ダルデンは記述している。

栽培家の花としてのチューリップに関心があるものの、野生種らしいチューリップがブルゴーニュとオーヴェルニュの山岳地帯にあることも、ダルデンは記述している。ダルデンによれば、他の植物学者もモンペリエ（ロンデレットとその弟子たちの亡霊か？）にあるいくつかの町の近郊やエイクスにも、野生種らしいチューリップがあると記述している。ダルデン神父は自分自身も、いくつかの土地で「丈は低いがとても可愛いらしい」野生種を見たと言っている。それらは黄色で、赤色の縦縞模様があるもの、黄色に灰色の斑点があるもの、あるいは黄色で縁が赤いものだった。それらはおそらくツリパ・アゲネンシスかツリパ・アウストラリス［南の］かツリパ・ディディエリのいずれかだろう。チューリップはガペンコワの山岳地方にも豊富に生えていた。

ダルデンは、チューリップは人が懺悔している時に「いくばくかの穏やかな気分」を与え、人が仕事をしている時に「確かに憩い」を与えてくれたと言う。しかしながら、「穏やかな気分」も「憩い」も他の栽培家との取引の場ではありそうもなかった。そうした場所では「不愉快な欺瞞」が常だったのだ。ダルデンが彼の本の中に入れた用語集を見ると、フランスのチューリップ愛好家の用いる言葉が専門化していたことが分かる。チューリップを「凍らせる」（その意味は下地よりも薄い色で花弁の裏側を塗ることである）とかチューリップに「油をさす」（光らないように汚すこと）ようなことをしたらしい。ジャスペというのは特別なチューリップに対して用いられた単語であった。例えば、ロベールの「ジャスペ・ド・ハールレム」というチューリップでは様々な色が一体になって混じり合っていた。ジャスパーという名で知られている赤、黄、茶色が混然としている半貴石と同じである。リクチフィエール［まっすぐにするの意味］というのはチューリップがブレイクして、その新たにブレイクした色が栽培家の団体の非常に厳しい目にも認められるほどに羽状模様、炎状模様が現れた状態を示す言葉であり、それは切望されていた状態だった。英語の同じ意味の単語をヨークシャーのウェイクフィールドの栽培家が今でも用いている。ここの団体は二百年前の花や伝統を維持しているイギリスのチューリップ愛好家の最後の団体である。

ビザーレ（黄色に黒か茶か赤色の縞模様があるチューリップ）は、今日高い評価を得ている。しかし、縞模様の赤色が黒色に近ければ近いほど良質のチューリップだとダルデンは言っている。マーケトリンは四あるいは五種類の違った色が付いている種類で、その頃高く評価されなくなった。チューリップが洗練されるにつれて、フランスの栽培家は「チューリップにとって重要なのは色の鮮やかさ、みずみずしさで、色数の多さではない」ことを認識した。評価が一番低いのは黄色の単色のチューリップだったが、刺繍花壇の中に植えられているし、「劇場に飾られている」とダルデンが言っている。単色の白いチューリップは黄色のものよりは評価されているが、最上のチューリップは「深紅色、緋色、濃いスミレ色、鮮やかな淡桃色」だった。最近の変種の方が昔のチューリップよりも好まれているが、その理由は実に多種多様だからだった。ダルデンの意見では、彼のもっている昔のチューリップの中には二月が終わる前に咲き始めるものがあって、それらは「祭壇を飾るのに」都合がよかった。

どんな変種を植えようと、それをうまく配置することが重要であるとダルデンは強調した。こうすれば栽培家に満足を与えるだけでなく、仲間の栽培家が表敬訪問した際に彼らから賞賛の言葉を受けることができる。ブレイクしたチューリップは単色のチューリップの横に植えるべきである。そうすればその模様の複雑さがいっそうはっきりするからだ。ドザリエールがそうだったように、ダルデンもきちんと格子模様になるように植えることを勧め、一つ一つの球根は一五センチ離して植えるべきだと言っている。すべての球根をその苗床のそれぞれの置くべき場所に植える。チューリップの花は、当時流行していた繊細な花束にするには次第に大きくなりすぎて、扱いにくく、ほとんど切り取られることはなかった。百年前には、チューリップは宝石のように身につけられていた。ところが百年後には整形式の花壇に植えられて、栽培者を「色が混じり合っていること、葉がサテンのような光沢をもっていること、金色に輝く光沢」で捕らえ続けた。しかし、ダルデンの本はチューリップ界でのフランスの支配の終わりを記していた。フランス革命の兆しが現れる頃には、オランダが優勢になっていたのである。

ムガールの細密画『シャー・ジェハンの三人の息子』
（バルチャンド画、1635頃、ヴィクトリア・アンド・アルバート美術館蔵）

シリア産のタイルの細部（16世紀、フィッツウィリアム博物館蔵）

イズニッキ産タイルの皿に描かれたチューリップと桜（1550頃）

ムガールの細密画『花に囲まれた七面鳥』
（シャー・ジェハン（1627-58）時代、フィッツウィリアム博物館蔵）

犢皮紙に描かれたチューリップ（ニコラ・ロベール画、17世紀）

『ピクト族の娘』(ド・モルグ画、16世紀後半)

上：「ヌーンズ・ウィット」「S．ピーター」「アドミラル・ポッテンバッカー」（ヤーコップ・マレル画、国立美術館、アムステルダム）

右：ツリパ・シルヴェストリス
（『ボタニカル・マガジン』、1809）

チューリップの刺繡があるカーテン（イギリス、17世紀中頃、
ヴィクトリア・アンド・アルバート美術館蔵）

ワーウィック城にあったチューリップ模様のテーブル
（イギリス、1675、ヴィクトリア・アンド・アルバート美術館蔵）

チューリップ模様のデルフト焼大皿（ロンドン、1661）

17世紀後半の典型的な整形式庭園に植えられたチューリップ
（ストーク・エディスのタペストリーに描かれている）

『フロリストを訪問する博物学者』（1798年の戯画）両者の興味が敵対している様を示している

『花の女神と愚か者の馬車』（ヘンドリック・ポット原画）

『春のチューリップ植えつけ』（エーベル・グリマー（1570-1619）画）

2種類のセンベル・アウグスツス（ブランデマンダヌのチューリップの本より、
デルフトの公文書館蔵）チューリップ狂時代の真髄と言える花

タイルに描かれた実物大のチューリップ
（1630〜40にオランダのフールンで作られたと思われる）

『花瓶』（ヤン・ブリューゲル父画、フィッツウィリアム博物館蔵）

ロバート・ソーントン『花の神殿』の挿絵（1798〜1807年の間に出版）

ルイ一六世（『フロリスト案内』、1830）
上の花の方が高価で、
100ポンドでも買うことができなかった

エンペラー・オブ・オーストリア
（『フロリスト案内』、1829）
トマス・デイヴィーのカタログで
1個2ポンドの値がついたチューリップ

八重咲きの「ボナンザ」
（1943年に作られた）

縁の縮れた「フリンジド・ビューティー」
（1931年に作られた）

デルフト焼のチューリップ用花瓶（ヘット・ロー城、アペルドルン）

第3章　イギリスの栽培家たち

「最近現れた一つの花がある。それは花と呼ぶに値しないものだが、失礼のないように一応花と言っておこう。それはチューリップという花で、多くの人々がそれに愛情と愛着を寄せてきた。チューリップとは何だろう。きれいな色の花だが悪臭という悪意をその花の中に包み込んでいる。薬としての利用については、どの医者もこの花については何も言っていない。この花にはラテン語の名前もギリシャ語の名前もないから、考慮する価値がないと思われていたのだろう。しかしあらゆる庭に植えられており、一個の球根を手に入れるために何百ポンドもの金が使われている……。」こう書いている以上、ロンドンにあるトマス・フラーの庭にチューリップがあったとは思えないが、彼の意見は、二〇世紀の園芸家がペテュニアに毒づいているのと同じくらいチューリップに否定的だ。チューリップに対する苛立ち、嘲り、否定的な彼の姿勢は当時の流れに逆行するものだった。チューリップは東方からもたらされるや、ヨーロッパ大陸中に急速に広がり、一七世紀にはイギリスでも愛好される花になっていた。急速にヨーロッパ中の庭を支配するようになったことは、どこでもこの花が同じ（しかも間違った）名前で知られていたという事実からもよく分かる。イギリスでチューリップと呼ばれた花は、フランスではツリプ、イタリアではツリパーノ、スペインとデンマークではツリパン、ポルトガルではツリパ、オランダとドイツではツルペ、スイスではツルパンと呼ばれていた。フラーはこの花には「正しい」ギリシャ語あるいはラテン語の名がなかったと言っているが、それぞれの国に独自の名前が付いてもいなかった。ツリパ・シルヴェストリスなどいくつかの種は、イギリスやヨーロッパ大陸に帰化していたが、その語源から言えば、チューリップの心はどこかに埋められたに違いない。

チューリップはエリザベス一世の統治時代（1558–1603）の初期にイギリスに入ってきたようである。しかし、フェリペ二世の侵略によって一五四〇年代以降本国から追い出されたフランドル人やワロン人［ベルギー南東部のフランス語地域の人々］やフランス人と共にもっと前に入っていたかもしれない。フランドルの植物学者マティアス・ド・ローベル（ロベリウス）がもたらした可能性もある。彼は一五七〇年にロンドンに来て、その頃すでにフランスや低地三国から逃げ出した新教徒が暮らしていたこの都市で一時期暮らしたことがあるからだ。彼の住まいはライム通りにあって、隣人の一人はフランドル人（「ベルガ」の出身と記述している文献もある）の薬屋ジェームズ・ガレットだった。両者はジョン・ジェラード（1545–1612）の古い仲間だった。ジェラードは医者で園芸家、医学校付属の薬草園の管理者でもあった。彼はバーリー卿［ウィリアム・セシル・バーリー（1520–1598）、エリザベス一世に仕えた政治家］が所有しているストランド街と居城であるハートフォードシャーのセオボルズの庭園の管理者でもあった。四一歳の時の肖像画を見ると、油断のならない、イタチのような顔をした日和見主義者風で、きちんと切りそろえた先の尖った顎髭が、かなり鋭い感じの男という印象を与える。切れ目のあるズボンと爪先の長い靴を履いていること、ナデシコの花束を手に持っていることから見て、彼が洒落者だったことが分かる。

ヘンリー・ライトの『新本草書――植物の歴史』が、チューリップのことを英語で書いた最初の文献である。しかしその内容は、ドドエンスが漠然と信じていたこと、つまりチューリップは「ギリシャとコンスタンティノープルあたりの国々からもたらされた」という部分を再録しているだけである。二〇年後ジェラードはもっとはっきりと記述している。彼は「敬虔な紳士のガース氏」と同様に、シリアのアレッポからチューリップを手に入れたと言っている。さらに「彼の愛すべき友人のジェームズ・ガレット氏は、……ロンドンに住む薬草の研究家で博識の薬屋で」、二〇年間もチューリップを栽培し続けているとも言っている。このことから、ガレットが少なくても一五七七年以降チューリップを育てていたことが分かるが、彼はどのようにしてチューリップを手に入れたのだろうか。ロベリウスがロンドンに来た時に彼から手に入れたのだろうか。それとも、ロベリウスがまだフランドルにいる頃にすでに交友関係があって、その頃種子を手に入れたのだろうか。ガレット自身もフランドル人だったから、情報交換をする際に言葉の障害はなかっただろう。いずれにせよ、ラテン語は当時の共通語であるし、特に植物学者の間ではそうだったから、二〇世紀の植物学者より一七世紀の植物学者の方が楽に話し合うことができたはずだ。

ロベリウス＝マティアス・ド・ローベル
（フランソワ・ドララムの銅版画、1615）

　低地三国にいた頃ロベリウスは、一五五九年にアウグスブルクのヨハニス・ハインリッヒ・ヘルヴァルトの庭でチューリップが開花したことを知っていたはずで、その情報をガレットに送ったに違いない。ジェラードは、ガレットは「もしそれが可能なら、種子を念入りに蒔き、二〇年間に渡って彼自身が増殖したものや、海の向こうの友人から受け取ったものを植えたりして、多数の種類のチューリップを手に入れようとしていた。しかも毎年、それ以前にはなかった様々な色の新しいチューリップを生み出そうとしていたが、その苦労は実を結んでいない。彼は『シジフォスの石をころがしている』、つまり無駄骨を折っていると言うべきだ」と書いている。

チューリップの種子を蒔いてから花をつける球根にまでなるには通常七年かかるから、それは長い時間のかかる仕事だったが、ガレットはイギリスで最初にチューリップを栽培し、しかも最も成功した人物の一人だとジェラードは考えた。ロンドンにあったガレットの庭では黄、白、薄い紫、最も普通の赤のチューリップが栽培されていた。ジェラードは一つのチューリップについて特筆している。それは「他のものより大きく、……茎の長さが三〇センチかそれ以上あって、その先に花が一つだけまっすぐ上を向いて咲いている」チューリップだった。この記述から考えられることは、当時育てられていたチューリップの高さは、そのほとんどが三〇センチより低かったということだ。つまり、エリザベス一世時代のチューリップは、野生種ではなかっただろうが、背の低い親からそれほど改良されていなかったということだ。ガレットは自分のチューリップから種子を集め、それを蒔いていたが、異なった種類の花粉を交配していたとはジェラードは書いていない。

今日、ジェラードの『本草書』は有名だが、実はこの本の作者はプリーストになるはずだった。出版の経過は以下の通りである。出版業者ジョン・ノートンは、初め植物学者のロバート・プリーストに仕事を依頼していた。それも独自の作品を作るのではなく、ドドエンスの『ペンプターデス植物誌』を翻訳することだった。仕事を完成させる前にプリーストは死亡して、ジェラードが後を引き継ぎ、友人のロベリウスの本を模範にしてドドエンスの本を改作した。さらにロベリウスがひどい間違いを修正したが、自分の名前をその本に載せることはしなかった。ジェラードは優れた評論家だったが、学者ではなかった。初版本には一八〇〇枚の木版画が載っており、そのほとんどがオランダ人のタベルナエモンタヌスの本草書から取ったものだった（それ以後の版ではプランタンの木版画が用いられている）。六種類のチューリップの絵が載っていて、さらに八種類のチューリップについて本文に記述がある。しかし、ジェラードには分かっていたのだが、チューリップは同定するのが難しかった。「この花の中央にある主脈は黄色か、黒っぽいか紫っぽいものがあるが、普通はくすんだ色である。自然は私が知っているどの花よりもチューリップで遊んでいるようだ。」

彼はチューリップのことを「今まで見たことのない外国産の花で、たくさんある球根植物の一つで、花の色は多彩で、大型もあれば小型もあって、研究熱心で努力家の栽培家の誰もがもっとよく知りたいと願っている花である。なぜなら、チューリップがつける鮮やかな花は本当に多様だからだ」と言っている。通例通りに、彼もチューリップを早咲き、遅咲き、その中間の三種類に分類して、「イタリア産」、「フランス産」「時期通りに咲くもの」、「遅咲き」とか「赤面色の」といった記述をしている。「ツリパ・メダ［中間の］・サングイネア［血紅色の］・アルビス［白い］・オリス［口の］」という複雑な名前のチューリップをジェラードは「リンゴの花のチューリップ」と呼んでいる。

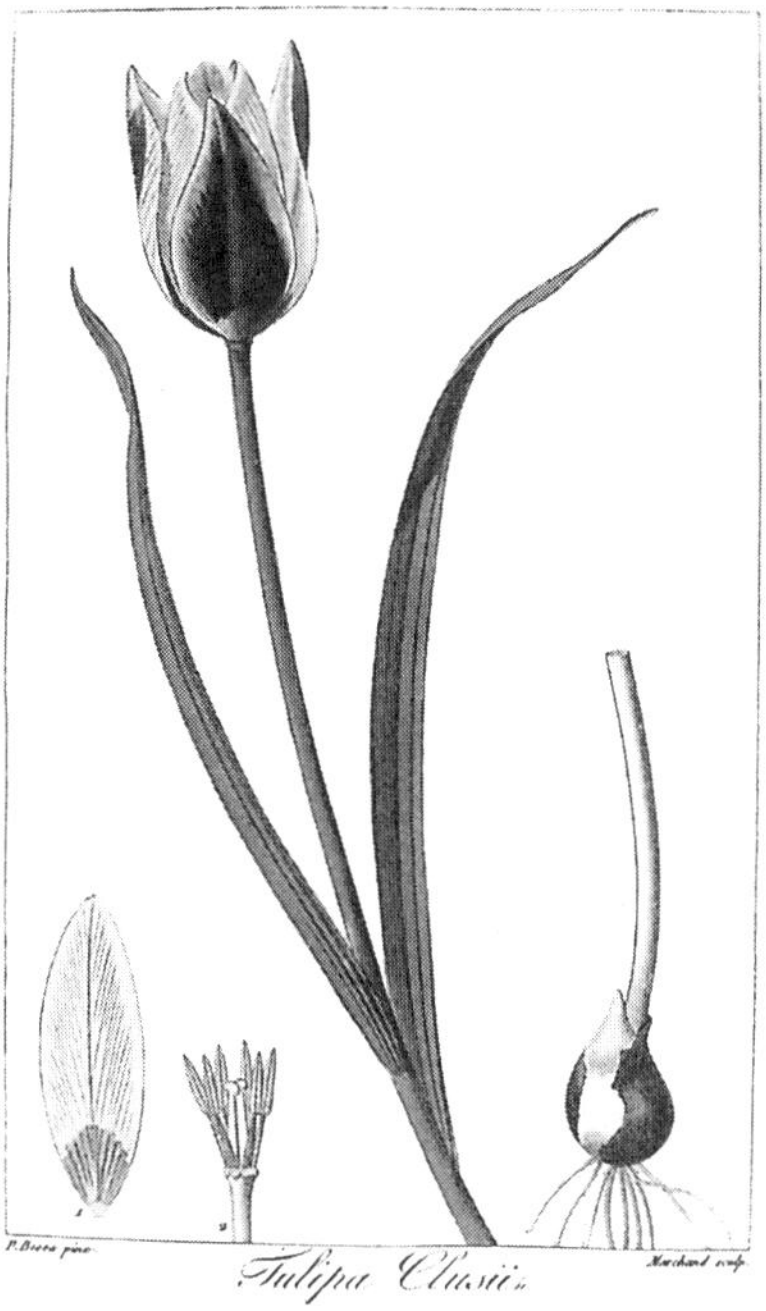

ツリパ・クルシアナ（ベッサ画『愛好家のための植物画集』、1819）

彼の記述から、この花はツリパ・クルシアナではないかと思われるのだが、その絵を見ると別の種類のようで、花弁の幅が狭くて洗練された形のチューリップである。彼は「複雑に縦縞模様がある」チューリップについても書いており、そのことから、美しく、羽状模様や炎状模様がある種類がすでに知られていたことが分かる。また、「我々のロンドンにある庭には、雪のように真っ白で、花弁の縁は我々が赤面色と呼んでいる色でわずかに染まっている」チューリップがあるとも書いている。

ヨーロッパ大陸と同様に、イギリスのチューリップ史は、チューリップが存在していたかいなかったかという事実から始まる。初期の手書き本の装飾に、美しく細部まで描かれている花の中にはチューリップはない。また一五世紀と一六世紀初頭のイギリス絵画の中にも現れない。もしチューリップが手に入っていたなら、ハンス・ホルバイン子（1497–1543）が一五二六年に描いたトマス・モアと彼の家族の肖像画に、チューリップが描かれていたはずだ。その肖像画には、モアの家族の後ろに置かれている三個の花瓶に、その頃崇められた（そして高価な）花が生けられているのだから。大型の美しいイリス、何本かのナデシコ、オダマキ、ユリが描かれているが、チューリップはない。しかし、不思議な細密画には描かれている。それは羊皮紙の上に水彩で描かれたもので、ジャック・ル・モワン・ド・モルグ（c.1533–1588）の晩年の作品と考えられている『ピクト族の娘』という絵である［口絵71頁］。その娘は腰に鎖で剣を下げている以外は何も身に着けず、寒そうに立っている。その背景の風景には何もないが、その娘の体全体にまるで入れ墨のように左右対称に多くの花が描かれている。一重と八重のシャクヤク、タチアオイ、野生のパンジー、八重のオダマキ、ユリ、フサザキスイセン、ヤグルマソウ、スイセンノウ、黄色のツノゲシ、驚くほど時代錯誤なクロアヤメ、そしてその頃イギリスに導入されたばかりのチューリップが描かれている。二本の赤色のチューリップがその娘の脚に、二本の黄色のチューリップが太股の曲線にそうように描かれている。これは（挿絵を別にすると）イギリス初のチューリップの絵だろうか。残念ながら、この絵には日付がない。

フランドルの画家ヨリス・フーフナーゲルの同時代人、ド・モルグは、地図製作師や写本彩色師を排出していることで有名なディエッペで生まれた。彼は三〇歳の頃、ルネ・ド・ラードニエールがフロリダに遠征したときの地図製作師兼記録係としてル・アーブルを出発した。一五六五年九月にスペイン人がフロリダのユグノーの移住地を侵略したので、ド・モルジューは逃げ出してフランスに戻った。一五八〇年頃には、彼はロンドンの聖アン教会の教区、ブラックフライアーズのユグノー移住地で暮らしていた。そして一五八一年五月一二日に居留権を認められた。一五八三年四月二八日のブラックフライアーズに暮らしている外国人の申告書には、彼のことが「ジェームズ・ル・モワン、別名モーガン。画家、フランス王とその妻への服従を強いられていたが、宗教上の理由でイギリスに来た。フランスの教会に属し、居住権を得て二年になる」と記録されている。ヨリス・フーフナーゲルと同様にド・モルグは挿絵を芸術にした人物だった。ブラックフライアーズに暮らしていた頃『野原の鍵』(1586) を作ったが、これは木版の植物画の模様を集めた小冊子で、その本は仲間のユグノーで、学者で印刷業者でもあったトマス・ヴォートロリエールの版木を用いたのだろう。ド・モルグにはウォルター・ローリー卿やメアリー・シドニー卿夫人などの強力な援助者がいた。またシドニー卿夫人の息子のフィリップ卿は、クルシウスがイギリスに来た時知り合っている。一六世紀後半にあった植物愛好家の広い情報網から印象的な絵が生まれたのだ。その情報網はアントワープ、ライデン、ロンドン、プラハ、ストラスブール、ウィーンなどの遠く離れた都市にいるフランドル人、ユグノー、イギリス人を、例えば、クルシウス、ドドエンス、ジェラード、ゲスナー、フーフナーゲル、ド・モルグ、ロベリウスを包み込んでいた。ド・モルグが描いたチューリップも、イギリスに来る前にすでに彼にはなじみのものだったかもしれないが、ロンドンのジェームズ・ガレットの庭か、ライム通りのロベリウスの庭でチューリップを見た可能性の方がもっと高いだろう。この二つの庭はブラックフライアーズから歩いてすぐのところにあったのだから。ガレットはクルシウスの友人の一人でもあり、クルシウスは、最後の著書『稀少植物誌』(1601)

の中で、少なくとも九度ガレットに触れている。彼を推薦し、高く評価しているのだ。ガレットに初めてチューリップを送ったのはロベリウスではなくてクルシウスだろう。

イギリスで初めてチューリップの愛好家になったガレットが、一六一〇年に死亡する頃には、チューリップはジェームズ一世時代の庭で好まれる花としての地位を確立していた。しかし、ウィリアム・シェークスピア（1564-1616）は、詩や戯曲の中にチューリップ以外の花をふんだんに盛り込んでいるが、チューリップを無視している。一七世紀の裕福な土地所有者の中で唯一、初代ソールズベリー伯爵だけがハートフォードシャーにあるハットフィールド・ハウスの庭の刺繍花壇にチューリップを植えていた。この花を愛好するということは裕福でなければならなかった。一六一一年一月三日この伯爵のおかかえ庭師だったジョン・トラデスカントが、「オランダでわが主人のために購入した球根、花、種子、樹木の」請求書を提出している。彼の購入一覧表には、バラ、アネモネ、マルメロ、二本のセイヨウカリンの木、クロアヤメ、そしてハールレムで手に入れた八百個のチューリップの球根（チューリップの球根百個に付き一〇シリングで購入している）が載っている。このチューリップの値段だけで庭師一人の半年分の給料に匹敵する。この支出はバーデン＝ドゥルラッハの辺境伯ほど多くはなかったが、それでも鼠やナメクジの攻撃を受けやすく、イギリスの湿ったドロドロの土壌では腐りやすい植物に費やす金額としてはかなり高額だった。しかし、新奇な植物は広がっていた。トラデスカントはハットフィールドの庭用にロシア産のチューリップも持ち帰ったかもしれない。なぜなら彼は一六一八年にアルハンゲリスクに滞在しており、「ここにはチューリップとスイセンが生えている」ことを十分知っていたからだ。

ジェラードが『本草書』を出版した約三〇年後、薬屋のジョン・パーキンソンが分厚い植物の概説書『太陽の楽園地上の楽園』を出版した。タイトルが駄洒落［この書名を英語にするとPark in Sunでパーキンソンとなる］になっているこの本は、一七世紀の植物界で『本草書』と双璧をなす大きな柱の一つである。ジェラードは一四種類のチューリップについて記述しているが、それから三〇年の間にチューリップの数はその一〇倍に増えていた。またジェラードはチューリップを開花時期で分類していたが、パーキンソンはそれほど簡単に区別はしていない。彼がその本を出版する頃には、園芸家や種苗商はチューリップに様々な名前を付け始めていた。チューリップにはすば

ジョン・パーキンソン『太陽の楽園　地上の楽園』
(1629) **のタイトル・ページ**

らしい無秩序とも言える特徴、つまり前の年とはまったく違う花を突然咲かせる可能性があることを考えると、名前を付ける作業は絶望的な試みだった。しかし、パーキンソンは「ジンゲリン」、「テスタメント・ブランシオン」、「レッド・フランバント」、「パープル・ホリアス」、「クリムソン・フールズ・コート」、「グリーン・スイサー」、「ゴライア」、「濃いスタメル、あるいは薄いスタメル」、「プリンスあるいはブラックラー」などの名前を付けるなど、チューリップの命名に努力した。彼は「チューリップは、あるものは早く、あるものは遅く開花し、約三か月の間咲き続け、庭を鮮やかに飾り立てる。しかも庭にはただ一種類のチューリップしかないのだ。それはチューリップには他のどんな花よりも変種が多いからだ」と言っている。

後のイギリスのチューリップ愛好家にとって、最優先の基準は花の形だったが、初期の栽培家にとっては、花弁の色が変化することや変わった模様が現れることの方が重要だった。パーキンソンはチューリップのもつ「品位ある要素」について述べてはいるが、「驚くべき色の多様性」は、一七世紀の園芸家が賞賛した珍種を陳列室に収める際の主要な要素だと記述している。一九世紀のフロリスドが定めた厳しい基準によって、こうしたチューリップは徹底的に痛めつけられた。細長い花弁や、花弁同士に隙間があって、花の形にしまりがないなど、後にイギリスのフロリストが育てるチューリップの究極の完璧な形と称される、きれいなコップ形になることはほとんどなかった。しかし、初期のチューリップは珍しかったし、またそれゆえに貴重だった。

パーキンソンはジェラードよりやや優れていた。『太陽の楽園』には『本草書』より優れた情報が含まれており、挿画も優れていた。表紙にはチューリップが目立つように配置されて、一本はエデンの園の中心に置かれ、もう一本はパイナップルの横に置かれている。パーキンソンの本の中の版画を見れば、指紋が一つとして同じでないように、模様の異なる「ブレイクした」チューリップの羽状模様や炎状模様の評価が高かったこと、パーキンソンとジェラードの間の三〇年間にチューリップが大きく変化したことが明確になる。多種多様なチューリップに名前を付けようと真剣に努力していたパーキンソンでさえ、最後には降参したと認めざるを得なかった。「しかし、種類が多いことは誇らしい喜びだが、すべての種類のチューリップについて話すことは……私の能力を超えているし、私の知る限り、他の誰の手にもあまる。この花は色の多彩さという栄光のほかに、形に品位があって麗しく、そのきらびやかさが長く続くから、紳士であれ淑女であれ、この喜びの虜にならないような、この花に喜びを見出さないような人は一人もいない。トマス・フラーを例外として」と述べている。

パーキンソンは花の色で刺繍や絵画の模様になるように、チューリップの球根を植えることを提案した。サマーセットのモンタキュート・ハウスにあるストーク・エディスの壁掛けのデザインは、当時盛んに用いられていたものだ［口絵75頁］。庭園に見立てたこの壁掛けでは、菱形の花壇が噴水を取り巻き、その花壇の周囲にチューリップが植えられている。芝生の横にある細長い花壇にはカーネーションとチューリップがそれぞれ二列ずつ植えられている。球状や三角錐の形に刈り込まれたツゲやイチイの木が散歩道の端に等間隔に植えられているし、扇形に刈り込まれた果樹が、赤煉瓦の壁に見立てたこの壁掛けの縁に広がっている。同じ形式がカペル家の肖像画の中にもはっきりと見える。初代ハーダム男爵アーサー・カペル（1604–1649）とカペル卿夫人エリザベスと五人の子供の家族の肖像画は、一六四〇年頃コーネリウス・ジョンソンが描いた。その肖像画では、カペル家の人々はハートフォードシャーのリトル・ハーダムにある整形式庭園の真ん中に立っている。砂利の敷かれた広い庭には四つ切りになった円形の花壇があり、その中央には噴水がある。壺が欄干を飾っている。エリザベスの頭の後ろにある二つの壺には青色（これは実際にはありそうもないが）、白色、黄色、オレンジ色のチューリップが生けられている。

パーキンソンが『太陽の楽園』を出版した当時は、フロリストという言葉が、特定の花を愛好し栽培している人々を指す言葉として用いられていた。その花はアネモネ、オーリキュラ、カーネーション、ポリアンサス、ラナンキュラス、チューリップである。その後ナデシコとパンジーが加わった。その内の四種類の花、アネモネ、カーネーション、ラナンキュラス、チューリップはすでに一七世紀中頃には熱心に収集され、栽培されるようになっていた。フロリストは狭い地域で一番評価が高い花を扱い、忍耐強く交配させて改良し、品種を増やしていった。『太陽の楽園』の中でパーキンソンは、チューリップの栽培は「淑女の楽しみ」だと書いているが、一七世紀中頃から存在していたフロリストの団体はほとんど全員が男性だった。しかし、メアリー・カペル（ジョンソンが描いた肖像画の中でバラをもっている人物）など貴婦人の中には優れた園芸家がいた。彼女はボーフォート公爵と結婚して、メアリー・サマーセットになってから、バドミントンとチェルシーに植物園を作った。この二つの植物園には地球上のあらゆる場所からもってこられた植物があると誰もが賞賛していた。ボーフォート・ハウス、つまりチェルシーにある庭には、「チューリップの花壇やヤグルマギクの花壇」があった。さらに舞踏会場につながるマウント・ウォークと呼ばれる坂道の散歩道があって、その道の両側にはチューリップが植えられていた。ボーフォート公爵夫人が育てた花を記述した『乾いた庭』の中にも、多くのオーリキュラとチューリップの名前が載っている。公爵夫人は自分の収集品の記録として大切な花の絵を描かせた。アレクサンダー・マーシャル（c.1625-1682）は裕福だったので、仕事としてではなく自分の楽しみのために絵を描くことができた。彼が一六五九年頃から収集していた花の作品集は、その時代のものとしては驚異的な作品の一つで、イギリスで作られたものとしてはニコラ・ロベールがオルレアン公爵のために描いたものに匹敵する。一六八二年八月一日、コンプトン司教が所有するロンドンのフラム城にマーシャルが滞在していた時に、ジョン・イヴリンがその作品集を見ている。反抗的な円頭派［一六四二―一六四九年の内乱で王党派と対立した清教徒・議会派に対する蔑称。頭髪を短く刈っていたことから］の将軍のランバートは、ウィンブルドンの庭にあるガーンジー・リリー［ネリネ・サルニエンシス］を描いてもらうためにマーシャルのところに送った。王党派の庭師トラデスカントも、ランベスにある彼の庭の植物のいくつかを「羊皮紙に描いて」もらいたいと彼に頼んだ。マーシャルがランセル卿の未亡人の功績だと言っている三本のきれいな赤と白のチューリップが野生のスミレ、ロイコジウム、ピンク色の八重のアネモネと一緒に描かれている。マーシャルは名前から判断するとオランダ人かフランドル人のようだが、彼が描いたチューリップのほとんどにはフランス語の名前が付いている。例えば、下地が白で繊細な赤い羽状模様の「プルネル」、不規則に斑点がある「アガト・ロバン」など。後者のチューリップはおそらくフランス人の種苗商のピエール・ロバンにちなんだものだろう。また黄色に赤い縦縞模様があるチューリップをマーシャルは「シャメロット」と呼んでいるが、この名前はおそらくベルベットの細かい毛を表すアラビア語から取ったものだろう。花弁の形態はチューリップの魅力にとって重要な要素だった。

しかし、当時はまだ球根は馴染みが薄く、誤用されていた。パーキンソンは「多くの人が球根を海の向こうの友人から送ってもらっていた。そしてそれをタマネギと間違えて、スープに入れた。その球根が好まれない理由、あるいはこの球根に悪感情をもった理由は分からないまま、チューリップの球根のことを甘いタマネギと言っていた」と記述している。クルシウスと同じようにパーキンソンもそれを食べている。彼は球根の砂糖漬けを食べ、砂糖漬けを作る労力に値するほどではないが、おいしいと思った。ノーフォークでは一六世紀中頃から、球根について十分な知識をもつ、フランドルから逃亡してきた人々がいたからこの誤解は起こらなかった。彼らはチューリップだけでなくニオイアラセイトウ、プロヴァンス・ローズ、カーネーションもイギリスに持ち込んでいた。彼らの多くは織工で、ノリッジに定住した者もいた。ノリッジでは一七世紀初頭に、初のフロリストの祭が行われた。

イースト・アングリアの軽く水はけの良い土壌（オランダ人技術者の手を借りて沼地を改良した成果である）は、チューリップのような球根を植えるのに適していた。フロリストの団体史についてのルース・ダシーの先駆的な仕事によって、ノリッジで初めてフロリストの祭が行われたのは、一六三一年三月三日だということが分かっている。その祭ではラルフ・ネヴェット作の『ロードンとイリス』という芝居を楽しんでいる。この芝居はギリンガムのニコラス・ベーコンに捧げられている。それは彼が「すべての花の美点と美しさを考察することに熱中した」人物だったからだ。チューリップについて特別な言及はないが、その日付（現在の暦では五月一四日）の頃にはチューリップは花盛りだったはずだ。ネヴェットはその芝居の前書きに「フロリスト団体に属する大いに尊敬する友人たちに」と書いている。そして「生まれながら有能な紳士方の団体が祝っている祭について」言及して、「このような人々がいる町が豊かなのは、彼らの存在とその商売のおかげだ（と私は思う）」と言っている。この祭のせいでフロリストは、ノリッジの新教徒と悶着を起こすことになった。新教徒は、大酒を飲んで騒ぐこの祭が異端の女神フローラに捧げるものだったので、容認しなかった。一六三二年にノリッジの主教付きの牧師ウィリアム・ストロードは『ノリッジで行われたフロリストの祭に関する花で飾られた序文』の中で秩序を回復しようと試みた。しかし当時は、有用性よりも美を敬う人々にとっては厳しい時代だった。パーキンソンの本は議会が国王に対して反逆した、まさにその年に出版されたのだ。

ストロードの『序文』にもチューリップのことが出ている。マシュー・スティーブンソンの『ノリッジでのフロリストの祭にて――王冠を被ったフローラ』にも出ている。この本は一四年後に出版されたものだが、このフロリストの団体の回想記である。「もしチューリップがこの町で咲いているときそれを見ていたならば、チューリップは一人一人に王冠を載せてくれただろう」と記述している。ノリッジのフロリストは、新教徒に脅かされているようには見えなかったが、共和制の時代［1649–1660］には、多くの王党派の人々が海外に逃亡するか、自分たちの所領地にひそかにもどって、生け垣の下に頭を入れたままにしているか、フリントシャーのベティスフィールドのトマス・ハンマー卿のように庭いじりをしていた。しかし、花好きの新教徒の中には、自分の主人と衝突する者がいた。クロムウェルの司令官の一人ランバート将軍は、一六五七年に円頭派の指導者への忠誠を拒否し、ウィンブルドンの荘園に引退を余儀なくされた。そこで彼はチューリップとニオイアラセイトウの栽培に専念した。王党派の人々をトランプのカードに見立てた風刺的な回想記の中では、「ランバート、金色のチューリップのキング」と書かれている。リトル・テオボルズのカペル卿は長期議会［一六四〇年一一月三日チャールズ一世が召集し一六六〇年三月まで続いた］の一員だったが、その場の発言の激しさにショックを受け、国王の忠実な支持者になってしまった。彼は一六四六年にヘンリエッタ・マリア王妃についてフランスに行ったり、一六四七年にチャールズ一世が国外に逃亡するのを助けたが、彼自身は一六四八年にコルチェスターで捕まって、ロンドン塔に投獄された。

王党派の中には所領地を失った者もいた。ランバートのウィンブルドン・マナーもそうだったが、ハートフォードシャーにあったセシルの領地のテオボルズは議会派によって没収された。テオボルズでは四〇年前にジェラードが庭の管理をしたことがあった。ラーフ・ボールドウィンが一六五〇年四月にテオボルズを調査して、特に「その庭園の周囲には生け垣があり、中央には正方形の装飾庭園があって、当時流行していた様式で造られている。三か所の階段の縁にはチューリップ、ユリ、シャクヤク、その他色々な花が植えられていた」ことが分かった。

トマス・ハンマー卿は一六四〇年代に何度かひそかに海外を旅しているが、内乱が終わった一六四九年に、フリントシャーのベティスフィールドにある所領地に引退した。ここはウィンブルドン・マナーやテオボルズとは違って、ロンドンから遠く離れていたので、議会派の興味の対象にならなかった。ハンマーはフランス宮廷付きの画家ニコラ・ロベールと同時代の人である。ロベールがルイ一四世の弟のガストン・ドルレアンのために「ジャスペ・ド・ハールレム」や「ペロック・ド・トロワ・クルール」などの美しいチューリップの絵を描いている頃、ハンマーもフリントシャーでそれらのチューリップを育てていた。王政復古（一六六〇年）までにはハンマーはイギリスで最も熟練した園芸家、特にチューリップの専門家としてよく知られるようになっていた。そしてオランダの同業者とは違って、ハンマーは議会派によってつぶされなかった。一六三四年から一六三七年の間に起こったオランダのチューリップ熱は、現在では理解に苦しむほど興奮状態に達していた。内乱が一つの恩恵をもたらした。つまり円頭派も王党派も政治を忘れて球根の投機に夢中になっていたのだ。ハンマーが愛して止まない庭園作りの方が政治より人々の心を捕らえた。残っているメモによると、一六五五年六月、彼はウィンブルドンのランバート将軍に「アガト・ハンマーの親球根を一個」送っている。これは彼が所有している最高のチューリップの一つであり、シュロップシャーのキンレットの種苗商のジョン・リーは、そのチューリップは「灰色がかった紫色、濃い緋色、そして純白」であると記述している。リーはまた「この華美なチューリップは珍種を愛し、珍種を生み出すために工夫をこらしている人、トマス・ハンマー卿にちなんで名前が付けられた。ハンマー卿はイギリスに初めてこのチューリップを導入した人物で、私自身もハンマー卿と自由に交流していたので、この高貴な花を見る喜びを共有できた」とも書いている。ジョン・イヴリンも一六七一年八月二一日にデットフォードのセイエズ・コートにあった庭に植えるためにハンマーから、「アガト・ハンマー」を送ってもらった。

一六五九年までには手書き原稿は完成していたが、一九三三年まで出版されなかったハンマーの『庭の本』には、一七世紀中期の紳士が所有していた典型的な庭のことが明確に描かれている。色石を敷きつめた小道が走る刺繡花壇、常緑樹の縁取りがある区切られた花壇、そしてハンマーのような花の愛好家のためと思われるが、「誰にでも見せることのない宝物を入れておく小さな個人用の温室」がある。ハンマーはオーリキュラ、アネモネ、プリムローズ、キバナクリンソウ、ニオイアラセイトウを栽培しているが、彼が一番好きだったのはチューリップで、「花の形が美しく、花弁の色は豊富で見事であり、模様の多様なこともすばらしい、まさに球根植物の女王」である。

ハンマーは、彼の家屋のすぐそばにある花壇の一つに四種類のチューリップを一三列並べて育てていた。さらにもう一つ、四種類のチューリップを一三列並べた花壇が、家屋の左側から最も離れた場所にもあった。中庭の扉の西側にある壁に沿って、多種多様なチューリップとアネモネの交配種が植えられていた。一六六〇年のベティスフィールドの花園にあった花のカタログを見ると、当時一番関心が強かったのはチューリップだったことが分かる。一つ一つの花壇についての記述があり、さらに球根を植えてある一列ずつについての記述があり、さらに「ペルショット」、「アドミラル・フォン・エンクヒュイセン」、「アンジェリカ」、「コミセッタ」、「オーメン」、「ダイアナ」などの名前が付いている球根を一個ずつ記述している。そしてハンマーが一六五四年に友人のジョン・トレヴァー卿に送り出したいくつかの「すばらしい花を付ける球根」の記録もある。

ハンマーはさらにチューリップの栽培方法についても細かい指示を残した。球根は九月の満月の頃に植えることを勧めている。球根は一二センチの深さに、しかも等間隔に植えるようにとも言っている。彼のような熱心な栽培家は、種子から増殖していくのに一番適しているチューリップはどれかということをすでに知っていた。それはブレイクしやすいチューリップで、「花弁が青色で、主脈の色が紫のチューリップ、さらに純白に濃紅色、灰色がかった紫あるいは暗紅色の縦縞模様があるチューリップの耐寒性がある古い球根は、種子を取るために保存しておきなさい。そうしたチューリップの場合、大半がブレイクして、縞模様ができるし、球根が古いものであれば、二年間はその模様はなくならない」と書いている。彼はこのような情報をフランスとフランドルを旅していた時に収集したのかもしれない。当時それらの地域は、チューリップ栽培に関してイギリスよりもかなり進んでいたのだから。ハンマーが述べているチューリップは、一八世紀後半にイギリスのフロリストによって「交配用」として用いられた。そうした球根から、羽状模様や炎状模様があるビブロメンあるいはローズと呼ばれるチューリップ群を作り出したのだ。これらのチューリップは国中の交配種作りを競い合っている人々の間で見せ合われ、みごとにブレイクしたチューリップは驚くような値段で取引された。

一六六五年に出版されたジョン・リーの本『フローラ――花の栽培』の中では、一九〇種類もあるチューリップが特に目立つ。ブレイクしたチューリップはすでに知られていたが、リーはその本の中でノコギリの刃のようになったパロット系のチューリップのことも記述している。それは「大変珍しく、色も他のチューリップとはまったく違っている」。リーはその本を友人に献じている。その友人とは、「工夫を凝らしたものに対して本当に高貴で完璧な愛情をもつ人物」、トマス・ハンマー卿である。フローラ、セレス、ポモナ（リーの本は『ポモナ』と呼ばれることもある）という三女神が表紙を飾り、フローラが真ん中にいて、チューリップとバラの花束をもっている。その片側にはチューリップがシャクヤクとヨウラクユリと一緒に美しい壺の中に生けられている。

リーの後援者の一人は、スタフォードシャーにあるジェラーズ・ブロムリーのジェラード男爵だった。リーは男爵夫人の依頼でそこに庭園を造った。リーが献辞の中に彼女も入れているのは、政治的配慮だった。彼女への献辞として長い賞賛の詩を書いている。その詩ともう一つの「貴婦人に捧げる花」という前付けの詩には、花特にチューリップについて暗示的な表現が多くある。その詩では「アガト・ハンマー」は「あらゆる喜びの女王」と呼ばれており、この女王は

灰色がかった紫色、緋色、白色の衣を身にまとい
その色は巧みに織り込まれているから
他の者たちは皆恥ずかしい思いをする。

この詩によって「ティリアン・パープルと純白の」チューリップの評価は、赤色や黄色のチューリップよりも数段高かったことが分かる。

ここで見られる最も質素な者は
金色のレースの飾りの付いた緋色の着物を着ている。

リーは、果樹用の四〇ヤード四方［一ヤードは約〇・九メートル］の土地とチューリップ用の二〇ヤード四方の土地が付いている比較的小型の庭園のデザインの例を示している。その庭の周囲に少なくとも三メートルの高さの煉瓦の壁を作り、果樹園と花園を区切るための一・五メートルの壁を作ること。正方形の花壇の周囲には色付きの木製の横棒かツゲの木を巡らし、低木の果樹のためには柵を作ること。花壇の角にはヨウラクユリ、マルタゴンリリー、そしてシャクヤクを植えることを提案している。「直線的な花壇は最上のチューリップに適している。そこに植えればチューリップの評価が保たれるだろう。ラナンキュラス、アネモネにも特別な花壇が必要だ。残りの植物は多くの普通のチューリップと一緒に植えればよい……。」彼が考える理想の花園は「屋根付きで、美しい風景画や他の意匠を凝らした小物が飾られたきれいな八角形のあずまやがあることで、そこには椅子が備え付けられ、

中央にはテーブルが置いてある。テーブルは楽しみや娯楽のためだけに用いるのではなく、チューリップやその他の花の球根をテーブルに紙を敷いて、その上に置いておいたり、テーブルの引き出しに入れるなどの多くの目的のために使用できる」ものである。

リーの記述を読めば、当時、比較的小さな庭園での球根栽培、特にチューリップの球根栽培が大変注目されていたことが分かる。アウグスブルクで初めてチューリップが見られてからわずか百年しか経っていないが、手に入る変種の数は一九〇にまで増えていた。最上のチューリップとははっきりと区別されるようになっていた。この世紀の特徴と言える政治上の激動が、ヨーロッパ大陸だけでなくイギリスでも起こっていたが、チューリップはよく知られており、広く栽培されていた。それでもイギリスではチューリップは外国産の花と考えられていたのは、リーが『フローラ』の序章で、チューリップは「フランスの花」だと言っていることからも分かる。当時、チューリップを栽培し、その潜在能力を開拓し、全体としてその市場価値を増すことについては、フランスやフランドルの園芸家の方がオランダ人よりも重要な役割を担っていた。花園は「自然が選んだ最良の宝石を入れたり、安全に保管できるいくつかの箱がある小部屋のように」作るべきだとリーは書いている。宝石の中で主要なものはチューリップだった。様々に「色が混じったもの、縁の部分の色だけが異なっているもの、縦縞模様があるもの、羽状模様、縁取りがあるもの、瑪瑙模様のあるもの、大理石模様のあるもの、花弁が薄いもの、斑点模様があるもの」などのチューリップだった。自然が作り出したスーパースターがもつ美点と言えるのだろうが、ゆっくりと新しい姿を現すたびに、それを記述するための語彙が増えていった。

チューリップ熱が頂点に達していた頃、オランダ人の間で起こった大混乱の原因となったチューリップについてリーが記述している。最も「悪い」チューリップは「ヴァイスロイ」と「センペル・アウグスツス」だった。彼の記述によれば、「ヴァイスロイ」はスミレ色の花で、花弁が薄く縁がギザギザで、白い縦縞模様があって、花の基部と雄しべが緑がかった黄色である。この花は特別な種類だと考えられるのだろうか、その名前にはパラゴンという言葉が付け加えられることが多い。それがブレイクしなくても、普通のチューリップより評価が高い。「センペル・アウグスツス」は中間の時期に開花する。このチューリップは「以前は、高く評価」されていたとリーが言っているが、そう言う以上、このチューリップはすでにもっとよい種類に取って代わられたのだろう。花自体はそれほど大きくないが、濃い紅色と薄い黄色の縞模様があって、濃い紫色の基部と雄しべとの対比が見事である。

チューリップを分類する際、リーもジェラードの方法に従って、早咲き、中間、遅咲きの三つに分けている。リーが述べている三一種類の早咲きのチューリップの中では、「スーパーインテント」が最上のものだと彼は考えた。「これは通常他のものよりも背が高い。花は美しく大きい。紫色と白色が鮮やかで、基部と雄しべは薄い黄色である。」遅咲きのチューリップはわずか九種類しか載せられていない。最大のグループは中間期に咲くチューリップで、それらの名前から判断すると、その大半はイギリス産ではなく外国産である。ところで、リーは「パラゴン・ブラックバーン」というチューリップに特別の関心を寄せている。これは背の高いチューリップで、「美しい花弁は、幅広で先が尖っており、色は淡紅色で、濃い赤色の部分もあって、白色の炎状模様か縦縞模様が付いている。基部と雄しべは青色である。このチューリップはハンフリー・ブラックバーンという人物が作り出した。彼はストランド街にあるヨーク・ハウスの庭園管理者だったことがある。彼が私にそのチューリップの球根をくれた時に聞いたのだが、これは『パス・アウディナード』の種子から作り出された」とリーは言っている。彼は「リケッツ・ファイン・アゴット」というチューリップも賞賛している。このチューリップは美しい花をつけ、「バラ色、濃い紅色、そして純白の縦縞模様だったり、瑪瑙模様があったり、あるいはそれらの色が様々に混じり合っていたりする。」このチューリップはおそらくジョージ・リケッツ（1660s–1706）が育てたものだろう。彼はロンドンのショアディッチにあるホックストンにいた栽培家で、リーは彼のことを「現在のロンドン周辺では、最上のもっとも誠実なフロリスト」と言っている。

リーはいつも賞賛しているわけではない。「ロンドン辺りでチューリップを売っている人の中には、普通のチューリップにきれいな模様が現れるとパラゴンという名前をつけて、法外な値段で売るというインチキなことをする者がいる」と、文句を言っている。リーは自分が育てているチューリップを球根一個につき一ペンスから五ポンドで売っていた。早咲きの「エドガー」は、縦縞模様、羽状模様、炎状模様のものの変種ほど高く評価されなかった。しかし、「ウィンター・デュク」は三月一〇日以前に開花するので庭に植えるのによいと考えられていた。デュクは「デュク・ファン・トール」など今でも手に入れられる種類のことか、単色の早咲きチューリップのことだ。デュクの綴りはいろいろあるが、それは書き写した本によって異なるからである。デュクの仲間は背が低く、花弁の縁がきれいな色であることが特徴である。その中でも一番普通に見られるのは、赤色に黄色の縁どりがあるものだった。

種苗商でもあったリーが、花について細かいところにまで鋭い目を向けたのは驚くにはあたらない。後に現れるフロリストもそうだが、彼はチューリップの花弁の内側の美しさや、大きさ、形、斑点の色の違いや、雄しべの色の違いや、花弁の表面の内側と外側の肌合いの違いにも関心をもっていた。例えば、花弁の内側が外側よりもはるかに光沢があることが多かったからだ。羽状模様や炎状模様のチューリップの中には、太陽にあたると花弁の色が混じってしまう傾向が強いものがあることも、彼は気付いていた。これは後のフロリストも悩まされた問題だった。しかし、彼は別のことにも気付いていた。太陽があたることによって、薄い黄色の地色が、そうなって欲しいと望んでいる（つまり高く評価されていて、それ故に値段も高くなる）白色になることがあるという事実だった。チューリップを組織的に栽培することがイギリスでは普通のことになっていたこと、栽培家が新種の変種を作った時に用いた親が何だったかを記録していたので、何種類もあったチューリップの「種馬本」がまとめられ始めたことが、「パラゴン・ブラックバーン」などのチューリップについての彼の記述から分かる。新種のチューリップの中には、親がはっきりしている変種から偶然ブレイクしたものがあった。しかし、「パラゴン・ブラックバーン」がそうだったように、「パラゴン」種を作り出すのに最良と判断されたチューリップから、多くの実生のチューリップが作られ、育てられていた。リーは種苗商が熱心にチューリップを扱っている別の理由を的確に指摘している。チューリップは季節のことを考えておけば、遠くに「運ぶことが簡単」だった。

リーの本の改訂版が一六七六年に出版される頃には、チューリップをはじめとしてフロリストが扱っている花は、貴族など一部の人々の手を離れてあらゆるタイプの園芸家に好まれるようになっていた。最上の球根は高価だったが、もしどこかの邸宅の庭師を友人にもっていれば、種子はただで手に入れることができたはずだ。地域社会が小さくて、庭師が多いところでは、多くの人々がそうしていた。チューリップの種子から花が咲くほどの大きさにまで球根を育てるには七年かかったが、豊かでない人はその間辛抱し、待たなくてはならなかった。リーの再版された本に載っているチューリップの数は三百にまで増えている。それはチューリップへの需要が増えたことを反映したもので、その需要は一六八〇年から一七一〇年の間に頂点に達した。リーは一六七七年に死亡し、トマス・ハンマー卿がそのわずか一年後に彼の後を追った。二人が死んで、イギリスでのチューリップ栽培の先駆的な第一章が終わりになったが、チューリップそれ自体は一般の人々の間で爆発的に人気を獲得し始めた。

リーが自分のもっていたチューリップをサミュエル・ギルバートに託したのは、ギルバートが、彼の娘婿だったからだ。ギルバートはシュロップシャーのクワットの教区牧師で、リーが彼の本の中で讃美している四代ジェラード男爵の夫人、ジェーンの礼拝堂付き牧師でもあった。ギルバートは、この新たな熱狂につけ込むには義父よりも有利な立場にあった。彼の『フロリストの忠実な伴侶』（1682）は広く読まれた。彼は庭を四角に区切り、それぞれの区分けした場所に異なった種類のチューリップを植えるようにと勧めている。チューリップの開花が終わってできる隙間にアマランツス、オシロイバナ、ナスチウムを植えるように勧めているのは、この時代では彼だけだ。一七世紀の庭は春と初夏が一番だった。その季節の終わる頃に開花する植物は比較的少なかったからだ。多くの人が内乱以前の落ち着いた時期を懐かしんでいるが、その一人に詩人のアンドリュー・マーヴェルがいる。「あの愛らしい兵隊を／もう私たちは再び手にすることはないのだろうか」と彼は言っている。

庭に花が塔の様に立ち並び
そしてすべての駐屯兵が花だった時のように。
様々な色の縞模様のチューリップは
我々を守るスイス兵だった。

チャールズ二世の王政復古以降、ジェームズ一世の反乱が起こるまでの短期間は、落ち着いた時期が戻っていた。そして種苗商は大いに利益を得た。ロジャー・ルッカーは始めハットフィールド・ハウスの庭師だったが、後にロンドンのセント・マーティンズ・イン・ザ・フィールドに種苗園を作って大いに儲けた。一六八四年九月、彼はロングリートのバース侯爵の庭園用に四千個のクロッカスの球根を二ポンドで、千個の最上のチューリップの球根を五ポンドで、二番目のランクのチューリップの球根千個を二ポンド一〇シリングで売った。ホックストンの種苗商で、「リケッツ・ファイン・アゴット」を作り出したジョージ・リケッツも多忙だった。一六八九年、彼はウェストモーランドのリーヴァンズにクワ、リンゴ、トウヒ、イトスギを送った。その注文書には「コンスタンティノープル産の白色のユリを百個、カンパーネッロを五〇個、良質のチューリップを二百個、ラナンキュラスを百個」が入っている。ユリは一二シリングで、カンパーネッロは四シリングで、チューリップは一ポンド四シリングで、ラナンキュラスは一ポンドで売られた。この段階では、ユリとチューリップはほぼ同じ値段だったが、フロリストの間で大変人気があったラナンキュラスはもっと高価だった。同じ注文書の中にあったブラックベリーの木は三〇本でわずか一〇シリングだった。当時ホックストンを基盤としていた三人の種苗商の一人、リケッツは広範囲にわたる植物を提供した。一六八八年版の彼の種苗園カタログは数部門に分かれている。「冬には温室に入れなければならない緑樹」、「花をつける樹木」、「冬用の樹木」、「その他の装飾用の樹木」、そして「花卉と特選植物」などに分類されており、最後の項目の中に「多種のチューリップ」が載せられている。フロリストの数も増えていた。ロンドン花祭が始まったのもこの時期で、フラムの種苗商でオーリキュラの栽培家でもあったトマス・レンチ（c.1630–1728）が企画した催しだった。

種苗商は繁栄した。種苗商の中にはジョージ・ロンドンのように、盛大に商売する者も現れた。一六八〇年代にロンドンは、ロジャー・ルッカーやその他の種苗商と一緒にケンジントンに有名なブロンプトン種苗園を作った。しかし、一六九四年までには他の種苗園を買い上げて、ヘンリー・ワイズだけを共同経営者にして商売を開始した。彼の娘のヘンリエッタはボーフォート伯爵夫人の所有する植物の絵の何枚かに関わっている。ジョージ・ロンドンは当時の最上の庭園の多くをデザインし、造ることに没頭していた。彼が関わった庭園は、バドミントンにあるボーフォート家の庭やチャッツワースのデヴォンシャー侯爵の城の庭などがある。チューリップはフランス人ドザリエール＝ダルガンヴィーユが主張していた通りに整形式の庭に格子縞になるように植えられた。

庭師は「まず第一に花壇の周囲に一二センチ幅の細い溝を掘るべきだ。そうすれば花壇が格子模様になる」とロンドンとワイズは勧めている。このやり方は正確にしなければならないが、実用的な利点がある。その格子模様のどこに何を植えたかを記録するのが簡単になる。球根を引き上げると（チューリップの開花が終わったら、すべての球根を土から引き上げて、乾燥させ、秋に再び植える）、どれも同じに見えるから、必ず分類しておかなければならなかった。というのは、人気がある種の球根とそうでない種類の球根では価格がまったく違うからだった。大変高価なチューリップの子孫（球根が小さければ）は注意して貯蔵しなければならなかった。その理由は、その球根を大きくすることしか、高価なチューリップの大きな球根を手に入れる確実な方法がなかったからだ。高潔なジョン・イヴリンは、格子状に植える方法をさらに一歩進めた。出版されなかった彼の手書き原稿、『イギリスの極楽』の挿画には、出来合いの格子が描かれている。それを地面に押しつけると、地面に格子模様ができる。その中にチューリップやその他の球根を植えるのだ。球根植物を愛好するフランス人がその工夫を考え出したとイヴリンは言っている。それは縦一八〇センチ横九〇センチの格子で、それぞれの方形は「球根を植えるのに十分な距離」がある。これを用いると、庭師は「線が何度も動いてしまうことを避ける」ことができた。

随筆家で劇作家でもあるリチャード・スティール卿が『タトラー』紙（一七一〇年八月三一日付け）に、チューリップを揶揄する記事を載せたが、その頃までには、人気の点でヒヤシンスがチューリップを追い越し始めていた。しかし、スティールは、読者は自分がだしにされていても、チューリップについてのジョークを理解することは分かっていた。チューリップは国中に広がった現象で、家具や布地の模様に用いられたり、銀器や鉛のうわ薬を使ったスタフォードシャーで製造されるミルク酒用の器から、錫のうわ薬を使ったサウスワークで製造される皿まであらゆる種類の陶器の模様になっていた。「私を話の輪の中に入れてくれるように頼んだ。その家の主人は私に『もし花が好きなら、話を聞いて過ごす時間は無駄ではなく、それだけの価値があるだろう』と言った。私は彼の発言に納得し、連中が庭作りの用語を用いて話しており、連中が言っている国王とか将軍というのはチューリップのことだと分かった。慣習に従って、園芸家はチューリップに、高い地位の人物の名前や名誉ある名前を付けていたのだ。私がこれまで見たことがないほど美しいと賞賛したチューリップは、普通の「フールズ・コート」だと連中に言われた。その家の主人は私に、我々の目の前にある花壇には価値があると言った。長さが二〇ヤードで、幅が二ヤードの花壇は、イギリスにある最上の百エーカーの地所よりも価値があると言った」と、スティールが書いている。フロリストとおおげさな名前のチューリップは、風刺家の格好の餌食になった。チューリップに支払う価格を考えると、栽培家は心と判断に影響を及ぼす病気や不安に苦しんでいるに違いないと、スティールは言っている。

何があっても阻止されることなく、園芸家は植物を植え続けた。ランカシャーの南西部にあるリトル・コスビーの荘園では、ニコラス・ブランデルが「アネモネ、ピランサス、ニオイアラセイトウ、アレナナラス、リクラス、チューリップ」を植えた。一つ一つの植物は別々の花壇に植えられ、その花壇は荘園の食堂の前に造った刺繍花壇の中にあった。ブランデルは一七〇二年にその荘園の領有を継承したが、その時彼は三二歳で、その歳から日記を付け始めた。二五年間も書き続けたその日記は『大日記』と呼ばれている。「普通のチューリップ」と彼が言っているのは、おそらく比較的安価な早咲きのチューリップのことだろう。さらに「外国産とヨーク産」のチューリップも記述されている。この頃までには、ヨークは北部の栽培者にチューリップを供給する重要なセンターとしての地位を確立し、サミュエル・スミスなどの優秀な種苗商がいた。一七三〇年四月七日と一四日付けの『ヨーク新報』の中で、ミックルゲイト・バーの郊外にあるスミスの庭で見ることができる「オーリキュラ、アネモネ、ラナンキュラス、チューリップ、あるいはその他の優れた植物は相応の金を出せば購入できる」と彼は書いている。

「外国産」のチューリップはフランドルからきたもので、サントメールにあったイエズス会派の大学で学生時代を過ごしたブランデルにとって、そこは馴染みの土地だった。ジェームズ二世時代の反乱が始まると、一七一六年に彼はフランドルに逃げ、ゲント、ブリュージュ、ブリュッセル、リエージュを訪れた。一七一七年以降も、娘たちがフランドルで勉強していたので、頻繁にそこを訪ねている。彼の日記にはその旅で持ち帰ってきた様々な球根についての記述がある。一七一七年一〇月二一日に彼は「フランドルで購入したアネモネ、ラナンキュラス、チューリップ」を植えている。一七二〇年四月二八日には三三種類のチューリップの花が咲き、その年の七月には一五〇〇個のチューリップの球根を彼の「花の苗床」に入れたと記述している。球根を植えたり、引き上げたりする時期はほぼ現在の時期に一致しているが、一七一五年七月二二日には彼は「結び目花壇にチューリップの花壇を二つ作った。……これは数か月早過ぎる」と書いている。一七二七年、正確には一〇月三〇日に彼はさらに多くの球根を「結び目花壇の中心の四か所と運河の側の新しいポットに」植えた。

それから三〇年の間にチューリップと庭の両方にゆっくりとではあるが、分離が始まった。問題はヒヤシンスの方が熱狂的に好まれるようになったことではなかった。ヒヤシンスの扱い方はチューリップのそれとほとんど同じで、整然と並べ、結び目花壇や刺繍花壇を飾るために植えたからである。本当の問題は、一七三〇年代以降、庭のデザインの好みに変化が起こり、それが違った植物を求めるようになったことだった。温室を作ることが次第に強迫観念のようなものになっていた。つまり温室に入れなければ育たない寒さに弱い植物を手に入れたいと思う者が増えてきたのだ。アメリカ産の樹木や灌木が大量に輸入されるようになった。とりわけ、花で満たされている刺繍花壇や結び目花壇は、「ケイパビリティ」［有能］・ブラウンが緑の芝生を好んだために一掃されていったのである。例えば、ペットワースやバーレイの屋敷では壁までも芝草でおおわれている。ハ・ハー［隠れ垣。庭園の景観をそこねないように境界に溝を掘ってその中に作る］が庭園と庭園が模倣している自然との間に造られ始めた。庭園の端にハ・ハーを作ることでその先にある自然の風景に違和感なく繋がる。チューリップの球根を夏に貯蔵するために造られたあずまやの壁に描くように一六六五年にリーが提案した「風景」が、庭園そのものになってしまったのだ。優れた樹木栽培家のフランシス・ベーコン（1561–1626）は百年前にその急激な変化を予言していたし、詩人のミルトン（1608–1674）はその先駆者だった。アレクサンダー・ポープ（1688–1744）が詩の中で賞賛し、建築家で画家で庭園のデザイナーでもあったウィリアム・ケント（c. 1685–1748）が、チューリップなどの花をほとんど用いず、古典時代をイメージさせるものを導入したこの庭園様式を賞賛していた。サリーのクレアモントやロンドンの西端にあるチズィック・ハウス、バッキンガムシャーのスタウ、グロスターシャーのバドミントンに造られた新しい庭にその例が見られる。バドミントンは一七世紀後半にボーフォート公爵夫人がすばらしい花の収集をしていた所である。

古い様式の庭園のすべてが一掃されたわけではなかった。カンブリアのレーヴェンス・ホールには、風景式庭園と運命を共にしている人々があしざまに言ったトピアリー［幾何学模様や動物の形等に植木を刈り込んだもの］が残っていた。そしてニューキャスル・アポン・タイン近くのゲイツヘッド・パークのヘンリー・エリソンなどの園芸家の中には、チューリップを植え続ける者もいた。一七二九年一〇月一八日には、彼は桜、アンズ、ダマスク・ローズ、ペルシャ・ジャスミン、「百個の普通のラナンキュラス（五シリング）、そして百個の上等のチューリップ（七シリング六ペンス)」をミドルセックスのストランド・オン・ザ・グリーンの種苗商、ヘンリー・ウッドマンから手に入れた。このようにこの頃までには、チューリップの値段はラナンキュラスよりも高くなっていた。縞模様のユリが四〇個で二ポンドだった。一七三五年にグッドウッドでは、南東の壁の縁飾り用の花はキズイセン、アメリカナデシコ、キバナスズシロ、オダマキが用いられており、チューリップも三列目に使われていた。マックルズフィールド初代伯爵のトマス・パーカー卿(c.1666-1732)もチューリップ愛好家を公言していたが、彼はエリソンよりも早く、一七二〇年に裁判所長官になったパーカーは、種苗商であり庭師でもあったトマス・グリーニングから多くの球根を手に入れた。グリーニングの根拠地はミドルセックスのブレンフォードにあった。パーカーは、グリーニングにオックスフォードシャーのシャーバーン城で造営中の庭にふさわしい小さなチューリップの花壇用に二〇ポンド支払った。その取引には記録が残っている。その記録を書いたのはパーカーでもグリーニングでもなく、ジョージ・ハービン師である。師はロングリートのウェイマス初代子爵の最初の礼拝堂司祭で、後に図書係となった。ロングリートの屋敷には、彼の手書き原稿で一七一六年から一七二三年までの「庭作り覚え書き」が保存されていた。

ハービンは一七一六年一一月二日にこう書いている。「ケンジントンの教区牧師であるクランク師はカーネーション、チューリップ、ラナンキュラスの栽培に大変興味をもっている。クランクが私に言うには、グリーニング氏は、同じ庭園内で彼と一部を共有しており、主としてチューリップの栽培に喜びを見出している。彼はその栽培に三〇年以上関わって、完成の域に達しており、イギリスで最上のチューリップ収集家であることは間違いない。彼が所有しているチューリップの中には一つの球根が一〇ポンドもするものがある。一一月の初めから、チューリップ用の花壇を作り始め、球根を植える。その花壇は海の砂（それに含まれている塩分が有用なのだ）と良質の新鮮な黒土あるいは土を混ぜたもので作られる。……チューリップがブレイクする（普通のチューリップから初めて縞模様が生まれること）と、その縞模様が少なくとも三年間続かなければ価値がない。」ハービンの記述によれば、最高のチューリップはオランダ産の「品種」から作られる。その「品種」は単色のチューリップで、羽状模様になっているもの、炎状模様があるものなどチューリップ愛好家が賞賛してやまない変種を作り出すことが多い。「グリーニング氏が最も高く評価しているのは淡黄褐色のチューリップから作り出されたものである。桃色のチューリップのことをオランダ人は『バゲット・プリモ』と呼んでいる。わが国の園芸家は今は自分たちが作り出した良質の「品種」を売っているが、以前はオランダに頼っていた。『モーニング・ウィドウ』とか『フールズ・コート』などの先が尖った葉（花弁のこと）のチューリップは、最近は評価が低くなっている。幅広で、先が丸く、花弁がきれいに開いており、基部の内側が紫がかっている白色のチューリップが最も高い評価を得ている。」

ハービンの覚え書きを読むと、フロリストは次第に厳密になっていく規則に合わせるためにチューリップを痛めつけたり、なだめたりしたわけで、この花がしっかりとフロリストの手に握られていることが分かる。もとは東方から運び込まれたチューリップの顕著な特徴だった花弁の先が尖っている品種は、二百年近くも忍耐強く交配し、選別した結果作り出された花弁が丸いチューリップほど望まれなくなっていた。下地の色が白のチューリップの方が黄色や黒色のものよりはるかに奨励されていた。これは今日に至るまでイギリス産チューリップを栽培し続けている、少数の見識あるフロリストが支持している考え方である。ハービンの時代、フロリストの多くは種苗商だった。次第にチューリップは蛾や貝と同じで、一つの標本と見られるようになった。必ずしも庭の装置の一つではなく、それ自体を育てることが目的となり、展示された。以前はチューリップは庭と切り離されてはおらず、うまくデザインされた庭の中に展示される貴重な花の一つとして育てられていた。その頃はチューリップが外国産であるという要素はなくなっていた。オランダのウィレム公とその妻ステュアート家のメアリーがイギリスの国王になって、両国の交易が当然便利になったが、オランダとの戦争中は、ハービンなどのイギリスのチューリップ品種改良家は、自国で育てた花の価値について次第に強気になり、自分たちが作った品種は海外産のどれに比べても優ると も劣らないと信じていた。

フロリストの組織が大きくなり、世間に認められるようになったのは、新聞が次第に広く読まれるようになったことが大いに貢献していた。十八世紀の早い時期からフロリストの団体は、自分たちの会合や展示会について新聞で広告するようになり、新聞もそうした催しの案内記事を載せるようになった。ノリッジはイギリスで最も早い時期に地方新聞をもった都市だった。その新聞は『ノリッジ・ガゼット』で、一七〇七年六月二十八日と七月五日の新聞には「フロリストの祭、花や庭を愛する者のための催し」について子細な記事を載せている。この祭は「次に七月八日の火曜日にセント・スウィジンズ・レーンのトマス・リッグズ氏の館で」開催されるという記事で、入場料が半クラウンだった。ということはリッグズ氏が大変裕福なフロリストを期待していたことは明白だ。一七二四年六月二九日付けの『グロスター・ジャーナル』には翌週に行われるフロリストと園芸家の団体の総会が「ロスのスプレッド・イーグル亭という名前のウィリアム・ボールの店で午前十時に」行われるという広告が載った。

この時代は広い知識を獲得したいという渇望が強かった時代と言える。特に科学的知識に対する渇望が強く、それはクラブや会合の数が爆発的に増えていることでも分かるのだが、天体の動きから血液の循環まであらゆることを討論するために人が集まったのだ。ゆっくりとではあるが、人々は自然界を分類し、整理し、理解しようと努力していた。団体の中にはロンドンの植物協会のように大規模なものもあった。この協会はワットリング通りのレインボー・コーヒー・ハウスで毎週集会を催していた。この協会の会員には著名人がいて、例えば、オックスフォード大学の初代植物学教授のヨハン・ヤーコップ・ディレニウスや、チェルシー薬草園の管理人のフィリップ・ミラーなどがいた。ミラーはこの協会の会長で、王立協会の一員でもあった。彼は王立協会で「早咲きチューリップとその他の球根を水が入っているビンの中に入れた場合についての考察」という論文を発表した。彼は現在我々が当然だと考えていることを発見した。ただ、これはチューリップよりもヒヤシンスやスイセンの栽培に適した方法である。しかしこの種の活動はロンドンに限ったことではなかった。そうした組織作りは地方の町にも広がっていった。リンカンシャーではスポールディング紳士協会が一七一〇年に設立された。これはフロリストだけの協会ではなかったが、チューリップ、アネモネ、ラナンキュラス、カーネーション、その他の珍種が集会場に飾られた。集会はまずコーヒーか紅茶が出され、荘厳な雰囲気の中で始まるが、後になるとエールが一クォート［約一リットル］ジョッキに入れて出され、それと一緒にパイプ、尿瓶、そしてラテン語辞書が運ばれた。

こうした気風（つまり科学的精神とか探究精神）が広がって、チューリップのような花を認識する方法にも影響が現れた。こうした花はもちろん美の対象で高く賞賛されていたが、それらの記述内容にも、栽培や増殖について細部にまで関心を向けるという、当時広がりつつあった精神が反映されていた。園芸家、種苗商、フロリストは「なぜ」と問うようになった。チューリップはある環境に置くとよく育つのはなぜなのか。球根を毎年土から引き上げるのはなぜなのか。そして最大の疑問はチューリップはブレイクする時としない時があるのはなぜなのかということだった。

一七二四年に出版されたフィリップ・ミラーの『庭師とフロリストの事典』は、その時代を反映した新しい方向を示している。この本の七年後に大著の『庭師の事典』の初版が出版された。タイトルからフロリストを消去したのは、この本の出版者の考えだった。つまり出版者としてはこの高価で、故に儲けさせてもらえる（と信じた）出版計画に、時代遅れなものは付けたくなかったのだ。よく知っていることから起こる気楽さで、ミラーはヨーロッパで最高のチューリップ栽培家フランソワ・ボーランから手に入れた情報を、読者の前に示した。ボーランはブリュッセルの栽培家で、「多くの変わったビザーレ系のチューリップを種子から作り出していた」。また彼はオランダでチューリップのブレイクについて誰よりもよく知っている「私の知人の紳士」でもあった。本の主要な内容は変化し、チューリップを庭園でどのように用いるべきかではなく、チューリップをどのように栽培すべきかということを重視していた。ジョン・リーはチューリップを三つに分類して、早咲き、中間、遅咲きに分けたが、これは園芸家にとっては役に立つ分類だった。ミラーは新しい立場から別の分類法を考えた。つまり、フロリストが扱う品種として、チューリップを三つに分けた。彼は「ビザード」の仲間として「エーグル・ノワール」、「ヒポリット」、「イフィジェニー」、「ラ・ベル・コロンバン」「ルシファー」「セミラミス」を挙げているが、これらはすべて黄色のチューリップで、羽状模様か、赤色か茶色（幸運ならば黒に近い茶色）の炎状模様がある。「ビザード」あるいは後に「ビザーレ」と呼ばれるようになるタイプは、チューリップの三つの分類の一つで、他の二つは「ローズ」と「ビブロメン」である。前者は白色の花でピンク色か赤色の羽状模様や炎状模様が付いているものであり、後者は白色の花にスミレ色か紫色か黒色の模様があるものを言う。

チューリップの基準になる分類法や規則は、フロリストの団体が次第に作り出したものだ。フロリストの祭も最初は会合を開くために行われていたようだったが、その後は競争的な要素が際だつようになっていった。フロリストは、他の会員に誉めてもらうためだけに自分が育てたチューリップを持ち寄るのではなく、前述の三つのタイプそれぞれの最上のチューリップに与えられる賞を獲得するために競争し始めた。チューリップやその他の花を育てるフロリストの技術が一七二〇年代になるまでには高い水準に達していたから、こうした競争が起こったと言える。一七二九年四月一六日付けの『クラフトマン』紙には「フロリストと呼ばれている園芸家の大きな祭は、ロンドン近郊のリッチモンド・ヒルのドッグ亭で開かれ、約一三〇名のフロリストが集まった」という記事が出ている。食事の後で、「何人かのフロリストが自分の花（その大半はオーリキュラ）を見せた。そして五人の分別のある長老が花の判定をした」。一七三八年には、『ヨーク新報』紙が「最上のカーネーション」に金の指輪の賞品を出すようになっていた。この頃はチューリップよりオーリキュラとカーネーションの方が品評会に出展されるのが普通になっていたが、チューリップの展示会の広告も出ている。例えば、一七四八年五月七日と一四日付けの『イプスウィッチ・ジャーナル』には五月一七日にベリー・セント・エドモンズの日の出亭で、またその翌日にはニーダム・マーケットの白鳥亭で会合があるという広告が出ている。広告を見ると、その催しは祭というよりは展示会だったことが分かる。

イギリスのフロリストは次第に自分たちでも花の交配をするようになっていたのだが、まだフランスやオランダの同業者を模範にしていた。ジョン・カウェル（*fl.*1690s–1730）が文通していたフランス人のP・ベランダンは、花の色をそのチューリップの名前の中に符号化することがフランスで広く行われている、と言っている。しかし「ボン・ヴューヴ」［美しい未亡人］は白色とか紫色になるのだが、となれば、ベランダンの言っていることは本当だろうかと、カウェルは考えた。彼はロンドンのホックストンにある種苗園で育てている大きなアロエで有名な種苗商だった。カウェルが好きだったのは「灰色がかった紫色」（トマス・ハンマー卿のすばらしいチューリップ「アガト・ハンマー」がもつ色の一つ）か、紫色かスミレ色か肌色のチューリップだった。これらのチューリップから最上の交配種が生まれると彼は言った。

仲間の種苗商ジョン・リーと同じように、カウェルも花を知的な好奇心をもって見ていた。カウェルは花弁が薄いものの方がブレイクしやすいと気付いていた。彼はさらに花粉による交配の問題点にも取り組んだ。彼の友人は、背が高く紫がかった色の有名なチューリップ「バゲット・プリモ」の種子を蒔いていた。「このチューリップから、ブレイクしたり、縞模様になったり、さらにその球根が一個千ギルダーで売られるほどのものなど、多くの価値あるチューリップが生まれた。同じ種子から咲いた花の中に、何色かの模様がある、あるいは様々の色の単色のチューリップがあった。我々の時代の考えによれば、掛け合わせることによって生まれる植物について、実生種がこれほど変化したのは、種子のせいだろうということだ。……私は好奇心を持った人が次の年にはパロット・チューリップで試してもらいたいと思っている。黄色と赤色のチューリップを一緒に植えて、それらから種子を取って蒔くのだ。……こうして掛け合わされたチューリップは、改良するために少々の世話をするならば、多くの珍種を生み出すかもしれない」と、カウェルは言っている。

その時代のすべての栽培家と同じで、カウェルの主要な関心は「ブレイクする」チューリップだった。ある種類のチューリップはブレイクしやすいことを栽培家はすでに知っていた。特定の色は特に美しい色にブレイクすることも知っていた。ロンドンのインナー・テンプルにあるベンチャーズ屋敷の執事サミュエル・トロウェルは、紫色と白色の花で、羽状模様があって、当時存在していたどのチューリップよりも模様や色が子孫に安定して現れるチューリップと考えられていた「トライアンフ・オブ・ヨーロッパ」の種子を蒔いて、新たなブレイクしたチューリップを作り出そうとしていた。このチューリップの模様が安定して子孫に現れるのは、その花の紫色の縦縞模様が花弁の内側ではなく外側についているからだとカウェルは考えていた。

種苗商のジェームズ・マドックが一七四二年に出した大型のカタログでは、専門の栽培家が扱う花としてチューリップにお墨付きが与えられている。それは今日、菊に対して与えられているのと同じお墨付きである。それには六六五種類のチューリップが載せられており、最も高価なチューリップは球根一個の値段が七五フローリンとなっている。マドックは一七七〇年頃ランカシャーのウォリントンから南に移った後、ウォルワースで種苗園を作ったが、後にここはチューリップ愛好家のメッカになった。一六世紀にその不思議さ、新奇さで初めて植物学者や薬屋を好奇心の虜にしたチューリップを、貴族や紳士が熱心に獲得しようとした。彼らは庭の縁飾りや刺繡花壇の中に植える新種のチューリップを手に入れるために高額の金を支払った。さらに趣味の花の仲間入りするようになったが、それはエディンバラの最高民事裁判所の書記長ジェームズ・ジャスティス（1698-1763）が自らの情熱のためという一七世紀お定まりの理由で破産した後のことである。

ジャスティスは王立協会の仲間であるフィリップ・ミラーと同じで、気難しく自説を曲げない人で、金に無頓着で傲慢だったが、人に慕われる男だった。彼はエディンバラから約五キロ離れたミドロシアンのクルチトンに初めて庭を造り、そこで三〇年以上も暮らした。その頃、それはスコットランドで最上の庭園の一つだと考えられていた。彼はスコットランドで初めてパイナップル（おそらくそれはそれまでで一番高価なパイナップルだったと思われる）を実らせることに成功した人物である。彼は何度かオランダに球根の栽培法を勉強するために出かけ、フランソワ・ビュランというフランドルの栽培家とも知り合いだった。カウェルはビュランのことをチューリップの権威だと言っている。そしてジャスティスはフールヘルムとファン・ゾンペルという二人がハールレムに所有している種苗園に自分の財産を注ぎ込んだ。二人は「常に私に対して正直に対応していた」とジャスティスは書いており、後悔はしていないようだが、チューリップの球根一個に五〇ポンドも払うことがたびたびあった。彼は、「レクス・インディアルム」、「インコンパラブル・ブルノン」、「グランド・ロワ・ド・フランス」、「レーヌ・ド・コンゴ」、「トライアンフ・ド・リル」、「パロット・ルージュ」、「コニグ・ヴァン・シャム」などすばらしいビブロメンを育てていた。彼はまたかつて流行した、下地の色が白色でピンク色がかった紫色の模様があるフランス産の「バゲット・リゴー」にも熱中していた。「美しい大型の花を付ける。耐寒性があって、中には大変大きな花を付けるものがあって、完全に花が開いたときにはその中に一パイント［約半リットル］のワインが入るほどだ。」

ジャスティスの庭作りには実用的な実験が重要な役割を演じた。その起動力は誰かの役に立とうという気持ちからと言うより、競争心だったろうと思える。しかし、その動機が何であれ、実験は結果をもたらした。彼は自分が好きな球根にふさわしい堆肥を考え出すことに長い時間を費やした。「ヒヤシンス、チューリップ、ラナンキュラス、そしてアネモネ用の……これと同じくらいよい土壌を作ることは、さらにオランダと同じようにそれらの花を咲かせたり、増やしたりすることは、イギリスのほとんどの園芸家ではまだ無理なのだ。」彼は自分が用いる堆肥を作るために、おいしいフルーツ・ケーキを作るレシピと同じくらい細かい指示を出した。その材料として、腐葉土を三分の一入れるようにと指示しているが、その頃は根覆いあるいは堆肥の材料として腐葉土を用いることは考えられたことがなかった。彼もまたチューリップのブレイクについての疑問に悩んでいて、これも土壌が問題だとの結論を出していた。彼の解決法は金がかかるのだが、オランダから球根だけでなく、オランダの土も輸入することだった。

一七五七年六月に年会費を払えなくなって王立協会から追い出された頃には、ジェームズ・ジャスティスは経済的に切羽詰まった状態だった。文句を言われなかったから、彼は魔法の力をもつ王立協会会員という肩書きを用い続けていた。そして気楽に仲間の植物愛好家と情報交換を続けていた。一七五八年、彼はミルトン卿にチューリップとラナンキュラスの球根を何個か送ることを約束した。それにはそれらの花を植えるための花壇の作り方を細かく指示した手紙が添えられていた。「あなたのチューリップの中に国王、女王、その他の偉人が立つことがあるでしょう。そしてあなたがそうした偉人にふさわしい催しを開いてほしいと思います。」それから五年後、彼が死ぬ頃には、彼は家と財産を失っていた。それは彼が庭に費やした金額とは比較にならないほどの大きな財産だった。一七六三年九月九日の金曜日の午前一〇時に、ジェームズ・ジャスティスを破滅させた花が競売に出された。「買い手に購買意欲が湧くように、イギリスや外国のカタログに載せられているオーリキュラ……ヒヤシンス、球根イリス、そしてチューリップの最上のものがすべて大小の包みに入れられて、リースにあるジャスティス夫人の庭で売りに出された。」大半をその地域で種子を売っているドラモンド会社が購入した。この会社はエディンバラのローンマーケットのリバートンズ・ワインドの向かい側に店があった。一か月後、『カレドニアン・マーキュリー』にドラモンドがジャスティスの花の広告を出している。それから四年間にわたって、ジャスティスの花の広告がこの会社から出ている。「チューリップ、八重のイタリア産のポリンアンサス、スイセン……」など。古いタイプの優れた栽培家の最後の一人は、妥協することなく没した。破産をものともしないほど価値があるものがあるとするならば、それはチューリップだった。

第4章　チューリップ狂時代

オランダと言えばチューリップを連想するのは、アメリカと言えばハンバーガーを連想するようなものだが、オランダ人は、ヨーロッパのチューリップ物語の中で最初に何かをやったとは主張できない。球根を初めて持ち込んだのは、フランス人だったと思われる。球根を載せた船が、コンスタンティノープルからアントワープに着いたのは一五六二年のことで、アムステルダムに着くよりはるかに早かった。初めてチューリップの花が咲いたのはバヴァリアのアウグスブルクの商人の庭で、それを記録したのは、スイス人の植物学者で医者のコンラート・ゲスナーである。しかし、いったん紹介されると、その直後に内乱が勃発したにもかかわらず、スペイン領オランダの七州にチューリップは急速に広がっていった。この七州というのはハールレムに近い地域で、オランダで最初にチューリップが栽培された場所である。この頃までには、フランドルの栽培家はすでに、ヘルヴァルトのもっていた赤いチューリップよりはるかに進んだレベルまで改良していた。フランドル産のチューリップがフランスでチューリップ熱を生んだが、それはオランダ人がチューリップ熱のために自滅してしまうより二〇年前のことだった。しかし、オランダ人は根気強かった。チューリップの球根を育て売ることに熱心で、しかも応用力をもっており、チューリップの交易で最後に勝利するのは自分たちだと確信していた。

最初のチューリップの栽培家たちは、一七世紀初頭にハールレムの南にあるヴァーゲンヴェークとクレイン・ホウトヴェークに種苗園を作った。一七世紀初頭の二〇年間、ほとんどのチューリップが大きな単位で売られていた。チューリップをきちんと並べて植えてある苗床全部が、領主やそこに勤める庭師の手に高い値段で渡された。チューリップの量が増えていくにつれて、市場も広がり、一六二〇年代には安い球根を買えるようになった。単色の変種一ポンドを一二フローリンで買えたし、バスケット一杯をその値で買えることさえあった。しかし、新たにブレイクしたチューリップや繊細な羽状模様や炎状模様がある二色のチューリップには当初から驚くような値段が付けられていた。一六三〇年代にオランダで起こったチューリップ熱は、ライデンにあったクルシウスの庭からチューリップが盗まれて以来起こっていた、一連の動きの頂点だったにすぎない。

エマニュエル・スウェールト（c.1552–1612）は、アムステルダムで珍しい商品（貝や動物の剝製や種子やチューリップの球根など）を売る商人だった。すでにオランダの交易者は、金持ちの客を相手にフランドルやフランスから球根を買い付けて、チューリップ市場を独占しようとしていた。スウェールトは自分のことをルドルフ二世付きの庭師と書いているし、オランダの園芸家にだけでなくウィーンやプラハの宮廷にも植物を供給していた。一六一二年版の彼の種苗園のカタログ『花譜』は初期の本草書をまねて、それぞれのチューリップに長いラテン語の名前を付けている。ラテン語を用いることでこの花の地位を正式に認めることになり、尊敬の念を強める効果もあった。彼が所有していた赤色と黄色の縦縞模様のチューリップには「ツリパ・ルテア［黄色い］・ルビス［赤い］・フラムリス・ラティス［広い］」という名前が付けられていたし、同様のチューリップにももっと心地よい響きのある「ラク・ファン・リーン」とか「アドミラル・ファン・フールン」などの名前が付けられた。チューリップはそ

クリスピン・ド・パス子の自画像

うした大袈裟な名前が付けられた最初の花だった。フランス産のチューリップには国王や王妃の名前が付けられたが、オランダでは国王の人気がなかったので、海軍や陸軍の将軍の名前が付けられることが多かった。しかしその名前は実在の将軍にちなんでいるとは限らず、例えば、「ジェネラル・ボル」というのはハールレムのチューリップの栽培家のピーター・ボルにちなんだものだし、「アドミラル・ポットバッカー」は、ゴーダのヘンリック・ポットバッカーを讃えて付けられた名前である。新しい実生の変種の名前には「コンクェスト〔征服〕」が用いられることが多かった。例えば、「コンクェスト・ファン・ロイエン」などがある。

早くも一六一四年には、スウェールトのような交易者が提供するチューリップの球根に、途方もない額の金を費やす人を揶揄する文章が現れた。「愚か者とその人の金はすぐに引き離される」というのは、その年アムステルダムで出版されたローマー・ヴィスシャーの『シネポッペン〔寓意人形〕』の中に、二本のチューリップと共に登場しているクラエス・ヤンスズという人物の頭上に書かれている標語である。高価な新種を掲載したカタログが増え続けたことで、道徳を教えるための小冊子は世間に横行している道楽の危険性を非難し、攻撃した。そうした道楽をもつ人をクリスピン・ド・パス子（1594–1670）が一六一四年に書いた『花の園』は第一の対象にしていた。この本は、種苗商がもつ商品に客がさらに関心をもつように作られた植物の版画集である。しかし結果としてそれはしゃれた広告となり、現在の市場関係者が店頭販売資料と呼ぶものになった。球根は十月と十一月の暗い日々に売り出されたから、客は怪しげな外国の球根が入っている入れ物の中に何が入っているのかを見極める能力が必要だった。そしてド・パスはその見極めるための資料を客に与えたと言える。この版画集は一七世紀のベストセラーになった。そして一六一七年頃、この版画集には一二ページが追加され、非常に細かい部分まで描かれた二〇種のチューリップが載せられた。例えば、ツリパ・サクサティリスは縦縞模様と斑点があるチューリップで、トルコから輸入された初期のチューリップの特徴だが、花弁の先が尖っている。ド・パスの版画集には「イアコビ・ボンミイ」という八重のチューリップも載っている。その絵を見ると、現在の環杭と非常によく似た工夫が施されていて、そのおかげで花はまっすぐ立っているし、神風特攻隊のような集中力で花に潜り込もうとする縞模様のハチの攻撃からも守られている。彼の版画集には北ヨーロッパのチューリップ栽培家の名前も載せられており、アブラハム・ド・ゴイヤー、ヴォルカート・コーンハート、さらにアムステルダム在住の九人の栽培家の名前が載っているし、その他にもデルフト、ロッテルダム、ハーグ（この町の栽培家の中に、画家であり製図工でもあったジャック・ド・ゲインの名前が出ている）、ゴーダ、ユトレヒトそしてハールレムの栽培家の名前もある。栽培家が一番多いのはブリュッセルで、さらにアントワープ、フランクフルト（版画家で出版者でもあったヨハネス・ド・ブライの故郷である）、ヴァレンシア、プラハ、ストラスブール（ここに住むド・ラプシャン伯爵はド・パスと交友関係があった）の栽培家の名前が出ている。

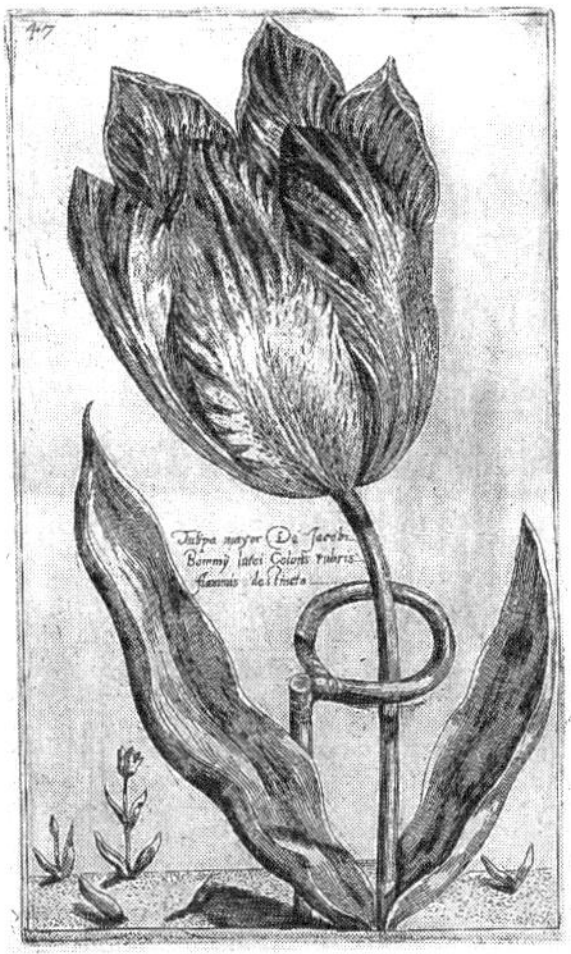

イアコビ・ボンミイ
（ド・パス『花の園』、1614）

小冊子の重苦しい文体は、ド・パスが魅力的に配置している宝石のような、美しい花にはまったくそぐわなかったが、道徳家は次のように口を極めて非難している。

こうした愚か者が望むものはチューリップの球根だけ
頭の中にも心の中にもあるのはただ一つの望み
その球根を試しに食べてみよう。それがとても苦いのが分かって
私たちは大笑いするだろう

これを聞いたのは、ゼーランドのテルノイゼンでの集会に集まった人々で、その説教台に立っていたのはペトルス・ホンディウス（1578-1621）師である。しかし、彼の周囲に集まっている熱心な人々は、全部で一万六千行ある彼の詩を理解するのに悪戦苦闘しなければならなかった。

公然と非難されても、チューリップの価格はますます上昇し続けた。一六二三年までには「センペル・アウグスツス」という有名なチューリップの球根は、一個千フローリンで売られていた（当時の平均年収は約一五〇フローリン）。そのチューリップの在庫品はアムステルダムのグランド・ペンショナリー〔オランダの都市や州の官職。一七世紀頃には政治的実権をにぎっていた〕のアドリアン・ポウ博士が真剣に見張っていた。この人物はヘームステデにある所領地で「センペル・アウグスツス」だけを栽培していた。年代記作家のニコラス・ヴァッセナーによれば、「高価なチューリップの中でもその美しさの点で、センペル・アウグスツスというチューリップが今年の第一位である。その下地色は白、基部が青色で、その上方には深紅色が混じっているもの、さらに花弁の先まで途切れることなく赤い炎状模様があるものがある。これより美しいチューリップを見たフロリストは一人もいない……」。「セン

ペル・アウグスツス」の価格はいつまでも高かったことから見て、子球根を作るのが遅い変種だったに違いない。一六二四年にはこの変種の球根の数はわずかに一二個しか知られておらず、一個の値段は一二〇〇フローリンだった。一六二五年にはその値段は二倍以上になっていた。一六三三年には一個の値段は五五〇〇フローリンになったと考えられ、チューリップ熱のピークには約二倍の一万フローリンだった。「センペル・アウグスツス」に要求された最高額が一八三八年の『ネーデルランド・マガジン』の中に記録されている。それによれば、球根一個の値段は一万三千フローリンとなっている。それはアムステルダムの中心部の運河沿いにある最も高額の家よりも高かった。一七世紀中頃には、庭や馬車置場がついている家の価格は一万フローリンくらいだった。

Tooneel van FLORA.
Vertonende:
Grondelijcke Redens-onderſoekinge,
vanden
HANDEL DER FLORISTEN.
Ghespeeld/ op de spreucke van Anthonius de Guevara:
Een voorſichtich eerlijck man; ſal altijt meer ghedulden, dan ſtraffen.
T'samen gesteld; mits/datter dagelijx:
Uyt haat: ſpruyt ſmaad.
Noch is hier by-gevoegt de Lijſte van eenige Tulpaen vercocht aende meeſt-biedende tot Alcmaer op den 5 Februarij 1637. Item 't Lof-dickt van Calliope, over de Goddinne FLORA, &c.
t'AMSTERDAM,
Ghedruckt by Iooſt Broerſz. Boeck-drucker inde Graeve-straet/ inde Druckerye/ Anno 1637.

チューリップ取引きを攻撃した風刺的小冊子の１つ（アムステルダム、1637）

十七世紀初頭から、チューリップは庭に植えられるだけでなく、家具や刺繍などの模様としても用いられるようになり、特にタイルの模様に多く見られるようになった。オランダのような低地国では湿気が常に問題だった。湿気のせいで漆喰は早く悪くなるのでタイルの方が壁材に適していた。タイル製作の技術は一五世紀後半に、イズニッキのオスマン・トルコの職工が高め、その技術はやがて西に伝播して、スペイン、イタリアを経てオランダに入ってきた。トルコ人が用いた模様はザクロやブドウなどの果実や花（最もよく用いられたのがカーネーションとチューリップ）だったが、その図案集もまた西に伝わった。

デルフトはオランダ北部のタイル生産地の一つにすぎなかった。アムステルダム、ゴーダ、ハーリンゲン、フールン、マックム、ミッデルブルク、ロッテルダム、ユトレヒトでもそれぞれ独自のタイルが生産されていたが、同じようなパターンや模様が用いられていた。タイルの模様としてチューリップが初めて用いられたのは一六一〇年頃で、ザクロやブドウなどの果実が添えられている模様が多かった。一六二〇年にはチューリップだけが模様として用いられるようになっていたが、タイル工に影響を与えたのは、ド・パスの『花の園』のような本の中にある挿画だったと思われる。次第に一枚のタイルに三本のチューリップを描いたデザインが基準になり、それは一九世紀になっても変わらなかった。チューリップの横断面が模様として用いられることもあって、それには雄しべや雌しべがデザインされている場合もあった。その他の模様も植物に関する本に載った挿画からヒントを得ていた。

チューリップの色については、タイルの場合は挿画よりも制限されていた。用いることができる色数が多くなかったし、タイルを焼くことでその色が変化したからだ。それでも、すばらしい微妙な色合いが出せるようになって、二枚続きのタイルの上に、多色で実物大のチューリップを再現しているものもある。花はその時代に好まれる色を組み合わせることが多い。茶色と白色の組み合わせ、カラシ色に茶色と白色の組み合わせ、紫色に茶色と白色の組み合わせ、濃い赤色と白色の組み合わせ、黄色に茶色と白色の組み合わせなどがあった。次第に、こうした多色のタイルより単純な青色と白色のタイルの方が多くなった。それは東インド会社などが輸入した中国産の陶磁器を模倣したためで、青と白のタイルにはチューリップやカーネーションに中国風の模様がいろいろと付け加えられた。羽状模様や炎状模様のチューリップは、普通の人には手の届かないものだったが、タイルに描かれたチューリップならば、いろいろ選べてしかも安く手に入った。

次にアンブロシウス・ボッシャールト、ヤン・ブリューゲル、ローランド・セイヴリーのような名人が描く花の中にチューリップが現れた。花の絵と呼ぶにふさわしいものには、少なくとも三本のチューリップが描かれ、その周囲には珍しいオダマキ、イリス、キズイセン、タテハチョウが配置された。一六三〇年代、花束の絵を手に入れるのに最高の画家に最高の金を払うとしても、その値段は庭に本物の花を同じように配置するために必要な費用に比べれば、ごくわずかだった。一七世紀にはオランダやフランドルの画家が多数活躍した。それは市民や商人が裕福で、そうした画家の絵を買うほどの余裕があったからだ。裕福な人々にとって、ペリクレスの時代のアテネが、またメディチ家の下のイタリアがそうだったように、オランダの黄金時代だった。交易によって豊かになった人々の庇護のもとで、芸術は盛んになった。「絵画が至る所に飾られた。市役所やその他の公的な場所、孤児院や事務所、貴族の館や都市民の家など」[ヨハン・ホイジンガ]。花の絵に人気があったことは、植物に対する関心が大きくなっていたことの反映だった。チューリップの交易が盛んになって、それはさらに刺激された。一七世紀の初め頃のオランダほど、一般の人の生活の中で花が盛んに姿を現した時代は他にない。

この時期、オランダで描かれた花の絵画の権威者ポール・タイラー博士は花の絵の発展を四つの時期に分けている。第一段階（1600–1620）の画家としてはヤーコップ・ド・ヘイン、アンブロシウス・ボッシャールト、ヤン・ブリューゲル、ローランド・セイヴリーなどが挙げられている。彼らが描いた花は絵の中心に置かれている。画法は左右対称で、細部にまで細かく正確で、科学的と言えるほどだ。花は完璧な形で一本一本をはっきりと描いている。そうした絵は一七世紀初頭の記念物である、高価な所有物の記録だった。第二段階（1620–1650）にはボッシャールトの義弟のバルタザール・ファン・デル・アースト、ヤーコップ・マレル、アンソニー・クラエズがいた。チューリップ熱の後遺症が治まって、花は次第に人間の虚栄心の象徴として、あるいはすべての地上の楽しみが無常であることの象徴として描かれるようになった。この移行期を経て次の段階（1650-1720）に至る。この段階の画家としてはシモン・フェレルスト、ラケル・ロイス、ヤン・ダヴィッツ・ド・ヘイムがいる。ダヴィッツの画法の特徴は、劇的に見えるように花の背景を暗く描くことだった。最終段階（1720-1750）にはヤン・ファン・ホイスムがいた。彼の精巧な作品は、花の絵が完成の域に達したことを示すもので、まさに黄金時代を築き、その頂点に達した。

以上は美術史家の分析だが、花の絵の中心になることが多かったチューリップ自体が変化し始めたから、チューリップ愛好家はそれとは別の展開を示す。アンブロシウス・ボッシャールト（1573-1621）が描いた『大酒杯に入れた花』、『四本のチューリップとガラス鉢』、『花』などの絵には、かわいらしい球根のような形で、花弁の先が尖ったチューリップが描かれている。このチューリップは、スウェールトの『花譜』に載っているものとよく似ているが、前者の方は本当に存在していたチューリップのように思える。その花弁は中ほどが細く、先端がパッと開いていていて、内側に巻込んでいる。後にイギリスのフロリストにとっては大変重要なことになるのだが、花の内側はほとんど見えない。花弁の模様は細かく描かれており、それぞれが違っている。明るい黄色のチューリップ、赤い縞模様がついているチューリップ、繊細な赤い羽状模様のある白いチューリップである。『四本のチューリップとガラス鉢』の前景には、赤色と白色の縦縞模様のすばらしいチューリップが描かれている。こうしたはなやかな変種に混じって、単純なチューリップもヤン・ブリューゲルの『花瓶の花』には描かれている。大変珍しい三色の八重のチューリップには蝶が留まり、その下には小さなアプリコットの花のように見えるチューリップがある。それはツリパ・バタリニーではないだろうか。

アンブロシウス・ボッシャールトの息子のヨハネス（c.1605–c.1629）が描いた『チューリップのある静物画』には花弁がさらに丸くなったチューリップが見える。赤色と白色の変種は赤色と黄色の変種より好まれるようになっており、その絵には紫色と白色のチューリップ（後のビブロメン）を作り出そうとした初期の試みの成果が示されている。ヤーコップ・マレル（1614–1681）も『花の静物画』の中に、そのチューリップを描いている。その絵の中に描かれたチューリップは優雅な姿をしており、白色に茶色がかった紫色の炎状模様があって、ピンク色のバラ、ドイツスズラン、パンジーと一緒に棚の上で危なげにバランスをとっている。絵の中にチューリップが一本だけ描かれている場合は、例えば「ジェネラル・デル・ゲネラーレン・ファン・ゴーダ」のような特に珍しいチューリップだったと思われる。このチューリップはディルク・ファン・デレンが一六三七年に描いた絵の中にある。この将軍の中の将軍は、軍隊風の「気をつけ」をして、丸い青色と白色の花瓶の中に一本だけで立っている。その花瓶の左側にはいくつかの奇妙な形の貝殻が置かれている。

花の静物画（アンブロシウス・ボッシャールト画、1620年頃、ハーグ、モーリシャス美術館蔵）

一六二六年頃ヨハネス・ボッシャールトが描いた『花と果実の静物画』には、今日ヴィリディフロラとパロットとして分類されている二種類のチューリップが描かれている。その絵の一番上に描かれている薄い花弁のチューリップは赤色と白色の上に緑色がかかっている。その左側のチューリップはそれより背が低くてずんぐりで、多色のチューリップである。赤色とクリーム色の花弁には、パロット系のチューリップに典型的な、縁に細かく切れ目が入っている。パロット系のチューリップのことを、フランス人はモンストルーズと呼ぶ。アンブロシウス・ボッシャールトの義弟、バルタザール・ファン・デル・アースト（1593/4–1657）が一六二〇年代に描いた「花のバスケット」には異常なほどに質素なチューリップが見える。それはその絵の右側にあって、背が低く紫色で白色の縁取りがあるダラッとしたチューリップである。エマニュエル・スウェールトのカタログにも同じタイプのチューリップが見える（三二一番の花）が、それには「ツリパ・プルプレア［紫色の］・ルブ・サツラータ［濃い色の］・アルビス［白い］・オリス」というラベルが付いている。エドガー系のチューリップは、縦縞模様のものほど高い評価を得ていなかったし、栽培家もそれを改良するのに多くの時間を費やさなかった。ファン・デル・アーストの描いた小型の紫色のチューリップは、その絵の中で存在感のあるきれいな赤と白のチューリップの半分ほどの大きさしかない。普通デュクとかダック（ウード＝カルスペルのアドリアン・デュイックにちなんだ名称）と呼ばれるタイプのチューリップは、その形も色もはっきりとした存在感をもっていた。「ヴァイオレット・デュク」はファン・デル・アーストの描いたチューリップとまったく同じで、リンメンにある歴史的球根を収集しているホルツス・ブルボルム［球根の園］で現在も花が咲いている。ファン・デル・アーストは、チューリップの中でも珍種を好む傾向があったようだ。普通チューリップの花弁は六枚だが、ヴァイオレット・デュクは五枚の花弁を付ける。一六二〇年に描かれた『果実と貝殻がある静物画』の前景にある白色に赤色の羽状模様があるチューリップの花弁も五枚しかない。この絵はファン・デル・アーストの最高傑作で、果実には昆虫が這っている。彼はこれ以外にも六枚以上の花弁がある珍しいチューリップを描いている。彼の『貝殻のある花瓶』には赤い羽状模様や炎状模様がある二本の白色のチューリップが描かれているが、一本の花弁の数は七枚でもう一本の方は八枚ある。その花弁にはのこぎり歯状の切り込みがあって、だらしないが（これもウイルスが原因）、下の方のチューリップの花弁は開いていて、雄しべや葯が美しく複雑な形になっているのが見える。『チューリップとワスレナグサ』に描かれているものは、棚の上に置いてある美しい赤色と白色のチューリップで、その花弁は小さな奇妙な角笛のような形である。ファン・デル・アーストは『金箔を張り付けたガラス器に入れたチューリップ』の中にも同じチューリップ（同じ角笛形の花、同じ模様）を描いている。もちろんこの時期は、チューリップは途方もなく高価な花で、フランスでそうだったように、流行に敏感な女性が宝石のように身に着けることも多かった。アマリア・ファン・ソルムズ作の肖像画にその様子が見える。椅子に座った女性の髪が頭の後ろで束ねられているのだが、その髪にドイツスズランとチューリップが飾られている。アムステルダムのアブラハム・カトリーン、ピーター・ボル、ハールレムのヤン・カケルなどのチューリップ栽培の専門家は、その当時ボッシャールトやファン・デル・アーストと同じくらいの名声を確立した。

ド・ヘイムやダニエル・セーヘルスもいろいろな花と組み合わせてチューリップを描いている。彼らの絵の中にある他の花と比較すると分かるのだが、チューリップはアンブロシウス・ボッシャールトの絵のチューリップより大きめに描かれている。花弁の模様はさらに微妙になり、花それ自体の形はゆるめになっていった。ヤン・ファン・ホイスムの有名な『テラコッタの花瓶に入れた花』や『壁がんに置かれた花瓶』などの作品に描かれているチューリップを見ると、その花の変遷が完成の域に達したことが分かる。そこに描かれたチューリップは大きく、形に締まりがなく、丸い花弁のよく知られたチューリップである。形に優雅さは欠けているが、その模様が洗練されたことでその点は補われている。花弁は実物より長く、だらしないものになっているが、その上には美しい模様がある。ファン・ホイスムの絵のチューリップを見ると、可能な限り黒色に近い色と白色のビブロメンになるように、長く忍耐強く交配が繰り返されたものがほぼ完成したことが分かる。ウイルスが原因で自然にブレイクしたチューリップを適当に選んで、それを改良して新種を作り出していた初期のチューリップの模様に比べると、こうしたチューリップの模様は、非常に明確で対称形になっている。優秀なチューリップの基準が定められ、イギリスでもそうだったが、フランドルやフランスの栽培家はローズやビブロメンのチューリップの中に、下地色が純白のものに赤色か濃い紫色の細い線が入っている花を探していた。ファン・ホイスムが『壁がんに置かれた花瓶』で描いている美しい紫色と白色のチューリップは、一八世紀のチューリップ愛好家が獲得したビブロメンの最高峰、「ルイ一六世」である。この花はフランドルからオランダに紹介され、ファン・ホイスムが死んで四〇年後の一七八九年に、オランダの栽培家、ファン・ニューケルクが初めて球根一個を二五〇ギルダーで売り出した。

チューリップ熱の第一段階は専門の知識をもつ者や学者が中心だったが、一六二〇年代後半以降第二段階になって、栽培を職業にしている人の数が増加した。チューリップが商品となるにつれ、種苗の取引が事業になり、多くの新しい商売が始まった。当時のハールレムの資産家の登記書には、クラエス・フェルヴァーズはエールステ・レーンに七六ロッド［一ロッドは約二五平方メートル］の庭園をもっていることが記録されている。ヘンドリック・スワルミウスはボルズ・レーンに一七ロッドを、ヘンドリック・フェステンズはコニンクス・レーンに四八ロッドを所有している。ペーター・ファン・ドープ、ダヴィッド・ド・ミルト、ジェローム・ド・ミルトはドルペン・レーンに住んでいた。ヤン・ド・スメット、フランソワ・ファン・エンゲラント、バーテル・ハーマンズ、ピーター・マエルツ、それ以外に四名がクレイン・ホウトヴェークの東側に住み、ヤン・ヤーコブズ、ヘンドリック・ヨーステン、クラエス・ヘンドリクス、フランス・マルクスの他に一三名の種苗商がその西側に住んでいた。「アメラエル・カテリン」と「パラゴン・カテリン」を作り出したヤン・カステレインは、カンペンスレーンの南側に店を構え、一六三七年にはアルクマールで開催された競売会で球根を売り出している。新しい世代の種苗商の中には、昔からある種苗園で徒弟として働いた経験をもつ者がいた。例えば、バレント・カルドエスは、栽培家ダヴィッド・ド・ミルトの地所に関する書類には必ず書かれている人物で、ピーター・ボルの番頭だったが、三〇歳代で独立し、ハールレムの近くで自分の種苗園をもった。ハールレム辺りの地味豊かな沖積土は、球根生産にとって理想的だった。ヤン・ファン・ダムメなどホウトヴェーク沿いに住む栽培家は直接買い手と取引した。土地の不足が栽培家には常に問題で、オランダのチューリップ熱が頂点だった頃の売買契約を読むと、球根が第三者の所有地で育てられることがよくあったことが分かる。その第三者が利益の一部を手にしていたことは間違いない。ファン・ダムメは、増加するチューリップ球根の需要に追いつこうと、地方の養老院から土地を借りていた。栽培家の大半はもちろんオランダ人だが、ポルトガル人のヒュー・フランシスコ・ゴメス・ダ・コスタのような外国人も盛んに商売をしていた。ダ・コスタはフィアネンに種苗園をもち、黄色と赤色の縦縞模様が美しい「ビザールデン」を専門に育てていた。

栽培家が売買していたチューリップの数は膨大で、天文学的な値段が付いた縦縞の変種だけでなく、「スイツァー」や「イエロー・クラウン」など安価な単色の品種も扱っていた。栽培家は種苗園で商売していたが、生産の中心地ハールレムやユトレヒトから遠く離れた地域を売り歩く巡回業者も雇っていた。「ロトガン」というチューリップに人気があり、これは白地にローズ・ピンク色の縦縞模様がある品種だった。白地に濃い紅色の縞模様の

「ブラバンソン」というチューリップも人気があった。白地にスミレ色の縞模様の「アンヴァー」も後に人気が出た。種苗商は、球根をよい状態で、外国に確実に届けるための最上の輸送方法や保管方法を熟知していた。チューリップの取引ではオランダが他国を圧倒し始めた。

アンブロシウス・ボッシャールトやヤン・ブリューゲルなどの画家による先駆的な花の絵に続いて、ピーター・ファン・クーヴェンホールン、ジュディス・レイスター（c.1610–1660）、ヤーコップ・マレル、アンソニー・クラエズ、ピーター・ホルスタイン子などによってチューリップ専門の本が現れた。一六四〇年頃にはアンブロシウス・ボッシャールト子（1609–1645）は、現在ケンブリッジのフィッツウィリアム博物館に所蔵されている本を作った。この本には、球根一個が四百ギルダーもした「オリンダ」という名のきれいなピンク色と白色の縞模様のチューリップを含め、その当時流通していた多くの美しい花が載っている。植物画の本が作られた目的はいろいろある。『アイヒシュテットの園』は、チューリップ愛好家が所有している収集品を記録した本である。一六五〇年頃、P・F・ド・ギーストがレーヴァルデンで作った本は、それより二年前にその地にヴィレム・フレデリック・ファン・ナッソウが設計した庭園に植えられていた花を記録するためだったと考えられる。オランダ人の栽培家がヨーロッパ中を相手に商売し始めると、チューリップの本は、買い手に購買意欲をかき立てるのに格好のカタログとしての役割を果した。発芽する前に売り出すので、ただ茶色の「根」にすぎないものから、どんな喜びを手に入れられるかを購買者に示すために、栽培者が画家に金を出しても描かせるだけの価値がある球根だと納得させられれば、その球根は売れた。価格の大暴落でチューリップ熱が終わりを告げてからも、チューリップは高価な花だったから、豪華な目録が作られていた。アムステルダムにいたオランダ人とフランドル人の古い画家の絵が一九九五年一一月一三日にクリスティで競売にかけられたが、その中のチューリップの本は、一六三七年にアルクマールで開催された球根の競売会の宣伝用に作られたものだった。その本に載っている一六八枚の水彩画の内一二四枚がチューリップの絵で、その他はユリ、スイセン、アネモネ、カーネーションの絵である。アルクマールの競売では、一八〇個が売れ、その合計金額は九万ギルダーになったが、それは今日の価格で六〇〇万ポンド［約一二億円］にあたる。

ボッシャールトと同じく、ヤーコップ・マレルも花の絵だけでなくカタログも作っている。カタログを作ることで絵が生まれたと言うべきか。一六三五年に彼が描いた『チューリップ、バラ、その他の花の静物画』の前面に配置されている赤と白のチューリップと、一六四〇年頃に彼が作ったチューリップ本に載っているものは同じである。しかし、たとえ彼自身がそれを模写したのだとしても、他の人が模写するより優れたものだ。それ以降に現れたカタログにもマレルの絵を模写したものがある。タイルの製造者もチューリップの本の絵を模写した。十枚一組のタイルに描かれた実物大の花は、ジュディス・レイスターが作ったチューリップの本の絵を模写したようだ。

オランダのチューリップの本の挿画は、水彩かグワッシュ画である。細い鉛筆や銀針で花弁の周囲を縁取りし、花弁が光っているような効果をもたらす技法を用いている場合がある。斜交平行線の陰影がペンやインクで付け加えられたり、アラビアゴムや卵白を塗って輝いている効果を出そうとしている場合もある。肖像画家は弟子に絵の背景を描かせたが、花の絵の場合は、弟子にチューリップの茎や葉を描かせることがあった。カタログの中に出ているチューリップには番号が付けられており、名前、球根の重量、価格が記述されていることが多かった。チューリップは二本あるいは数本まとめて描かれ、それぞれの花には同じような羽状模様や炎状模様が見える。これらはおそらく兄弟の実生のチューリップか、同じ「交配によって生まれた」球根がブレイクして異なる模様になったのだろう。ヤーコップ・マレルの本には、一枚のページに下地が白色にイチゴ色の羽状模様がついたローズ系のチューリップの横に、同じ種類のもっと美しい模様があるものを並べてある。美しい方のチューリップの模様は見事で、五枚の花弁の主脈は黄色である。

ほとんどのチューリップの本は、高価な珍種を載せている。一六三〇年頃に出版されたピーター・ファン・クーヴェンホールンの『花譜』には、改良が加えられて小型になったツリパ・シルヴェストリスが載せられるなど、例外もあった。四〇ページの右隅に見えているのは、まぶしいほどのツリパ・ヴヴェデンスキーではないだろうか。クーヴェンホールンがこのチューリップの名前を知っていたはずはない。というのはこの中央アジア産のチューリップは、二〇世紀になるまで名前がなかったからだ。彼はその時期に人気が高かったチューリップの多くを描いている。赤色と白色のみごとな縦縞模様のチューリップ、二本の背が高く花弁が長いチューリップ、紫色と白色の色のバランスがよくないチューリップ（ビブロメンが改良されて赤色と白色の模様のチューリップと同じ位美しい模様をつけるようになるにはまだしばらく時間が必要だった）、ヴィリディフロラ、白色のチューリップ、黄色と赤色のクラウン系そして紫色のチューリップなどである。この紫色のチューリップの縁は白色で、一六二〇年頃描かれたバルタザール・ファン・デル・アーストの『花籠』の中にも見える。

一六三五年の冬までには、チューリップの売買にあらゆる職種の投機家が参加していた。後出の『対話』には、煉瓦工に始まって三六の職種が挙げられている。チューリップ熱は長く複雑なこの花の歴史の中で最も劇的な現象だが、熱病のように国中に広がっていった。一五五九年、ヘルヴァルト顧問官が手に入れた茎の短い赤色の小さい花を見せるために招待した人々の誰一人として、百年も経たないうちに、この花がオランダの堅実な市民の多くを破産させるとは想像さえしなかっただろう。しかし一七世紀前半には、チューリップはまだ若く、あてにならない、単純な花だった。その花が人の心をつかみ、破産させてしまったのだ。

ヘルヴァルトが手に入れた単色の小さな花は、そのままでは、一六三四年から一六三七年までオランダのチューリップ愛好家を巻き込んだ、熱狂的な取引を生み出すことはできなかっただろう。その推進力は、その花がもつ偶然性という要素だった。普通の比較的安価な球根から、色の対照がすばらしい羽状模様や炎状模様のチューリップが生まれるという奇跡が起こる可能性があることだった。「ブレイク」する原因（序章を参照）は二〇世紀にやっと解明された謎であり、一七世紀のオランダでは、花が引き起こした最も野蛮なゲームに参加する者にとっては宝くじのようなもので、それがまた大きな魅力だった。もしそれに参加した人が栽培家だけだったなら、おそらくチューリップ熱は起こらなかっただろう。しかし、事実はそうではなかったのだ。栽培家にはブレイクの原因が分からなかったことがその大きな要素となっていたのは確かだが、需要が供給を上回るようになると、一攫千金を求める商人はその好機を嗅ぎ分けることになる。一九八〇年代にイギリスで住宅購入ブームが起こったが、これもその一例だろう。この時も、住むために家を購入するの

当時の珍種の一つショーン・ゾルファー
（バルトロメウス・アスティン〈1607-1667〉作、
アムステルダム、歴史博物館蔵）

ではなく、投機の対象として家を売買するという熱狂的な現象が起こった。一七世紀初頭にはチューリップがまさにその対象だった。そして、訳も分からず家の売買熱にかかってしまった不運な人々と同じように、チューリップの購入者も消極的な資産に金を出し続けた。画家ヤン・ファン・ゴイアンはそうした人々の一人だった。一六三七年一月二七日、チューリップ熱の最高潮の時に、ファン・ゴイアンの名前が販売人のアルベルト・クラエズ・ファン・ラヴェスティンの販売表の中に出ている。「私はヤン・ファン・ゴイアン氏に『ハーゲナー』という名のチューリップを一本一八ギルダーで売った。『リンヴィッカー』というチューリップを四本、一本九ギルダーで売った。私はこの『リンヴィッカー』四本で『ユダの絵』と呼ばれている一枚の絵（三六ギルダーの価値あり）と現金三二ギルダーを手に入れるだろう。『マックス』というチューリップと五十アゼンの重さの球根をルイスダールの絵（六〇ポンドの価値あり）と交換した。」絵は別にして、その取引だけに費やされた金はアムステルダムの煉瓦工の月給以上の金額だった。一六三七年二月四日、ファン・ゴイアンはさらにもっと高価な買い物をした。それは「カメロッテン」（アレクサンダー・マーシャルが描いたチューリップの本に出ている赤色と黄色のチューリップ）を二本、一本四ポンドで、「パレル」を一本一八ポンドで、「ヤン・ゲリッツ」を一本、驚くべき価格の六〇ポンドで、四本の「マエルゼン」も一本六〇ポンドで、その他のラヴェスティンが所有していたチューリップの四分の一を手に入れている。その販売表の上には不吉な感じではあるが、「ヤン・ゴイアンの契約……八五八ポンド」と書かれていた。彼は破産して死んだが、その死の床にあっても、チューリップ熱を終らせた大暴落前夜に大金で購入した「ヤン・ゲリッツ」、「スィツァー」、「ルート・エン・ゲール・ゲヴァムト」やその他のチューリップの亡霊につきまとわれていた。

しかし、なぜオランダでチューリップ熱が起こったのだろうか。もちろんその一因として、チューリップ熱が勃発する四〇年ほど前の一五九三年に、クルシウスが新しい植物園を作るためにライデンにやってきたことが挙げられる。彼は西ヨーロッパの誰かがもっていた最上のチューリップをもってきたのだが、そこがチューリップにとってふさわしい場所であり、ふさわしい時期だった。それに加え、一六三三年から一六三五年にかけて疫病がオランダ中に広がって労働力不足になり、賃金が劇的に高騰したことが挙げられる。その結果、煉瓦工、大工、木版画家、配管工が生まれて初めてある程度の大金を手にし、そしてそれを失うことになったのだ。

アメリカも間接的にではあるが一役買った。一六世紀前半には、ヨーロッパの大貿易港はまだ地中海が中心だったが、一五〇〇年アメリゴ・ヴェスプッチの艦隊の船首に現れた新世界は、次第に交易の形を変えていった。ヨーロッパの西にあったリスボンやアントワープのような港が、地中海のジェノヴァよりも重要になっていった。一五七六年、スペインの兵士がアントワープを獲得すると、アムステルダムが利益を得た。一五八五年から一六五〇年の間、アムステルダムがにわかに活気づき、北西ヨーロッパでの商業活動の中心になった。ウィレム・ファン・デ・ヴェルデ子（1633-1707）などの画家が、あらゆる種類の船であふれているアムステルダムの港を描いている。この町は「世界の倉庫」になり、絹やその他の織物、香料、木材、ワイン、乾燥した魚、肉、金属など現在市場で目にするすべてのものが集められた。アムステルダムは穀物の交易にとってヨーロッパで最も重要な中心地になった。穀物は、新たに必需品の市場を作り出した。株式取引所が設立され、ヴィッセル銀行が通貨の交換を監視するために設立された。この株式取引の方法がうまく機能し始めると、実際に手にする商品の交易だけでなく、紙の上だけで行われる交易に進むのは容易なことだった。

ライデンにあったクルシウスの庭から盗まれたチューリップの種子は、オランダでも肥沃な土壌に蒔かれた。チューリップが、種子から花が咲く大きさの球根に育つまでには七年かかるから、一五九三年から一六三四年の間に六回の収穫があったことになり、次第に球根の数は多くなっていった。栽培の中心はハールレムだったが、需要が多くなるにつれて球根畑は広くなり、デルフト、アルクマール、ゴーダ、フールン、ロッテルダム、ユトレヒトにもできた。オランダ人は種苗商としてヨーロッパ中でその名をあげていた。彼らは注意深く勤勉な栽培家で、商売上手だった。彼らの手で、チューリップの球根は早く大きくなった。早いが早すぎることはなかった。それは重要なことだった。もし花の値段を高くしようとすれば、確かにオーラがなければならなかった。花を「ブレイク」させる原因がウイルスだったから、チューリップの神秘性を保ち続けることができた。

二〇世紀に生きる私たちから見れば、チューリップ熱はほとんど信じがたい。私たちは様々な花を手に入れられると考えている。花に名前を付け、正しく分類する。バナナ、パイナップル、ラン、食虫植物、寄生植物、蛍光性のある植物など多くの植物に親しんでおり、それらの植物がどのように育つかを知っているし、目的に応じて栽培する方法も知っている。しかし、一七世紀にはそうではなかった。命名法はほとんど始まってはいなかった。自然界は果てしない不思議の、魅惑のそして議論の源だった。ヤーコップ・ド・ヘイン子やアンブロシウス・ボッシャールトなどの画家によって詳しく描かれた花、昆虫、貝、鉱物は、当時珍品室に飾られていた宝石や銀製品と同じくらい珍しく、貴重なものと考えられた。チューリップ熱が終焉した直後のことだが、イギリスの種苗商のジョン・リーは、「自然界の最上の宝石を安全に保管できるようないくつかの箱がある陳列室のように」庭を造らなければ完璧な庭とは言えないと主張した。そうした宝石を手に入れられない人は、代わりにそれの絵を注文した。アンブロシウス・ボッシャールトあるはヤン・ダヴィッツ・ド・ヘイムでさえ、静物画一枚に二万スタイヴァー［一スタイヴァーは二〇分の一ギルダー］以上を要求できることは稀で、ほとんどの場合その半分だった。しかし、アルクマールで一六三七年二月五日に行われたチューリップの球根売買では、球根一個の平均価格は一万六千スタイヴァーだった。赤色と白色の「センペル・アウグスツス」のような非常に珍しいチューリップには二六万スタイヴァーもの価格がつけられた。こうしたとんでもない雰囲気の中でチューリップ熱が始まった。チューリップを賞賛していた人々がそれを食いものにし始めた時、その伝染病は極めて悪質なものになった。

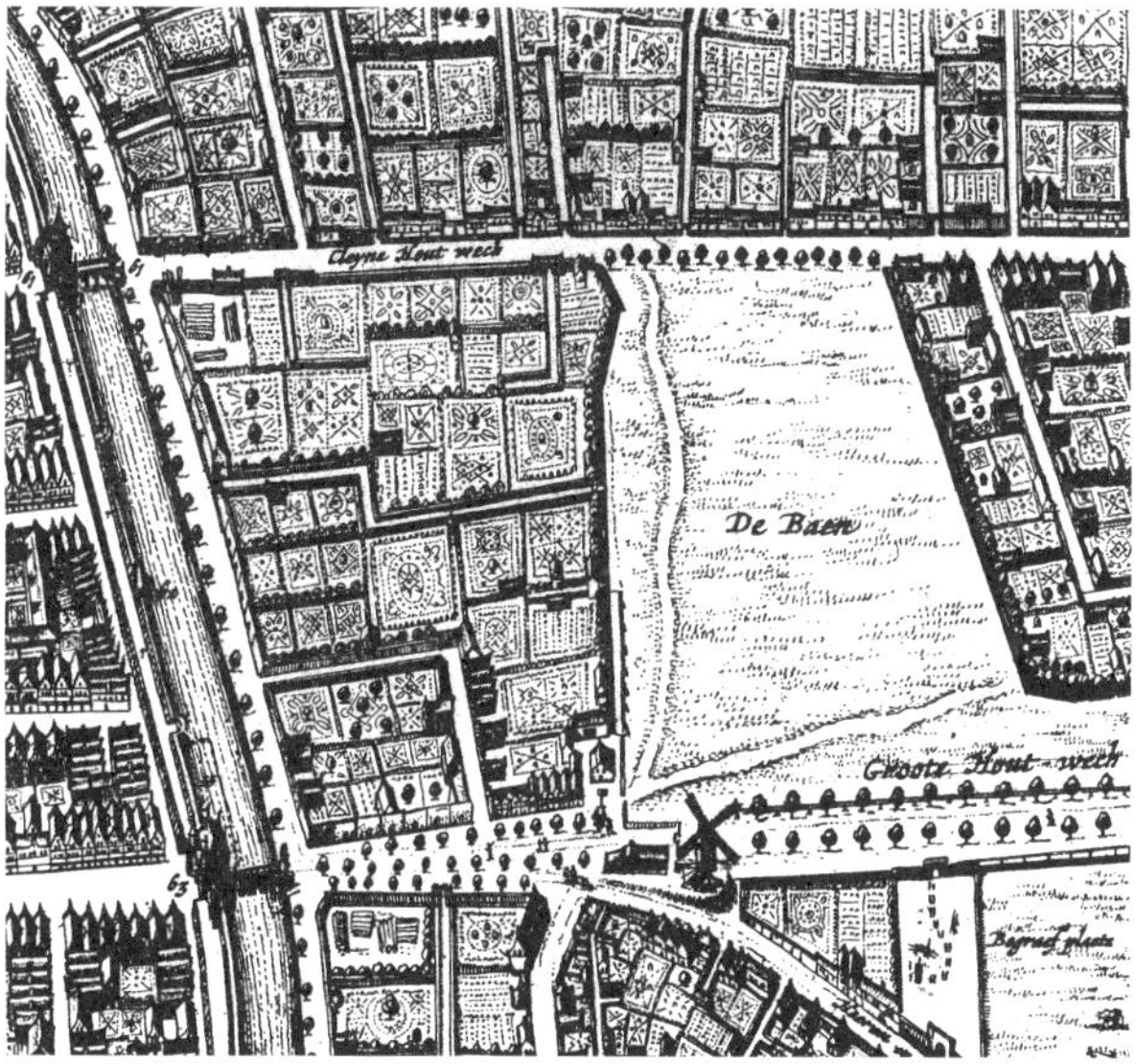

ハールレムのチューリップ畑
（J. ウィルのハールレムの地図、1646より）

チューリップ熱のドラマは、バブルが弾けた一六三七年にアドリアン・ローマンがハールレムで出版した風刺対話劇『対話』の中で語られている。この劇は二人の織工ヴァエルモンド（真実の口の意味）とガエルゴード（欲張りな人の意味）が登場する。ガエルゴードはヴァエルモンドを、ヒステリー状態にある投機に参加するようにと説得する。熱病のようだったが、その頃はまだチューリップの取引は、しきたりによって統制されていた。まずガエルゴードが言うには、ヴァエルモンドは、様々な宿屋に拠点をおくフロリスト（花の栽培家であって、花を売る人ではない）の団体で、クラブとかコレギウムと呼ばれるもののどれか一つに入らなければならない。そうした団体は、ハールレム、デルフト、アルクマール、ライデン、ユトレヒト、ロッテルダムなど球根栽培の主要な中心地であればどこにでもあった。「君は新参者だから、君に向かってアヒルのようにガーガー言う者もいるだろう。例えば、『淫売宿の新参の売春婦』などと。しかし気にしてはいけない。それはみな入会の儀式なのだ。君の名前は石板の上に刻まれるだろう。」（現在、こうした儀式にもっとも近いのはフリーメーソンの支部だろう。）ガエルゴードが言うには、そうした団体に受け入れられれば、チューリップを売るために二つの方法のどちらかを選ぶことができる。一つは調停によって売ることで、二枚の石板というか書字板を用いて売買する。一枚の板の上に買い手は特別なチューリップにどのくらい払えるかを書き、もう一枚の板の上に売り手が売値を書く。その板を二人の調停者（その取引に際しそれぞれの団体が選び出した人物）に手渡す。その二人は妥当と思える金額にその価格を調整し、その板を買い手と売り手に戻す。もし両者がそれを受け入れれば、その価格で取引するし、受け入れなければ、その価格を消してまた初めからやり直すのだ。

もう一つのやり方は公開競売のようなものだ。円の中に競売人が球根一個につけられた最高額を書く。次々と入札の経過を書いて、その合計を記録していく。買い手が払うことになる金額は何百、何千ギルダーにもなった。その競売の後、買い手は入札の最高額を出すかどうかを決めるのだ。どちらのやり方をとっても、いくばくかの分担金（一種の手数料で、通常は一ギルダーにつき半スタイヴァーほど）がその団体の基金として差し引かれた。これはワイン・マネーと言われているもので、その中から会合場所で使用される灯り代と燃料費を支払ったり、その団体の会員にタバコとビールをふんだんに供給するために使われた。ワイン・マネーを支払うのは売り手ではなく買い手だった。ガエルゴードはヴァエルモンドに「私は何度か旅をしたことがあるが、その宿に持って行った以上の金を持ち帰った。そしてワインやビールを飲み、タバコを吸い、煮たり焼いたりした魚や肉を食べ、家禽やウサギさえ食し、最後にはデザートを食べた。それは朝から三時、四時まで続いた」と言う。「そんなふうに扱われればとても愉快なことだ」とヴァエルモンドは穏やかに意見を述べる。

しかしながら、こうした制度は開放されていたから悪用された。その宿にいる大勢の人が、ただで飲んだり食べたりしたに違いない。ガエルゴード自身は「雨が降っていると茅葺き屋根から落ちる水滴のように」ワイン・マネーが落ちる夜があると言った。しかしその誘惑はさぞ大きかっただろう。ガエルゴードが指摘しているように、ヴァエルモンドが今やっている仕事で得る利益は、売り上げの一〇パーセントにすぎない。「花を扱うと、はした金にははした金なのだ。しかし、一〇倍にも、百倍にも、時には千倍にもなることもある。」チューリップ熱が起こる前には、きれいな赤と黄色の縦縞模様のチューリップ「ゲール・エンデ・ロート・ファン・ライデン」で重さが五一五アゼンの球根は、一個四六ギルダーで売られていた。一か月以内にその価格は五一五ギルダーにまで高騰していた。薄い黄色に赤色の優雅な羽状模様がある「スイツァー」は一ポンドにつき六〇ギルダーから一八〇〇ギルダーに高騰した。ファン・ゴイアンの見積書が示すように、常に現金で支払われたわけではなかった。美しい紫と白のチューリップ「ヴァイスロイ」の球根一個を、コート一枚と背広一着と交換した例がある。賢い売り手はそのコートに付属物を付けさせた。カフスには金色のレースの縁飾りが付けられ、燕尾の部分は緑色のベルベットが付けられ、コート全体にも縁飾りが施された。「かつては雑草扱いで引き抜かれて、堆肥の上に捨てられていたものでさえ、高額で売られるようになった」とガエルゴードが言う。彼は球根を購入するために家を抵当に入れた。織工の中には織機を抵当に入れた者もいた。交換された物としてよく引き合いに出されるのは、馬車二台分の小麦、四台分のライ麦、四頭の太った雄牛、八頭の太った豚、一二頭の太った羊、二ホッグスヘッド〔二三八・五リットル〕のワイン、四バレルのビール、二バレルのバター、千ポンドのチーズ、シーツと枕を付けたベッド一つ、洋服、そして銀器のコップなどだ。しかし、この記述は事実ではない。当時多くの人がチューリップ熱の害を訴える運動をしていたのだが、その中の一人が書き残したものである。この人は「ヴァイスロイ」の球根一個（二五〇〇フローリン）と品物の値段とを比較して、人々に分かりやすくしたのである。しかしチューリップには高額の金が支払われるから、チューリップの栽培家は、自分たちの生産物を保護するために工夫をしなければならなかった。オランダ北部のフールンに住む種苗商は、球根畑の周囲に仕掛け線を装備した。夜に侵入者が種苗園に忍び込んで、線に触れるとベルが鳴る仕掛けになっていた。

大金を浪費した競売は、一六三七年二月五日、アルクマールの「新射的の的亭《まと》」で催された九九個の球根の競売が最後だった。これはアルクマールの孤児院の理事が企画したもので、この孤児院にはヴォウター・バルテルミースズ（アルクマールの「旧射的の的亭」の主人だった）の子供たちがいた。この競売での球根一個の平均価格は、ライデンの大工の親方の二年分の収入に匹敵する。売買の合計額九万ギルダーは現在の価格で言えば六〇〇万ポンドになる。価格は球根の重さとその球根の名前によって違っていた。重さで売ることはチューリップの売買を規則正しくすると考えられていたが、実際にはその逆の結果になった。球根は初冬に計量され、植え付けられた。そして球根の重さは一つずつ慎重に記録されていた。しかし取引は球根がまだ地面の中にある間に行われた。植え付け時期の重量は、真夏に球根を引き上げる時には、もっと重くなっているかもしれないし、その逆かもしれなかったのだ。子球根が付いているかもしれないし、そうでないかもしれなかった。球根の状態を調べるために購入前に掘り出すことは、誰にもできなかった。それとも掘り出すことはできたのだろうか。

当時多くあった訴訟の中に、「アドミラル・リーフケンズ」というチューリップの球根についての訴訟がある。これは五〇歳のパン屋ユリアン・ヤンスズがそのチューリップの球根一個を六ギルダーで購入した。契約が成立した時、そのチューリップ（先の尖った花弁で、白地に深紅色の縦縞がある美しい変種）は隣人のクレッサーという人物の庭で育てられていた。しかし、法律家が書いているものによれば、「ケッティングマンの宿屋の主人でコルネリス・アレンツスの家にいた証人は、その宿にいたチューリップ愛好家の団体に属している人々の話を漏れ聞いていた。その話というのは、前述のチューリップ『アドミラル・リーフケンズ』の球根を地面から掘り出して見て、また元にもどし地面をきれいにならしておいた者がいるのを、そのチューリップ愛好家たちは知っていたということだった。そのチューリップの子球根の正確な重量が分かれば、原告が支払ったほど高価な値段で買いたいとは思わなかっただろう」。この取引は合法的に無効となった。投機家だけでなく法律家もチューリップ熱の頃は金持ちになった。

Lijste van eenighe Tulpaen/
Verkocht aende meest-biedende / op den 5. Febrwarij 1637. Op de Sael vande Nieuwe Schutters Doelen / int bywesen vande E. Heeren Wees-Meesteren / ende Voochden / ghecoomen van Wouter Bartelmiesz. Winckel / in sijn Leven Castelein vande Oude Schutters Doelen tot Alckmaer.

Inden eersten.
Een veranderde Botter-man van 563. Asen gheplant. — 263.
De Schipio, van 82. Asen geplant. 400.
Een Parragon van Delft of Moll-wijck, van 354. Asen gheplant. — 605.
Een Bruyne Purper, van 320. Asen gheplant. — — 2025.
Een Viseroy, van 410. Asen geplant. 3000.
De Monassier, van 510. Asen geplant. 830.
Een vroeghe Blijenburgher, van 443. Asen gheplant. — — 1300.
Een Gouda, van 187. Asen gheplant. 1330.
Een Iulius Ceser, van 82. Asen geplant. 650.
De Tulpa Kos, van 477. Asen geplant. 300.
Een Botterman, van 400. Asen geplant. 405.
Een Schapesteyn, van 246. Asen geplant. 375.
Een Bellaart, van 399. Asen gheplant. 1520.
Een Parragon van Delft of Mols-wijck, van 294. Asen gheplant. — 650.
Een Ameraal Liefkens, van 59. Asen gheplant. — — 1015.
Een Viseroy, van 658. Asen gheplant. 4200.
De Monassier, van 542. Asen geplant. 920.
Een vroeghe Blijen-burgher, van 171. Asen gheplant. — — 900.
Een Gouda, van 244. Asen gheplant. 1500.
Een Tulpa Kos, van 485. Asen geplant. 305.
Een Botterman (schoon) van 246. Asen gheplant. — — — 250.
Een wit Purper Ieroen, van 148. Asen gheplant. — — 475.
Een Parragon van Delft of Mols-wijck, van 123. Asen gheplant. — 500.
Een Aanvers Vestus, van 52. Asen geplant. — — — 510.
Een Sjery Katelijn, vande beste soort / van 619. Asen gheplant. — 2610.
Een Ameraal van der Eyk, van 446. Asen gheplant. — — 1620.
Een Grebber, van 95. Asen geplant. - 615.
Een Gouda, van 156. Asen geplant. — 1165.
Een Tulpa Kos, van 117. Asen geplant. 205.
Een Parragon Schilder, van 106. Asen gheplant. — — 1615.
Een Laroy, van 306. Asen geplant. — 510.
Een Sjery na by, van 129. Asen geplant. 755.
Een Fama, van 158. Asen geplant. -- 700.
Een Fama, van 130. Asen geplant. -- 605.
Een Of-set van Sjery Katelijn, van 206. Asen gheplant. — — 1280.
Een Somer-Schoon, van 368. Asen geplant. — — — 1010.
Een Amerael vander Eyk, van 214. Asen gheplant. — — 1045.
Een Parragon Kasteleyn, van 100. Asen gheplant. — — 450.
Een Gouda, van 125. Asen geplant. — 1015.
Een Amerael Katelijn, van 181. Asen gheplant. — — 225.
Een ghevlamde Iacot, van 100. Asen gheplant. — — 94.
Een Wit-Purper van Buscher, van 134. Asen gheplant. — — 110.
Een Wit-Purper van Buscher, van 315. Asen gheplant. — — 245.
Een Wit-Purper van Buscher, van 481. Asen gheplant. — — 295.
Een Parragon Liefjes, van 348. Asen gheplant. — — 730.
Een Parragon Liefjes, van 300. Asen gheplant. — — 705.
Een Parragon Liefjes, van 200. Asen gheplant. — — 502.
Een Troyaen, van 470. Asen geplant. 720.
Een Troyaen, van 252. Asen geplant. 500.
Een Troyaen, van 165. Asen geplant. 402.
Een IanGerritsz, van 263. Asen geplant. 210.
Een swymende Ian Gerritse, van 925. Asen geplant. — — 210.
Een swymende Ian Gerritse, van 80. Asen geplant. — — 51.
Een Bruyne Blaeuwe Purper van Kouper, van 790. Asen geplant. — 220.
Een Lantmeter, van 277. Asen geplant. 365.
Een Lantmeter, van 71. Asen geplant. 175.
Een Parragon de Man, van 148. Asen geplant. — — 260.
Een Bruyne Lack vander Meer, van 365. Asen gheplant. — — 215.
Een Amerael vander Eyck, van 92. Asen gheplant. — — — 710.
Een Fama, van 104. Asen geplant. — 440.
Een Brabanson Bol, van 524. Asen geplant. — — — — 975.
Een Grebber, van 523. Asen gheplant. 1485.
Een Brabanson, van 542. Asen geplant. 1010.
Een Brabanson, van 346. Asen geplant. 835.
Een Schapesteyn, van 95. Asen geplant. 235.
Een Gouda, van 160. Asen geplant. — 1165.
Een Gouda, van 82. Asen geplant. — 765.
Een Gouda, van 63. Asen geplant. — 635.

Dese naevolghende Perceelen zijn by de Ases verkocht / ende te leveren als de Bollen acht daghen uyt der Aerden sijn gheweest.

IN den eersten 1000. Asen Groote Gepluymezeerde. — — 280.
Noch 1000. Asen Legrandes. — — 780.
Noch 1000. Asen Vyolette Gevlamde Rotgansen. — — 805.
Noch 2000. Asen Aenversen, vande ghemeene soort. — — 930.
Noch 1000. Asen Aenversen. — 905.
Noch 1000. Asen Lanoijs. — — 500.
Noch 1000. Asen Zay-Blommen vande Kasteleyn, vande beste soort. — 1000.
Noch 500. Asen Lak van Rijn. — 160.
Noch 1000. Asen Saij-Blommen, vande gemeene soort — — 495.
Noch 2000. Asen Nieu-Burgers — 430.
Noch 500. Asen Nieu-Burgers — 235.
Noch 1000. Asen Ian Symonsz. — 140.
Noch 500. Asen Ian Symonsz. — 70.
Noch 1000. Asen Mackx — — 300.
Noch 1000. Asen Mackx — — 300.
Noch 1000. Asen Reckxors — 310.
Noch 1000. Asen Vyolette ghevlamde Rotgansen. — — — 725.
Noch 500. Asen Vyolette ghevlamde Rotgansen. — — 375.
Noch 1000. Asen Late Blyen-Borgers. 570.
Noch 1000. Asen Ducke-winckel. — 210.
Noch 1000. Asen Petters. — 730.
Noch 1000. Asen Wt-roep. — 705.
Noch 1000. Asen Wt-roep. — 725.
Noch 1000. Asen Petters. — 705.
Noch 1000. Asen Tornay Kasteleyn. — 705.
Noch 1000. Asen Tornay Rijkers. — 345.
Noch 500. Asen gevlamde Brasons de Non vijl. — — 130.
Noch 1000. Asen Senekoets. — 105.
Noch 1000. Asen Aanvers. — 900.
Noch 1000. Asen Oudenaarders. — 530.
Noch 1000. Asen Oudenaarders. — 510.

Dese bovenghemelde Bloemen of Tulpaens / sijn verkocht ten proffijte vande kinderen van Wouter Bartholmiesz. voorschreven / bedraecht de Somme van 68533.

Noch te vooren Mondelingh vercocht / een Admirael van Enckhuysen / met een kleyne Asetjen vande selve / t'samen voor 5200. Guldens.
Twee Brabansons / t'samen voor 3800. Guldens.
Noch aen verscheyden Planten en Point goet / t'samen voor 12467. Guldens.
Somma int gheheel 90000. Guldens.

球根価格表（1637年２月５日開催のアルクマールでのチューリップ競売で）

　ユリアン・ヤンスズがその球根を買ったのは、一六三六年八月一日に行われた競売会でだった。その時も法外な金が、チューリップの球根や将来ブレイクするかもしれない球根に対して支払われた。花が園芸家の喜びになるのではなく、仲買人の関心を獲得すると、仲買人の関心をますます引きつけることになった。それぞれの人が利益を得ようとした。球根がアゼンで売られようになった一六三六年春から、この中間マージンだけでもチューリップの価格を劇的なほどに押し上げたのである。「ヴァイスロイ」や「センペル・アウグスツス」のような極上のチューリップだけがアゼンで売られていた。最も高く値段が付けられたチューリップは、赤色に白色、あるいは紫色に白色の「ブレイク」を起こしているものだった。赤色に黄色の「ブレイク」したチューリップがその次に高価だった。縁が白色で赤色あるいは紫色の「ラックス」の良質のものが三番目に高かった。単色のチューリップは最も価格が低かったが、高値がつくブレイクした花を生み出しやすいことが分かっている球根は、単色でも高価だった。安いチューリップはポンドの単位あるいはかご一杯の単位で売られることさえあった。

改革運動家が予言しているのだが、市場に買い手よりも売り手の数が多くなると（そして偶然売り手になる人もいることを考慮すると）、チューリップ熱の崩壊は避けられないだろう。事実その通りだった。一六三七年の取引はまったく突然に始まった。一六三七年一月一六日、ピーター・ウィレムセン・ファン・ロスフェンが「レグラント」の球根一個に九〇ギルダー支払った。この球根は植え付けた時には一二二アゼンの重さがあった。そのチューリップは地域の司祭ヘンリクス・スワルマスの庭で育てられたものだった。ヴァルミウス（この司祭はこう書かれることが多い）は一六二五年十月一六日から一六四九年一月一二日までハールレムのニーダーランド・ヘルフォルムド・ゲメーンテ教会の教区の世話をしていた。司祭の庭はハールレムのクレイン・ホウトヴェーク近くのボルズ・レーン（球根小径の意味）にあった。その前日には、同じファン・ロスフェンがコルネリス・フェルヴァーの庭で育てられていた、植え付けた時の重さが二八八アゼンだった「ヤン・ゲリッツ」の球根一個を二三〇ギルダーで、売っていた。ワイン・マネーは一二スタイヴァーになった。それから二週間にわたってファン・ロスフェンは狂ったように取引をして、少なくとも書類上は、チューリップだけで三千ギルダーほど儲けた。一六三七年二月五日にアルクマールで売り出した時、価格はうなぎ登りだったにもかかわらず（あるいはそれによって促進されたと言えるだろうが）、噂がチューリップ・ブームの脆い基盤を腐食しつつあった。延々と紙上にアゼンを書くだけでの取引でも、誰かがどこかで、本物の球根を手にしたいと望む時が来るはずだ。もし誰もそれを望まなかったならば、この取引方法による球根売買は終わることはなかっただろう。一六三七年二月の中頃、チューリップの球根の全取引が停止されたのは、この取引方法がものの見事に破綻したからである。

二月二三日アルクマール、デルフト、エンチュイゼン、ゴーダ、ハールレム、フールン、ライデン、メデンブリック、ロッテルダム、ド・ストリーク、ユトレヒト、ビアネンの栽培家が、「花の効用について熟慮するために、そしてチューリップの競売の価格が上がっていることによってお互いの間に最近起こっている誤解をなくすために」アムステルダムで会合を開いた。その会合にはビアネンからフランシスコ・ゴメス・ダ・コスタ、ハールレムからバレント・カルドエス、ライデンからヤーコップ・バエルデ、ゴーダからコルネリス・ロッテファル、ユトレヒトからフランソワ・スウィートが出席していた。次の日、その会合ではアムステルダムは反対したが、解決法を定めた声明書が出された。その前の植え込みのシーズンの終わり（一六三六年一一月）までに成立した取引は有効だが、それ以降の取引については、売り手に同意していた金額の一〇パーセントを払えば、買い手は破棄できる。しかし、ガエルゴードがヴァエルモンドに不満を述べているのだが、買い手は「どこにも見つけられなかった」。一〇パーセントを出し渋る買い手から、自分たちの取り分を手に入れようとする売り手で裁判所はあふれた。

それから、先見の明がない買い手がハーグにあるオランダおよびウェスト・フリースランドの長官に異議申し入れ書を手渡した。買い手はその前年の冬に行われたすべての取引を無効にするように要求していた。一六三七年四月二七日にオランダ州とウエスト・フリースランド州は売り手より買い手の側に立っているようだった。売り手は、取引時の金額の支払を拒否し、暴落による差額は売り手が背おうことを求めている買い手に、約束していたチューリップを渡し、その代価として手に入れることができるものを手にするべきであると命じた。これ以降の取引は停止された。しかし、それらの州はそうした立法を実行しなくてもよいように先を見通していなければならなかったはずだ。五月一日、それぞれの市長やハールレムの行政官は、これ以上のチューリップ取引に関する事件を提出しないように、市の法務官や書記に命じた。六月二〇日にハールレムの法務官のE・ファン・ボスフェルトは「ごくわずかの正直者だけが一、二、三あるいは四パーセントをそして最大でも五パーセントを払うことで妥協している。証人（ハールレムの栽培家）は、アムステルダム、ゴーダ、フールン、エンチュイゼン、アルクマールでも同じようなことが起こっていると理解している。しぶしぶ支払ったり、しぶしぶ妥協している人の数も多い。正義は機能していない」と断言している。

一六三八年一月三〇日、売り手と買い手の間に起こった不満を調停するために五名からなる調停協議会がハールレムに作られて、問題を解決するようになった。その目的は両者を和解させることだったが、その裁定を守らせるために五月二八日に十分な権限がこの協議会に与えられた。うまく和解が成立しなくても、買い手と売り手はその協議会の決定を受け入れなくてはならなかった。未払いの契約は価格の三・五パーセントで清算し、球根は売り手のものとした。ハールレムの委員会は一六三八年の一年間忙しかった。そして召還された公聴会に姿を現さなかった人（通常は買い手）には罰則があった。他の町でも同様の手段を取った。こうした状況下にあった一六三八年に、すばらしい炎状模様のチューリップの華やかな花壇の絵を描いたオランダ人の画家、ヤーコップ・ゲリッツ・クィップは勇敢だったと言える。この蛮行の後は、穏健、思慮分別、慎重さがオランダの市民にもどった。一七三四年にヒヤシンスに人気が出て、チューリップと同じような状況になりそうだったが、オランダ人は二度と自制心を失うことはなかった。『対話』が急遽再版されて、一八世紀の投機家は我に返ったのだった。

　オランダ人の経済学者N・W・ポスツムスが指摘しているように、初期ブームを起こすすべての条件が一六三〇年代のオランダにはあった。「流通の増大、植民地ができたことによる新たな経済上の可能性、商人という機敏で精力的な階層の存在などが絡み合って、ブームが大きくなるような楽観的な雰囲気を作り出した。」それにふさわしい商品、つまり適した時に適した場所に姿を現すチューリップが必要だっただけだ。ビクニエフ・ハーバートは、その原因を「何かを奇跡的に増加させる、神話にも語られている人間の本性にある」と言い、チューリップをパンやドラゴンの歯と同じ文脈で捉えている。あるいはオランダ人の頭に血がのぼったのは、疫病と三十年戦争という二つの災難が終わって、人々が安心したことを示す現象だったのだろうか。一六三〇年、神聖ローマ帝国軍がボヘミアからバルト海岸まで中央ヨーロッパを支配して、オランダの共和体制の繁栄に影が射し始めた。オランダ人は南と東を完全に取り巻かれていたから、唯一の逃げ道は海岸にしかなかった。一六三二年、スウェーデンの新教徒の王グスタフ・アドルフが勝利して、新教が生き延びることが確信された時、それは奇跡のように見えたに違いない。戦争はまだ終わってはいなかったが、この状況を反映していたのが荒っぽい投機だったのだろう。

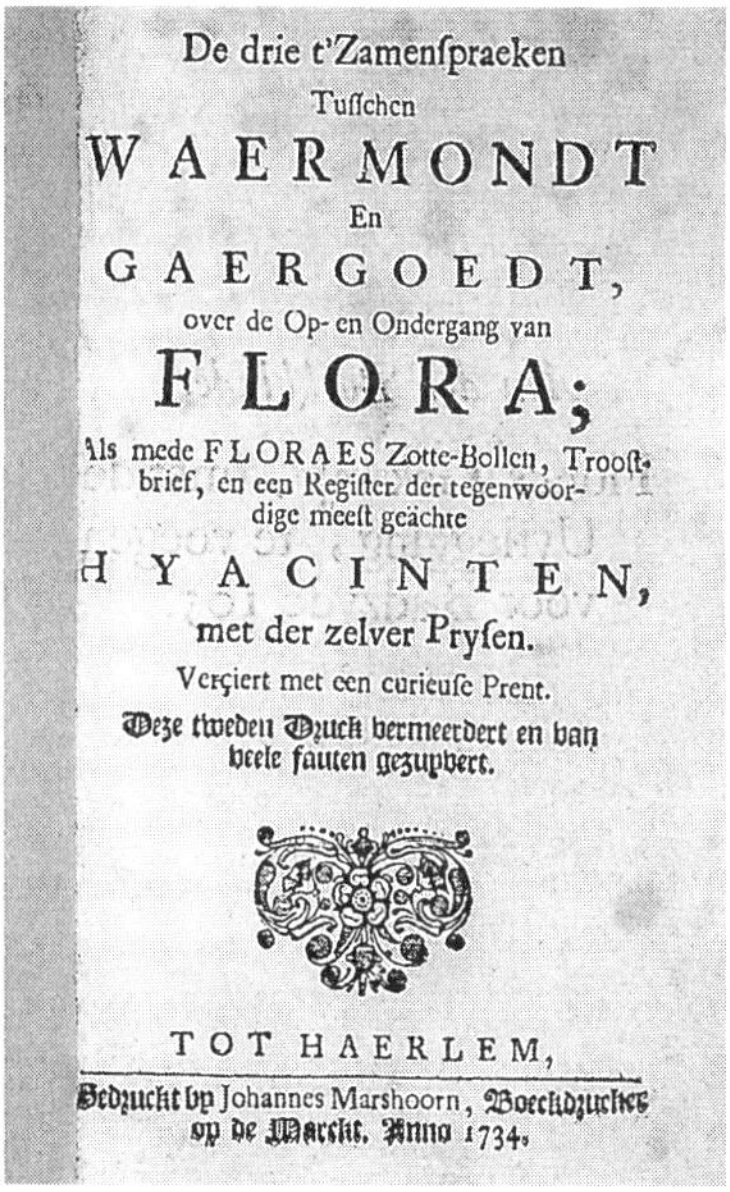
De drie t'Zamenſpraeken
Tuſſchen
WAERMONDT
En
GAERGOEDT,
over de Op- en Ondergang van
FLORA;
Als mede FLORAES Zotte-Bollen, Trooſt-brief, en een Regiſter der tegenwoordige meeſt geachte
HYACINTEN,
met der zelver Pryſen.
Verçiert met een curieuſe Prent.
Deze twede Druck vermeerdert en van veele fauten gezuyvert.
TOT HAERLEM,
Gedrukt by Johannes Marshoorn, Boeckdrukker op de Marckt, Anno 1734.

『対話』の扉（初版1637年、ハールレム。1734年ヒヤシンス熱の始まった頃再版）

　『対話』の中でヴァエルモンドは、どうしてチューリップにこれほど多くの名前が付けられたのかと尋ねている。「もしチューリップの変化が起こったら、フロリストにそれについて話せば、それはすぐにあちこちで話題になるだろう。誰もがそれを見たいと思う。もしそれが新しい花ならば、すでに存在しているチューリップと比較して、皆がいろいろなことを述べるだろう。もしそれが『アドミラル』の仲間だと判定すると、それを『ジェネラル』と呼ぶなど様々な名前を考える。そしてその花について話したことを記念して友人たちにワインをおごるのだ」と、ガエルゴードは説明している。カーネーションもそうなのだが、チューリップは特別な名前を付けられた最初の花だった。特別な名前というのは、現在では変種名と呼ばれているもので、紫と赤色の「ヴァイスロイ」、緋色と白の「アドミラル・ファン・デル・アイク」、白地に紫がかった茶色の模様がある「ブルイン・プルプル」などである。商人にとって名前を付けることは重要だった。なぜなら、そうすることで普通の商品でも特別なものになり、他のものと区別できたからだった。現在もそうだが、当時も特定の色の組み合わせの花に、他のものより高い値段が付けられたのは、単なる気まぐれだった。しかし、「センペル・アウグスツス」のような赤色と白色のブレイクしたチューリップは、赤色と黄色のチューリップよりも作り出すのが難しかったのは事実で、常に高い値段が付けられた。ピーター・ホルスタイン子の描いた「センペル・アウグスツス」を見ると、これは非常に変わった花であることが分かる。たいていのブレイクしたチューリップの長い縦縞模様は途中で切れていないのだが、その「センペル・アウグスツス」では、赤色の斑点が対称形に並んでいる。チューリップ熱が猛威をふるうかなり前から、この花は傑作と考えられていた。ところが、『対話』ですばらしいチューリップについて話されているのだが、そのどれにも「センペル・アウグスツス」は載っていない。また一六三七年のアルクマールの大競売会でも売り出されなかった。『対話』の中で、ヴァエルモンドは自分はその有名な花のことは聞いたことはあるが、見たことはないと言っている。それに対してガエルゴードは、二人の人物の家に行けば、見ることができるだろうと返答している。そして「一人はアムステルダムにいる人で、このチューリップはここで生まれたのだ。もう一人もそこの住人で、いくら金を積んでもこのチューリップを売ろうとしない人物だ。だから二人は親密な関係をもっている」と言っている。チューリップ熱の始まった頃、二千ギルダーで取引されたチューリップは、それを売った人物（ヘームステデのアドリアン・ポウ）の許可がなければ、誰にもそのチューリップを売れないという制限付きで売買された。イギリス人の優れたフロリストの最後の一人に数えられるフランシス・ホーナー師は、一九一二年に死亡したが、彼は伝説の「センペル・アウグスツス」について屈折した見解を述べている。彼はこのチューリップは「炎状模様と羽状模様のある雑なビサーレ系の一つで、花の形は長めで、花弁が薄く、雄しべは汚く、おそらく最も卑しい生まれである。実際にはすべての欠点と汚点をもっており、我々はそうしたものをなくして、純粋な美しいチューリップを作り出そうとしているのだ」と書いている。しかしイギリスのフロリストは国産のチューリップにしか目を向けていなかった。それは愛国主義、あるいは外国嫌いと言えるのだろう。

チューリップ熱が終焉すると、チューリップを同じほど強く嫌うことになるのは当然のことである。ライデンの植物学教授はチューリップが大嫌いで、チューリップが生えているのを見ると、杖でそれを叩き潰すなど野蛮な行動に出た。辛辣な戯画や風刺画を描く画家もいた。『花の女神の道化師帽』には、道化師帽の形をした宿屋が描かれていて、チューリップ愛好家がその中に集まって、金細工師の秤を用いてチューリップを測っている。その宿屋の名前「道化師の球根の目印」が、掲げてある旗に書かれている。その旗には二人の道化師が喧嘩をしている様子も描かれている。宿屋の右側には花の女神がロバの上に座っている。ロバは愚かさの象徴であり、落胆した女神にむち打たれている。前面では、騒乱とは無縁に、三人のチューリップの栽培家が、熊手と籐のかごという自分たちの商売道具を手にしている。宿屋の左側には微笑んでいる投機家がいる。その帽子と上着から見て裕福な人であ

『花の女神の道化師帽』（ピーター・ノルプの絵をコルネリス・ダンケルツが銅版画にしたもの。大英博物館蔵）

る。その男の後ろには悪魔が釣り竿をもって、チューリップの売買記録表を釣り上げようとしている。悪魔は右手に砂時計をもっているが、これは投機家の時間が終わったことを示している。悪魔の前には別の投機家が自分たちの球根を芥溜の上に捨てている。この版画の副題がこの絵柄のことをすべて語っている。「すばらしい一六三七年の絵。この年次々と道化師が生まれ、怠け者の金持ちはその財産を失い、賢者はその分別を失った。」

『花の女神と愚か者の馬車』［口絵76頁］にはスウィート・ベアード［心地よい髭］、イーガー・オブ・ウェルス［富への情熱］、トラベリング・ライト［旅する光］という名の三人のフロリストが、チューリップの入った角状の容器を握りしめている花の女神と一緒に、馬車に乗っている。女神はもう一方の手に高価な三本のチューリップ、「センペル・アウグスツス」、「ジェネラル・ボル」、

「アドミラル・ファン・フールン」を持っている。女神と一緒に馬車に乗っている従者はホールド・イット・オール〔まるがかえ〕とヴェイン・ホープ〔空しい望み〕である。ヴェイン・ホープは鳥を放したところである。「ヴェイン・ホープは逃亡した」とその頭上に書かれている。大勢の織工が「我々はあなたと一緒に船を漕ぐ」と叫びながら馬車を追いかけており、その途中で自分たちの織機を踏みつけている。その馬車は単色の高価なチューリップ、「ゴーダ」と嘘のように高価な「ヴァイスロイ」の絨毯（これはヘンドリック・ポットが描いた絵に版画家のクリスピン・ド・パスが付け加えた）の上を走っている。さらにド・パスは四つのぼかし模様をその版画の四隅に描いた。そこにはチューリップ熱のいろいろな段階が描かれている。上段の左側にはハールレムのポットバッカーの種苗園の様子。下段の左側にはチューリップ愛好家がハールレムのクラブで会合を開いている様子。上段の右側にはフールンのフロリストの集まりの様子。下段の右側には一人のフロリストがチューリップの売買記録を差し出している様子。一七世紀のオランダ人が見れば、その戯画の意味は二〇世紀のイギリスの新聞読者にとって、ヴィッキーが描く政治風刺画と同じくらい明白なことだったろう。ヤン・ブリューゲルの風刺画、猿が熱心にチューリップの取引をしているあの絵の語る意味を、ただちに理解しただろう。しかし、オランダの投機家は一六三七年の大混乱状態の後チューリップの呪縛から解かれたけれど、チューリップを本当に愛していた人々はそうではなかった。ゆっくりと、穏やかに、静かに新しいチューリップを作り続けた。最上のチューリップはまだ現れていなかったのだ。

第5章　オランダの優勢

チューリップ熱を経験することでオランダ人は鍛錬された。一七世紀の初頭、あらゆる異国のものに関心をもつことが流行し、それを反映して派手な羽毛のオウムや不思議な貝と一緒に華やかなチューリップが描かれたり、頭蓋骨や砂時計など無常を象徴するものと一緒に陰鬱なチューリップが描かれたりした。一六三七年の春に起きた暴落の後でさえ、チューリップの球根は高価だった。一六四〇年頃オランダで描かれた、作者不明の花の女神の絵がある。その絵には、女神の片方の側に秤と宝石が、もう片方にはチューリップの球根が置かれている。しかもその球根はそれ以前のものより大きい。悪意に満ちたパーンが、手にチューリップをもっているキューピッドを支えながらその絵を見ている。ハールレムのクレイン・ホウトヴェークの種苗商ヤン・ファン・ダムメの財産に関する一六四三年の記録を見ると、チューリップ熱が終わった後でも、ハールレムの住民の平均年俸では、ダムメがもつ最上のチューリップの球根を一個買うこともできなかったことが分かる。サロモン・セイーズは「ゴーダ」一個に一八〇ギルダー、「マナシアー」一個に三一五ギルダー支払い、ディルク・ヤンスは「ベラエルト」の変種の球根一個に三〇〇ギルダー払った。未亡人ルース・ファン・ベルクホフはイギリス産の「アドミラル」一個に三二五ギルダー支払ったが、ウィレム・ウィレムスという人物は、その球根に四〇二ギルダー払っていることからも、この球根が高価だったのは明白だ。「パラゴン・リーフケンズ」も高価なチューリップで、アンソニー・ゲルリットはファン・ダムメに三百ギルダー支払っている。しかし、リーフケンズのところで作り出された球根は、いつも大変高価だった。一六三七年にアルクマールで行われた競売会では、「アドミラル・リーフケンズ」の球根の子孫は、その重さがわずか五九アゼンだったにもかかわらず、一〇一五ギルダーで売られた。

引き続き花の絵の需要があったことから見て、チューリップの評判が悪かったわけではなかったことが分かる。たとえ投機によって多くの人々が破産したのがチューリップのせいだったとしても、この花は悪く思われてはいなかったのだ。一六五〇年から一七二〇年まで、ヤン・ダヴィッツ・ド・ヘイム、ダニエル・セーヘルス、アブラハム・ミニョン、シモン・フェレルスト、レイチェル・ルイシュなどがチューリップを描いている。様々な花を生けたものを描いているが、その花束の右側の一番上にチューリップを描いている場合が多い。しかしながら、それらの画家は一人も、一七世紀初頭にヤン・ブリューゲルが描いたような明るいチューリップを描いていない。アムステルダムの国立美術館にあるヤン・ブリューゲルの花の絵は、ウィーンの美術史博物館にある彼の絵とほぼ同じだ。彼の息子のヤン・ブリューゲルがその工程を引き継ぎ、父の絵の模写をしたものが、現在ミュンヘンのアルテ・ピナコテークに所蔵されている。父親のブリューゲルは『花を生けた花瓶』でもほぼ同じように描いており、『花を生けた花瓶』の花は『石の器に生けた花』の花と同じである。前者の絵は前景が興味深く、花瓶の右側に無造作に宝石が置かれている。その絵の一番上にはチューリップが描かれているが、後者ではイリスになっている。イリスも収集家に好まれた花だった。

装飾的な工芸作品でチューリップは花開いた。絵付き家具や象眼細工の家具の模様として特にチューリップが使われた。彩色のチューリップが大型の金庫箱の模様になったり、一七世紀後半の四半世紀に作られた黒檀材とシダー材の飾りダンスの全面に、真珠母でチューリップの模様の象眼細工が施された。飾りタンスの扉を開けると、引き出しと四つの小さな戸棚があって、それぞれの戸棚の前面にはチューリップが描かれている。多才なヤーコップ・マレルはエナメル塗料とグリザイユ〔灰色だけで薄肉彫りに似せて描く装飾画法〕を用いて、フールンのウーステルケルク家のステンドグラスの紋章の中にオレンジ色と赤色のすばらしいチューリップをデザインしている。チューリップの模様はベッドの垂れ幕や壁掛けやカーテンにも用いられた〔口絵73頁〕。一七世紀後半のものと思われるカーテンには、特徴的な中央部がくびれたチューリップの花束が、サテンステッチ、ノットステッチ、ステムステッチで刺繍されている。フランドルの壁掛けの縁飾りにもチューリップが織り込まれている。当時の絵を模写したと思われる場合が多いのだが、花束の図案が配置されている。

チューリップ熱が終わって五〇年ほど経過した頃、いわゆるチューリップ花瓶が初めて現れた。これは奇妙な、背の高い、パゴダのような形の花瓶で、その細長い口の部分や両脇から管が突き出ている〔口絵82頁〕。長らくこの花瓶はチューリップの花を飾るためか、屋内でチューリップを育てるために用いられたと考えられていた。つまり、今日ヒヤシンスをそうするように、球根をその管の中に入れた水の上に置くと考えられたのだ。しかし、イギリス人の植物学者のフィリップ・ミラーが発見したのだが、チューリップはこのようにするとうまく育たないのだ。球根がまだ高価だった頃に、このような危険な栽培方法を選ぶのは奇妙なことだ。その花瓶はヒヤシンスを育てるために用いられたのかもしれない。一八七七年に、フランス人の専門家、アンリ・アヴァールが『デルフトの陶器カタログ』の中でこの花瓶のことを「ヒヤシンス用の八個の筒がついているポルトブーケ」と記述している。これはヒヤシンスの栽培には使用できる。この不思議な花瓶が製造された時期（1680-1720）は、オランダのチューリップ熱が始まった頃より、その後のヒヤシンス熱が起こった時期の方に近い。しかしそれをどのように使用していたのかは今も謎のままである。何百枚も現存している黄金時代の花の絵のどれにも、デルフトの陶器に生けている花が描かれていない。『ホンセラエルスディークの王家の庭園』の中にもデルフト陶器に入れた花の絵はない。この本は、ウィレムとメアリーの夏の離宮、ホンセラエルスディークに一六八八年頃、毎週届けられた切り花の記録である。ヘアフォードシャーのクロフト城にある刺繍を施した椅子のカバーは花束が筒に入れてある図柄で、一本のチューリップが入った構図の刺繍はわずか一枚しかない。

青色と白色の中国風のデルフト陶器は、一七世紀の後半に熱心に収集され、本物の中国産の磁器と一緒に特別な展示室に飾られた。一六六三年にベルリン近郊のオラニエンブルクに、ブランデンブルクの選挙侯の妻ルイーズ・アンリエットが所有している陶磁器を展示する特別な部屋が作られた。ルイ一四世の展示室は「磁器のトリアノン」と呼ばれ、そこにはデルフトの陶器工房に発注した中国趣味の陶器が多数展示された。その頃の様式を決めたのはダニエル・マローで、彼はナントの勅令が廃止された［一六八五年、ルイ一四世による］後、フランスからオランダに逃げ出した新教徒だった。彼はこの国に着いて一年後の一六八六年に、フランスの華やかな雰囲気をオランダの宮廷に持ち込もうとしていたウィレムとメアリーに雇われ、アペルドルン近郊の狩り用の別荘ヘット・ロー城でも仕事をした。この城は当時新しさと様式の点で最先端と考えられていた。マローは建築、内装、造園のどれにも情熱的に取り組んだ。そしてメアリーの所有している印象的な磁器の収集品を飾るための、すばらしい装置を作り出した。しかし内装に用いた版画には、デルフトの花瓶はまったく見られない。彼の影響は他の面に現れた。内装の装飾にマローが用いた花綱飾り、花輪、貝、ダイヤモンドのモチーフが花瓶の模様に用いられ始めたのだ。特にアドリアン・コックスのド・グリークシュ・エイ工房で製造された花瓶にはよく用いられた。デルフトの花瓶は、流行していたパゴダ形だけでなく、トルコのスルタンの胸像の形のものもあった。マローはトルコのものはどんなものにでも情熱を注いでいたから、これにも関係していたかもしれない。しかし、ピラミッド、スルタンあるいは他の形であれ、こうした花瓶が、チューリップを育てるために用いられたという証拠はほとんどない。今世紀の初めからチューリップの花瓶と呼ばれるようになったにすぎず、その結果実際に花瓶として用いられるようになった。

ハールレムの新聞『ハールレム新報』に定期的に出ていた広告によると、一七世紀の終わりから一八世紀の初めには、チューリップの球根の取引はまだ盛んだったが、一六九四年七月一七日の未亡人ファン・セヴェリン・ウーステルヴィークが出した「カーネーション、チューリップの球根、ヒヤシンス、スイセン、そして二重のキズイセン」の広告に見られるように、特別な名前のチューリップよりは普通のチューリップの広告を出すようになっている。種苗商とイギリスでフロリストと呼ばれていた者、チューリップの愛好家、あるいはオランダ語でリーフヘッバー［愛好者］と呼ばれている者との間に明確な区別が現れ始めていた。ライデンの園芸家ヘンリー・ファン・ウーステンは、『オランダの園芸家』の序文で、自分の本（一七〇〇年に出版された）は「花を商売にする人」より「花の女神の本物の息子や愛人」を対象にしていると、種苗商に対して嫌悪の情を露にしている。一六八二年ケーンで出版されたモンテルールの『フランスの栽培家』や、一六八二年ロンドンで出版されたサミュエル・ギルバートの『フロリストのハンドブック』と同じように、ファン・ウーステンの書いた専門書も実用的な本であり、しかも大変よく売れた。

ファン・ウーステンは、チューリップの種子は九月に蒔くこと、色の濃いチューリップから種子を集めることを勧めている。「その理由は、白色が濃い色に作用すると、その白色が濃い色にすばらしい光沢と美しさを与えるからだ。」黒、紫、赤あるいは茶色も同じようにその目的に適していた。黄色の花は避けるべきだ。それは「黄色はチューリップの活力を失わせ、色の輝きを鈍くするからだ」。ファン・ウーステンは、自分のチューリップの好みを詳しく説明している。花弁の「上部が丸く」て、「あまり丸まって」いない、ヤン・ファン・ホイスムが描いているチューリップが好みだった。下地の色が白か黄の花から種子を収集するのが一番よい。「経験から分かっているのだが、その下地の色の花は、下地の色が黒のものより二色に変化しやすい」。これは、下地が黒色の野生種に近いチューリップは、選別された変種に比べると「ブレイク」しにくいことを示している。「下地の色はそれが喜んで受け入れる色を決定する」とファン・ウーステンは書いている。また縦縞模様のチューリップよりも単色の「改良種」から種子を取る方がよいとも言っている。当時の園芸種の栽培家の予測に反しているから、これは有用な観察だった。縦縞模様を作り出すウイルス（当時誰もその存在を知らなかった）はチューリップを弱め、その種子からは親に匹敵するほどの花が咲かなかった。ファン・ウーステンが書いていることだが、その種子は「リークのような」芽を出すが、園芸家は球根が花を付けるほどに大きくなるまでには五年から七年待たなければならない。フロリストは完

ヘンリー・ファン・ウーステン『オランダの園芸家』口絵（ロンドンで1703年出版）

璧なチューリップの条件を厳密にし、けっして妥協しなかった。例えば、アンブロシウス・ボッシャールトのような初期の画家を、たいそう喜ばせた「オウムの羽根の色の緑色は、堆肥の違いとは無関係に作り出されなければならない」など。

ファン・ウーステンも「ブレイク」させるにはどうすればよいかは分からなかった。チューリップ熱という不安定な建築物は、チューリップに突然縞模様ができたり、多色になったりすることの上に建てられていた。ファン・ウーステンは他の専門家よりは正直だった。多くの技術を持つフロリストは「その秘密を探し出すことに頭を悩ませた。……うまくブレイクさせたふりをしている者もいた。技術によってできるのかそれとも偶然にできるのかは依然として分からなかった」と彼は書いている。一七世紀初頭には、チューリップ愛好家は皆「センペル・アウグスツス」が最上の花だと考えていたが、一八世紀初頭には意見が分かれていた。「スミレ色に白色の縦縞模様があり、しかも、花弁の表側も裏側もその二色がはっきりしていて、その色が混じり合っていない花を高く評価している者がいるし、ビザードを評価する者もいる。しかも両者とも高価で、フロリストはどちらのチューリップも提供しなければならなかった。ビザードはスミレ色のものより色が鈍く、不安定である。というのはビザードの場合、花が美しく咲いても、その次の年には全然美しくない花が咲くことがあるからだ。」赤色と白色のチューリップ、初期のチューリップ愛好家を驚喜させた「センペル・アウグスツス」のようなローズ系については何も記述されていない。「多くのチューリップが普通だからという理由で嫌われなければ、そしてめったに見られない種類を我々がむやみに欲しがらなければ、チューリップを判定することはもっと容易だろう」と分別のあるファン・ウーステンは書いている。彼はチューリップに匂いがないという不満をほとんど無視して、「香水を手にすればよい。そして花の女王にこの資質がないことを非難してはならない」と言っている。

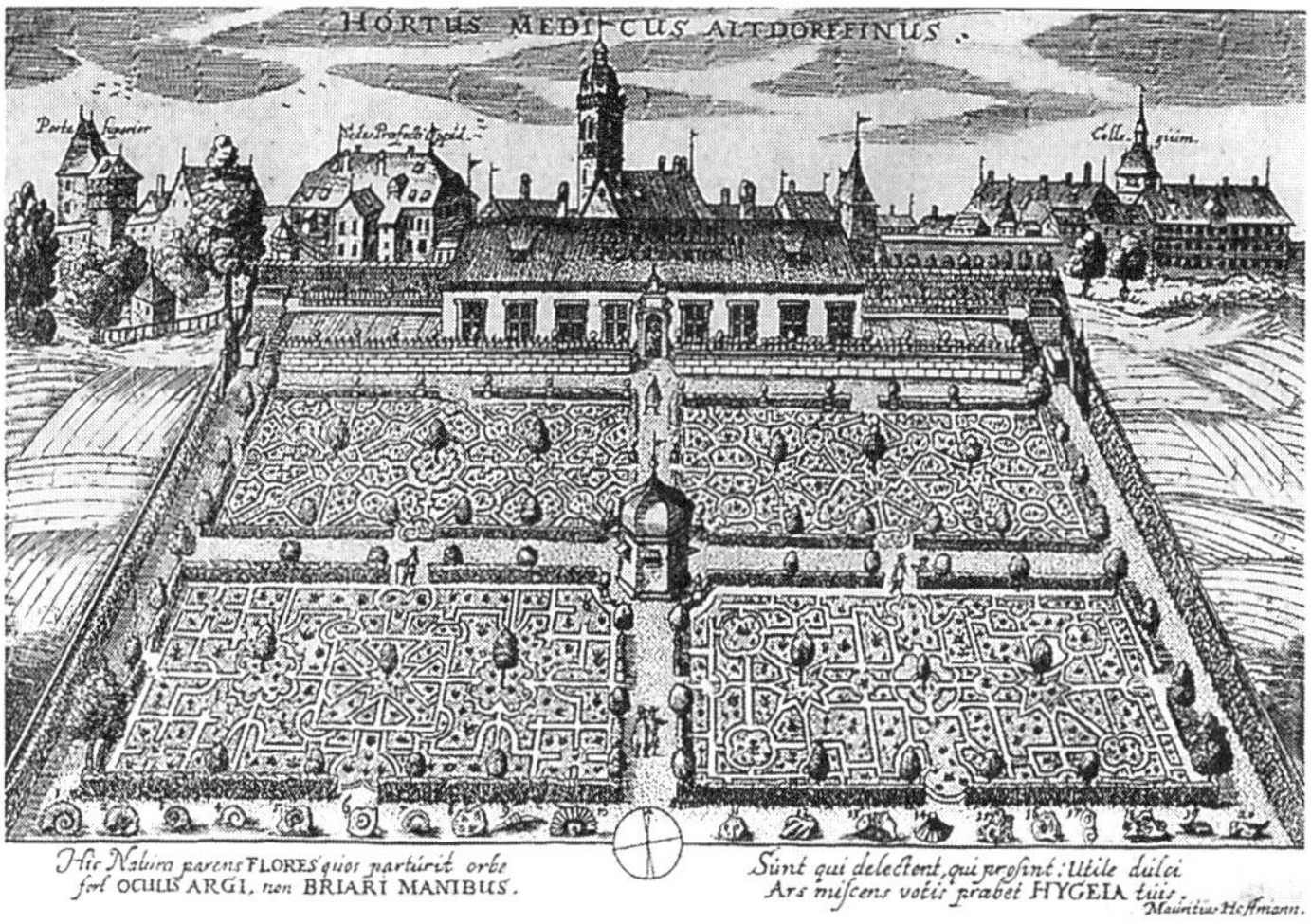

17世紀の庭園、アルトドルフの薬草園（『アルトドルフの植物』、1662より）

ファン・ウーステンは陽のよく当たるところにチューリップを植えて、どのようにすれば花弁に様々な色が混じるかを記述した。これはイギリスのフロリストも悩んでいた問題で、必要な時に光を遮ることができるように、キャンバス地や籐製の覆いが付いた、大変複雑なチューリップ用の花壇を作り出した。ファン・ウーステンはそうした色ができるのは蜜（アリマキのネバネバした分泌物）のせいだと考えた。彼の考えは半分正しい。確かに太陽はその原因になるが、蜜はチューリップがブレイクする原因になるウイルスを運ぶアリマキが付けるのだから。『フランスの園芸家』の中で、モンテルールは、いろいろな訳の分からない儀式のようなチューリップの栽培方法を列挙しているのに反して、ファン・ウーステンは観察眼をもつ栽培家で、彼の本は実用的である。どのような土地がチューリップを病気にするかということに彼は気付いており、また球根は二、三年ごとに別の土地に植え直すことが最良だということも知っていた。彼は観察によって、太って完全に成長した球根だけが花を咲かせることも知っていた。これがチューリップの栽培家と客との取引で球根の重さが重要だった理由でもあった。

夏に球根を引き上げた後、その重さを量ることも球根の状態を調べるのによい手段だった。もし球根が大きくなければ、球根に必要なものを栽培家が与えていなかったことになる。

通常、取引は宿屋で行われたのだが、チューリップ熱の頃に、フロリストの団体で狂気じみた取引が行われるようになった経緯についても、ファン・ウーステンは記述している。このフロリストの団体というのは、一八世紀初頭以降イギリスで盛んになったフロリスト協会の前身である。「チューリップは常に非常に高く評価されてきた。特にオランダ人の評価が高かったのだが、一六三七年に彼らは真珠やダイヤモンドと同じようにチューリップを売買しようとした。しかし、国は自国の政治的理由でそれを禁止した。そして公的売買が禁止されると、チューリップは行商されるようになり、個人的に売られるようになった。しかし、それは悪意なく行われることはなかったから、フランドルの栽培家はそれぞれの町に団体を設立し、聖ドロテアを自分たちの守護神とし、行商によって起こるかもしれない争いを判定するための評議員を選んだ。評議員は判定に権威をもたせるために、団体の長老の中から四人を選んで助言を求めた。こうすることによって同僚同士の楽しい会話の場を作ることになったうえに、判定者たちも高く評価をされるようになった。オランダ人はこの件については別の規則を守っていた。つまり彼らはチューリップが満開の頃のある日に会合を開き、栽培家の主要な庭を見て、和気藹々と質素な食事を共にした後、その年の花について起こるかもしれない争いの判定者をその組織の中から一人選んだ。」初期のチューリップの品評会はこのようなものだった。まもなく、フロリストはチューリップを持ち寄って、通常は宿屋で品評会を開催するようになる。イギリスのフロリストが、質素な食事会だったものを堕落した宴会にした。チューリップの展示は常に地方の宿屋周辺が中心だった。

一八世紀初頭以降、種苗商と本物の「花の女神の息子」との相違は次第に大きくなっていった。前者から後者に金が流れることが多かった。つまり種苗商が素人の栽培者から新しくブレイクしたチューリップを購入し、その新種が種苗商のカタログに高価な値段を付けられて載せられたのだ。種苗商の顧客は裕福な地主で、たいそう忙しく、また忍耐力もないので自分自身で美しいチューリップを育てるのに何年も費やすことはできなかった。一七〇七年五月一七日、ハーグの法律家バルトロメウス・ファン・レーヴェンは、競売会で自分の収集品、二三〇個を三八五八ギルダーで売った。最高額（三二一ギルダー）はバゲット系の「フィールドマーシャル・アヴェルケルク」に付けられた。ハールレムの栽培家フールヘルムはバゲット系の「ショーン・アエティオピカ」に一九五ギルダー払っている。チューリップの球根だけが売り出されたわけではない。その同じ競売会で、一二〇本のチューリップの実生が植えられた花壇一つが三五八ギルダーで売られた。その花壇は二〇の畝があって、それぞれの畝には六個ずつ球根が植えられており、畝は一つずつ別々に売られた。

個人の収集品の競売には五月が一番ふさわしかった。この時期は花が満開で、買い手は自分たちが購入しようと思っているチューリップの価値をはっきりと見ることができたからだ。一七〇八年五月一六日、ロッテルダムの商人ヘンリクス・ファン・デル・ヘイムのチューリップが売りに出されている。二一年にわたって、ファン・デル・ヘイムはロッテルダム周辺の庭に花を植えており、その花の収集品は有名だった。売り出し用のカタログにはチューリップの番号、名前、重量が載っていた。チューリップは二つの花壇に植えられて、合計二四〇個の球根が八六六二ギルダーで売れた。この時もバゲットに最高の値段が付けられた。特に「ランペリアル」四個がそれぞれ一四〇、二〇四、二七六、三三六ギルダー［現在の価格で約千三百万円］で売られた。

バゲット系のチューリップは、横広のカップ型で丸い花弁をもち、スコットランドの栽培家ジェームズ・ジャスティスによれば、そのカップには「一パイントのワイン」が入る。このタイプのチューリップはフランドルの特産で、ファン・レーヴェンとファン・デル・ヘイム両者が売り出したものを見ると、オランダ語の名前よりフランス語の名前が付けられている花が非常に多いことは注目に値する。ファン・デル・ヘイムのチューリップの中には栽培の年が付けられているものがある。例えば、「一番目の花壇の二番、バゲット系『クエヴァ』・一六九六年」とか、「一番目の花壇の一二番、バゲット二番・一六九六年」など。このことはファン・デル・ヘイム自身がそれらのチューリップを育てていたかもしれないということを示すものだ。しかし、それ以外の多くのチューリップは、「ヌーヴェル・ド・サントメール」とかバゲット系については「ポトー」、「ブイサン・アルダン」、「ダッチェス・ド・バヴィエール」などの名前が付いていることから見て、フランドルかフランス産のチューリップだったのだろう。オランダとフランドルの間に緊密な関係があったのは確かで、フランドルの栽培家は、自分たちのチューリップについて地元では売れないような値段を、オランダ人がつけてくれるのを信用し、満足していたはずだ。

「フィールドマーシャル・アヴェルケルク」や「ランペリアル」のような高価な球根の場合、何人かで共同所有していることが多かった。それで売買が複雑になった。球根の共同所有者の土地にその球根を植えている場合もあったが、そうでない場合はさらに売買が複雑になった。一七〇九年六月二六日、ユトレヒトの球根商ヤーコップ・バルトがハーグのバルトロメウス・ファン・レーヴェンに手紙を書いて、「我々の」球根の状況について報告している。バルトは三個のバゲット系のチューリップ、「ペレル・ファン・デル・フーグ」、「ラ・トーレ」、「グランド・モゴル」の三分の一の権利をもっていたが、その三個の価値は七二〇ギルダー［約一千万円］だった。彼と彼の二人の仲間、ヤン・ユートヴァエルとコルネリス・ファン・ルヒテンブルグは、一七〇八年五月に、ゼーランドのフィリップス・ファン・ボルセル・ファン・デル・フーグから購入していた。「コンクェスト・ド・ゼーランデ」はおそらくファン・デル・フーグが育てたもので、一七〇七年にファン・レーヴェンが売り出した。バルトの二人の仲間はユトレヒトに住んでいた。そしてバルトは後に、自分のチューリップの権利の半分をファン・レーヴェンに売り、球根を引き上げた後でそれらの球根の状態は良好と報告している。「ラ・トーレ」はファン・ルヒテンブルグの庭で育てられていたもので、その球根に大きな子球ができた。他の二つの球根はヤン・ユートヴァエルの庭で育てられていた。「ペレル・ファン・デル・フーグ」には二個の子球ができた。そのうち一個は四〇アゼンの重さがあった。「グランド・モゴル」はあまりうまくいっていなかった。バルトはその後球根の権利を一二〇ギルダーでファン・レーヴェンに売っているが、その価格はカタログに出ている値段よりかなり安い。ファン・レーヴェンが落札した値段から判断すると、ある種の変種の価格が下方修正されたことは明らかだと言えるだろう。

バルトの手紙から分かるのは、彼がいくつかのチューリップの取引で仲買人だったということだ。彼はファン・レーヴェンに代わって四百個の単色のチューリップを売ろうとしていた。百個につき一五ギルダーという値が付いていると手紙に書いている。ハーグのファン・レーヴェンの手元には、トルコあるいはロシアの野生種が届いていただろう。バルトは有名な「プレミエール・ノブル」の子球を探していたし、「ジュエル・ファン・ユトレヒト」を手に入れたいとも願っていた。その大変小さな子球一個が三〇ギルダーで売り出されていたと彼は言っている。しかし、バルトロメウス・ファン・レーヴェンが一七一〇年に死んだ時、彼の所有していたすべての球根が彼の子供たちのために競売にかけられた。落札価格は一一〇〇ギルダーで、現在の価格に換算すると七五〇〇〇ポンド［約一五〇〇万円］になった。

一八世紀中頃のフランスとイギリスで、あらゆる古いもの、あるいは骨董的価値のあるものに強い関心が向けられるようになったのは、パウストゥム［イタリア南部の古代ギリシャの植民地］やヘルクラネウム［ヴェスヴィアス火山の噴火で埋没した古代都市」で行われていた遺跡発掘に刺激されたためである。新古典主義が花開き、それがチューリップを流行遅れにした原因の一つだった。しかし、オランダではチューリップの広告は、一九世紀の初頭まで絶えることなく出されていた。一七一一年五月一四日、フランドルの栽培家でブリュッセルにあるグルデュリー醸造所に勤めていたトマス・ド・カフメイヤーは、「花の愛好家」に、種子から二、三百種の新種の炎状模様があるビブロメンとビザーレを、しかもこれまでのどれよりも美しいものを育てたと述べている。アブラハム・ド・ハエスとアレクサンダー・ド・フォスは定期的にチューリップの広告をして、ハールレムの客にプリモ・バゲット（プリモというのは一七一二年あたりから、最初に手にしたチューリップに付けられるようになった言葉）、セカンド・バゲット（これはおそらくあまり良質ではないものだろう）、グランド・ヴィオレットとビザーレを提供している。ヘンリクス・ファン・デル・ヘイムのロッテルダムにあった庭で行われた売り出しでは、買い手は「愛好家が求める珍しいチューリップ」に値を付けることができた。ここでは、イギリスと同様、栽培家と彼らが育てているチューリップは、球根売買の主流からずっと離れており、チューリップの広告には、栽培家が用いている用語がそのまま用いられていた。ビザーレというのは黄色の下地色に赤、茶、あるいは黒の模様があるチューリップで、ヴィオレット（後にビブロメンと呼ばれるようになる）には白色の下地にスミレ色か紫の模様があるチューリップである。

売り出しは非常に組織的だった。シーダムのホーデンピールは、一七一七年五月二〇日に売り出しの広告を出しており、シーダムだけでなくドルドレヒト、デルフト、ロッテルダム、ハーグの客も手に入れることができるカタログも出していた。イギリスの客もまたそれに引き込まれた。有名なフールヘルムとファン・カンペンという二社が特にその商売に関わっていた。ハールレムのクレイン・ホウトヴェークで球根用の庭を作るために、ウエストファリアからやって来たディルク・ヤンズ・フールヘルムが、一七世紀にフールヘルム社を設立した。その息子のピーターは一七二八年に死んだが、多くのすばらしいヒヤシンスを育てていた。一七二〇年代後半には、ヒヤシンスは人気の点でチューリップを超えていたのだ。フールヘルム社がセーヘル・ファン・ゾンペルと合名会社を作った頃、ヨルク・フールヘルム（1711-1787）はヒヤシンスの栽培に関する論文を書き、一七五二年にはフランス語で出版した。取引上の秘密を公表したから、彼は仲間の種苗商の間では人気がなかった。一七五三年に、その本は英語に翻訳されたが、オランダでは出版されなかったのはそのせいだろう。イギリス人の熱狂的なファンのロバート・ヘイルズが「ハールレムの有名な種苗商」フールヘルムの種苗園を訪問し、彼の球根は優れているが、「とても高いので私は何も買おうとは思わない」と友人に手紙を書いている。

ACCURATE DESCRIPTION
of the Whole Collection of FINE
HYACINTHS,
TULIPS
AND
RANONCULUSES;
That are Collected from the different Dutch Flowrist's, and to gether to be found in the Large dutch Flowergarden from
VOORHELM and SCHNEEVOOGT,
Flowrists and seedsmen at Haerlem in Holland, Which Direction was formerly VOORHELM and van ZOMPEL.

HAERLEM,
Printed for the Authors, by whom it is to be had *Gratis* to Every Curious Man.

フールヘルム作製の英語版カタログ（ハールレム、1770年頃）

ハールレムの種苗商のニコラース・ファン・カンペンは当時の好みを反映させて、一七三九年のカタログにはまずヒヤシンス（ほぼ五百種）を掲載した。しかし、彼は多くのチューリップも掲載しており、約百種類の早咲きのチューリップや、各種の遅咲きのチューリップも載っている。例えば、一二三種類の「ヴェランデルド・プリモ・バゲット」は羽状模様や炎状模様にブレイクした交配種だった。また八二種類の黄色と赤のビザーレと一七六種類の遅咲きのチューリップも載っている。アゼンという単位を用いて球根を重さで売ることはもはや行われなかった。第一級の球根は花の大き

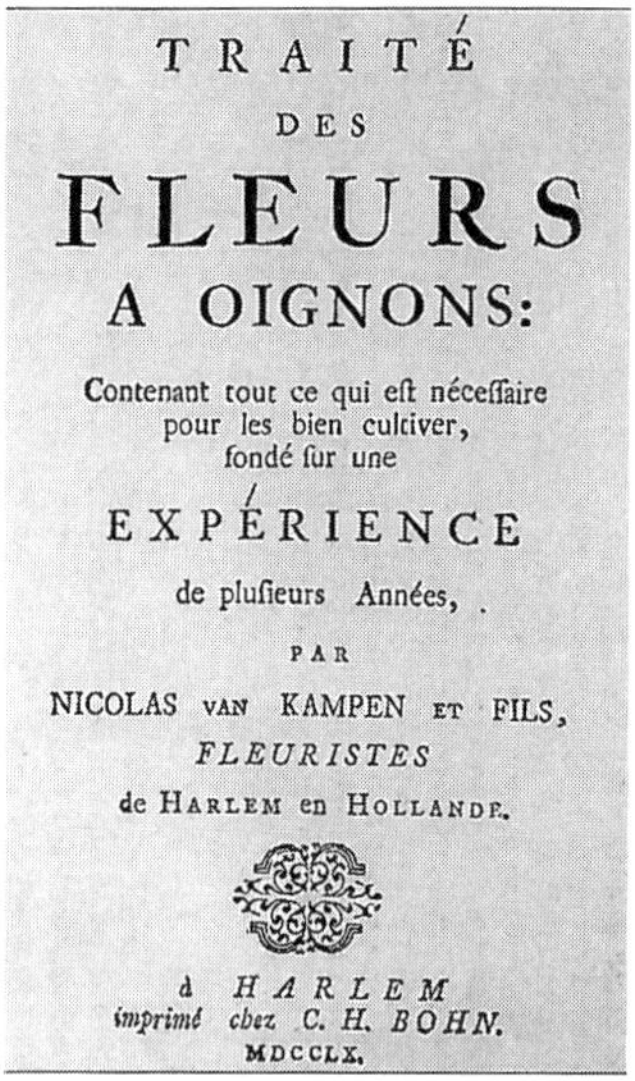
TRAITÉ
DES
FLEURS
A OIGNONS:
Contenant tout ce qui eſt néceſſaire
pour les bien cultiver,
fondé ſur une
EXPÉRIENCE
de pluſieurs Années,
PAR
NICOLAS VAN KAMPEN ET FILS,
FLEURISTES
de HARLEM en HOLLANDE.
à *HARLEM*
imprimé chez C. H. BOHN.
MDCCLX.

ファン・カンペンの球根に関する本の扉（ハールレム、1760）

さで売られ、価格は一個の球根ずつ取引価格を付けるようになった。この段階でチューリップは、すばらしい品種であってもそれほど珍しい商品ではなくなっており、価格は劇的に下がった。以前は何百、何千ギルダーで取り引きされていたものも、ファン・カンペンは適切な値段を付けるようになっていた。例えば、最も高価なチューリップ、「ジュエル・ファン・ハールレム」は八ギルダー、「リゴート・アドミラル」は八ギルダーなどである。平均価格は球根一個につき一ギルダーほどだった。小型の球根は百個単位で売られた。そしてファン・カンペンのカタログによれば、この頃の種苗商は球根を大きさで階級分けするために、いろいろな大きさのふるいを用いるようになっていた。第一級の球根は百個で二五ギルダーの値段だった。チューリップは六段階に分類され、等級外のチューリップは百個でわずか四ギルダーだったが、チューリップ愛好家には、球根が花を咲かせる大きさになるまで育てるだけの忍耐が必要だった。この頃には、当時の画家ファン・ホイスムに絵を描いてもらうより、本物の花を庭に植える方が安価になっていた。

ヨルク・フールヘルムと同じように、ニコラース・ファン・カンペンも本は商売に役立つと考え、フランス語で出版した。フランス人が、特に注目すべき植物としてチューリップに目を付け、チューリップは単に庭を飾るためにだけ存在しているのではなく、栽培することにも価値があると認めたヨーロッパで最初の人々だった。ファン・カンペンの本を英語に翻訳した人は「以下の翻訳がイギリスのフロリストに受け入れられるものであるように。なぜなら、この本はあらゆる種類の球根植物を育て、栽培し、扱うための技術をすべて教えてくれるからだ。その技術はオランダとフランドルの最も経験豊富な栽培家が実際に用いている。彼らは勤勉で、その技術は非常にすばらしいものだから、この商売で他の者が知らない秘訣を独占しているという名声を、一世紀以上持ち続け、大変なうまみを独占し続けた。……園芸を愛し、それに喜びを見出しているわが国の人々は、ここに述べている手段を用いることで同じ利益を得るだけでなく、努力して多くの植物を増やし、自国産の美しい花でわが国の刺繡花壇を飾るようになるだろう。そして、イギリスの金を外国人に渡して無駄使いすることもなくなるだろう」と控えめな希望を述べている。ファン・カンペンはまずヒヤシンスを扱い、次にチューリップを、それからラナンキュラスとアネモネを扱った。この花の順番が当時の重要な花の順番を極めて正確に反映している。さらに彼はカタログの中でもその順番に花を載せている。ファン・ウーステンは『オランダの園芸家』の中で、栽培に関しては、ほとんど何も言っていないが、英語に翻訳されたものでは、ヨーロッパのチューリップ愛好家の違いを述べている。「国が異なると栽培家の花を識別する方法はそれぞれ異なっている。イギリス人はチューリップにイギリスの貴族の称号などを付けている。それで、いくつかの種類が同じ名前をもつことになる……。チューリップを栽培した人の名前を付け加えることもあって、そうすれば、付ける名前が限られることから起こる混乱を防ぐことができる。

フランス人は番号だけでチューリップを区別する。あるいは中心となる花の色で区別するが、多くの種類の違う花に同じ名前を付けることになるので、この方法では混乱することが多くなる。

オランダ人が行っている方法が好ましい。花の中心となる色で名前を付けるだけでなく、勇敢な将軍、神々、女神、妖精、著名人の名前を付け加える……。花の価値を示すような名前を付ける場合もある。」

ファン・カンペンは植物名を考えるにあたって、ツルンフォールがその権威者だと人には言っているが、自分自身はツルンフォールの方法に従わず、チューリップを四つに分類した。早咲きあるいは春チューリップ、八重のチューリップ、遅咲きになる予定のチューリップ、遅咲きで下地色が黄色あるいは白色の縞模様のあるチューリップ、の四種類である。彼は早咲きのチューリップを咲かせようとする当時の流行について述べ、緋色で縁が黄色のチューリップ「デュク・ファン・トール」は一二月までには花を咲かせることができると言っている。彼は二つの八重のチューリップに「ラ・クロン・アンペリアル」と「マリアージュ・ド・マ・フィーユ」という名前を付けている。両方とも白色に赤色の縦縞模様があって、現在の「カルナヴァル・ドニース」によく似たチューリップである。

遅咲きになる予定のチューリップと呼ばれていたのは、チューリップ栽培家がこのチューリップから新しいすばらしい種類を育てたいと願ってそう呼んでいたもので、イギリスのフロリストが「改良種」と呼び、ドイツの栽培家が「母親チューリップ」と呼んでいた単色の花である。遅咲きになる予定のチューリップにはビザーレとヴィオレットの二種類があった。最上の縦縞模様のビザーレを生み出すチューリップは下地が茶色がかった銅色か濃い黄褐色で、それに黄色あるいは黒色がにじんだ花だった。ヴィオレットは基部が白色か白色と灰色がかった青色がにじんだようになっている、紫色がかったスミレ色、薄いスミレ色、灰色がかったもの、サクランボ色、赤色の花だった。ヴィオレットは後に二つに分かれ、一つは紫色あるいはスミレ色で覆われているもの、もう一つはピンクがかった赤色のものである。

「改良種」はそれ自体に価値はなかったが、羽状模様あるいは炎状模様にブレイクする可能性があるから価値があった。ファン・カンペンはファン・ウーステンほどブレイクすることについて述べていない。栽培家の中には様々な球根を半分にして、それぞれ異なる半分の球根を合わせてブレイクしたチューリップを作り出そうとした者もいた。ブレイクしたチューリップは単色のものほどよく育たなかった。そこで球根が弱いとブレイクが起きるとファン・カンペンは考えたが、事実はその逆だった。彼が考えた解決法の一つは、やせた土壌に球根を植えることだった。彼が栽培家に勧めていたのは、球根を植える土壌を変えることで、土の質それ自体を変えてもよいし、球根を植える場所を変えてもよい。「外国人にとって最上の方法だから」、オランダから土を輸入するべきだとも提案している。彼からの手紙でその助言を受け取ったスコットランドのジェームズ・ジャスティスはそれを実行している。

四つの分類のうち「遅咲きで下地が黄色あるいは白色の縞模様のある花」に分類されたものは「すべてのチューリップの中で最も多様で、美しく完璧」であるとファン・カンペンは言っている。「バゲット・プリモ」と「バゲット・リゴー」の両種は、下地色は純白で茶色の縞模様がある。彼はチューリップの背の高さを重視して、〇・九メートルから一・二メートルの間であるべきだと言っている。当時最も高く評価され、熱心に求められていたチューリップは黒、金、紫がかったスミレ色、バラ色、朱色だった。しかし、「大変高価な花は退化し、価値がなくなることがあ

1700年頃フランスで描かれた３本のチューリップ（３本の花の相対的大きさが正確なら中央と左側のものは栽培種ではなく原種のように思われる）

る。このショッキングな変化を防ぐ手だてはない。その原因は自然だけが知っていることだから、栽培家がどんな世話をしても、この悲しむべき変化を止めることはできず、そのために多くの苦渋を経験するうえ、花を愛好している人々から強い非難を受ける。花の愛好家は何が起こっているのか知らずに、商売人がその前の年に退化していた球根を送ってきたのだと不平を言う」と彼は言っている。

これはチューリップについて数多くあった不満の中でも分かりやすいもののように思える。しかし、ファン・カンペンは彼自身が経験した「この種の事件の中で非常に重大な出来事」についても記述している。ある栽培家が球根一個を一ダカットで注文すると彼に手紙を送ってきた。ファン・カンペンは球根を荷造りして送り出したが、その客は、彼の送ったチューリップが開花してみると、約束されていたものよりはるかに劣る花が咲いたと激しく抗議してきた。客がその花の花弁をファン・カンペンに送ってきた時、そのチューリップが客の注文とは異なっているのが分かって、彼は返品することに同意した。「その荷が開けられて、球根が取り替えられたに違いないというのが我々の結論でした。」二度目に彼が荷を送り出した時は、一つ一つの球根を紙に包んでそれに彼の印を押してから送り出した。

最上の球根の多くはオランダではなくフランドルで、特にゲント、ヴァレンシアン、リールの辺りで育てられていた。リールは一五三八年に初期のチューリップ愛好家の一人マティアス・ド・ローベルが生まれた場所である。こうしたフランドルの栽培家によって最高級の美しい花が育てられた。例えば、「ラ・ソンプテューズ」は一七七二年にボンコメールという栽培家が作り出した。彼の収集品は後にリールのガリエズ家の手に渡るが、ガリエズ家の地所に植えられたチューリップは、ブレイクしやすいという評判があった。「ルイ一六世」[口絵81頁] というその時代の最上のチューリップもおそらくフランドル産で、一七七六年に作り出されたと思われるが、栽培者の名前は分からない。「ルイ一六世」が球根を売買する人の手に渡り、さらにデレゼルズという名のダンケルクの宿屋の主人の手に渡った。その収集品は一七八九年初めてオランダで売りに出され、ファン・ニューケルクという種苗商のカタログに球根一個が二五〇ギルダーというびっくりするような値段が付けられている。

翌春、ファン・ニューケルクは同僚を招待して、彼の庭のチューリップを見せている。オランダで最高の収集品をもっていたスハネーヴォーフトとクレップスでさえ、ファン・ニューケルクのものの方が優秀だと認めざるを得なかった。ファン・ニューケルクは、パリ近郊にあるオルレアン公の庭園、バガテルの庭師をしている自分の息子からその球根を手に入れたと言ったが、スハネーヴォーフトはそのチューリップはパリ産ではなくフランドル産に違いないと考えた。この二つの栽培の中心地の栽培家は、チューリップの好みが違っているというのがその理由である。彼の目から見ると、これはフランドル産のチューリップのように思えた。そこで彼はフランドルの二人の人物と連絡をとって、彼の収集品の中に入れるために「ルイ一六世」を探し出してくれるように依頼した。この時も、宿屋の主人デレゼルズがその球根を提供している。スハネーヴォーフトのフランドルの友人は、彼用と自分用に球根を二個購入したが、一個につき六百フラン支払っている。二人はこの球根からフランドルのすべての栽培家に供給できるほどの球根を育てた。スハネーヴォーフトが自分用の「ルイ一六世」を確保した直後、宿屋の主人デレゼルズが彼を訪問して、自分が所有しているもう一つの「ルイ一六世」を売ってもよいと言った。デレゼルズはその球根を種苗商のファン・ニューケルクにも売りたいと言ったが、ニューケルクはそれを買うだけの金をもっていなかったので断念した。しかし、スハネーヴォーフトはロンドンの何人かのフロリストがこのチューリップを手に入れたがっていることを知っていたから、この球根を買ったのだ。後に、ファン・ニューケルクが自分の所有しているものをすべて売らざるを得なくなった時、スハネーヴォーフトは彼の「ルイ一六世」の球根をカタログに掲載されている価格より安い一五〇ギルダーで購入し、それをロンドン南部にある有名なウォルワース種苗園に売った。その頃はこの種苗園はサミュエル・カーティスが所有していた。チューリップは一八〇〇年のこの種苗園のカタログに載っていて、二〇ギニーの値が付いている。

「ルイ一六世」の球根は高かった。その理由は、子球根を作るのが遅いために、稀少品であり続け、しかも「ルイ一六世」は長い間ビブロメンの最高品であり続けたからだ。後に球根は三段階に分けて提供されるようになった。上級、最上級、そして矯正済みの三段階である。「矯正済み」というのは、花の模様が安定していると考えられる状態になっていることで、純白の花弁の縁に規則的で繊細な紫色の羽状模様がある。フランス、フランドル、イギリスのチューリップ栽培家は良いチューリップの条件についてそれぞれ自分たちの考えをもっていたが、「ルイ一六世」はこの三国すべてで好まれているチューリップだった。花の形は定まっていて、茎と花弁については多くの条件が付けられ、花弁の色もはっきりと定義されていた。

一八二一年までにはフランドル産のチューリップの優秀性にかげりが見え始めていたが、「ルイ一六世」は紹介されてから五〇年も経っていたにもかかわらず、まだ栽培家や種苗商に高く評価されていた。イギリスの種苗商ジョン・スレーターは、「ルイ一六世」の改良種の小さな根株を、フールヘルムの種苗園と素人の栽培家の庭で見たことを覚えていた。この素人の栽培家は一八三八年頃、競売でフールヘルムの球根の収集品の大部分を購入していたのだ。その頃、「ルイ一六世」はヨーロッパで最高のチューリップと考えられていた。一八四二年、スレーターはその球根を百個見たが、その多くは羽状模様があるもので、無名の素人栽培家の庭でのことだった。おそらく当時の栽培家がこれらの紫と白のビブロメンを多く育て、一八〇〇年までにはフランドルでたいそう好まれていた黄と赤のビザーレを育てることが少なくなっていたのは、「ルイ一六世」の栽培に大成功していたからだろう。

フランドルの種苗商の数は次第に少なくなり、栽培家が支配するようになっていた。一八三〇年から一八六〇年にかけて、フランドルの素人栽培家は、トゥルネイのデホーヴやリールのガリエズのような営利本位の栽培家を数の点ではるかに凌駕していた。

ハーディー博士が『ミッドランドのフロリスト』の中で、イギリスで栽培しているチューリップについて、完璧なものの条件を定める規定に文句を言っていたのとほぼ同じ頃、トリペという人物がフランスで栽培するチューリップについて同じことをしていた。トリペはパリの栽培家であり種苗商でもあった。一八四三年に彼は園芸協会の春の展示会で賞を全部さらい、オルレアン公爵夫人が初めて提供した金賞を獲得した。彼の出品したものの中には八百種類のチューリップが含まれており、それらは幅一メートル長さ一七メートルの人工的な花壇の中にはめ込まれた植木鉢にまとめて植えられていた。それはトリペの種苗園で栽培されている変種の一部にすぎず、彼の種苗園では四万本のチューリップが花を開いていた。その収集品は一〇万フランの価値があると見積もられていた。

パリでのトリペの勝利は、リールやトゥルネイのチューリップの栽培家を感動させることはなかった。彼らが言うには、自分たちの最低のチューリップでさえ、パリ園芸協会のためにトリペが作り出したもののどれよりも優れていたからだ。しかし、北フランス園芸協会の会員は、自分たちの排他的集団に属さない栽培家に対して常に情け容赦なかった。彼らは自分たちの仲間にさえ容赦しなかった。一八三七年の協会の年次報告書では多くの栽培家や花が批判され、その報告がはずされるまで、批判された者が協会の委員会の委員として働くことに同意する者は一人もいなかった。栽培家は他の者の判定に同意しているようには思われないし、特に展示会での判定についてはそうだった。そしてこの頃には少なくとも百人の素人のチューリップ栽培家がこの協会の先鋭的な会員となっていた。

フランドルのチューリップは、特別強い茎とずんぐりとして角張った花が特徴だった。後に産出された変種には

「ルイ一六世」ほど高価なものはほとんどなかったが、トゥルネイの栽培家デホーヴは、一八三七年に百個のチューリップを八千フランで売っている。「ダッチェス・ド・ベリー」のようなすばらしい変種の球根は、一個が一五〇フランで売れた。デホーヴが死んだ時、彼の所有物全部が競売会で売り出された。最高の売り物は「トリアンフ・ド・デュモルティィール」で、鮮やかな赤色の改良種の「メテオール」からブレイクしたものである。デホーヴの後継者は四〇個の球根を二千フランで売りたかったが、それは実現しなかった。

鮮やかなくっきりした赤色の「改良種」（つまり、後に羽状模様か炎状模様の変種にブレイクする可能性がある、はっきりとした色の花を付けている球根のこと）は一八三〇年代、一八四〇年代のフランドルの栽培家の特製品だった。ルーヴァンのドザングルが「ラストル・フルミナン」という美しい形のチューリップを育て、トゥルネイのデュモルティエールは「メテオール」を育てた。色の鮮やかさと強い生命力という点では、オランダの栽培家が作り出したどれよりも優れていたが、オランダ人は栽培が巧みで、それによって球根がオランダの大きな商業になっていた。一九世紀までには球根畑はオヴァーフェーンやブローメンダール辺りの地域にまで広がり、一九世紀中頃までにはヒヘホム、リセ、ノールトウェイクまで広がった。行商人は球根会社のネットをさらに広げていった。一八四九年には、ヘンドリック・ファン・デル・シュートは、ますます利益を生み出す市場となっていたアメリカ全土を回る最初の行商人となった。最初のオランダ人移住者がニュー・アムステルダムの家の庭にチューリップを植えた一六四〇年頃から、アメリカにはチューリップがあったが、一八世紀には両国間の散発的な交易が行われ、一九世紀になると、オランダ人はさらに徹底的にアメリカ市場の開拓をするようになっていた。

少なくとも一九世紀の中頃まで、オランダで起こっていることを知らずに、フランドルとイギリスのチューリップ栽培家は自分たち独自の花を開発し続けたが、栽培家のポケットは次第に小さくなっていった。イギリスとフランドルの栽培家は交配種を作ることに関してはオランダ人に勝っていたが、商売はそれほど上手ではなかった。フランドルの特製品は、強く長い茎をもった鮮やかな色合いの実生種だったが、三百年のチューリップ栽培の伝統は、一八八五年のジュール・ラングラールのチューリップの売買をもって終わりになった。ラングラールは義父のトリピエールが育てていたすばらしい収集品を受け継いでいたが、彼もまたチューリップの交配で有名だった。特に燃えるような赤色の改良種の専門家で、その多くは「プリンセス・アルドブランディニ」から作り出したものだった。

ラングラールの競売は一八八五年五月一五日に行われ、売り出されたものは二百種類の改良種と八百種類の変種と一万個の球根だった。しかし、入札者は誰もその売り物には関心がなく、結果的には、有名な会社のE・H・クレラーグが購入した。この会社は一八一一年からハールレムのクレイン・ホウトヴェークで商売をしていた。何世紀にもわたって栽培家を魅了し続けた、すばらしい縞模様や羽状や炎状模様の花は脇にどけられた。一八八六年以前には、ブレイクする可能性があるという理由だけで価値があった単色の改良種から、クレラーグは黄色以外の花の中から最上のものを選び出し、それらに手を加え、ダーウィンと名前を付けた。クレラーグは忍耐強く売買し、宣伝し、改良していった結果、ダーウィン系のチューリップは大成功を収めた種類になった。せっかちな時代にふさわしく、短期間で花をつける種類だった。イギリスでは、チューリップ栽培だけの独立した中心地で、優越性を競う争いはさらに続いていた。

第6章　イギリスのフロリストのチューリップ

一八世紀中頃には、特別な花（オーリキュラ、ナデシコ、チューリップが含まれる）だけを作るフロリストと呼ばれる人々の協会が、イギリス中に組織されていた。当初、新聞にフロリストの「祭」（第三章参照）の広告を載せていたが、その後は展示会の告知が載せられるようになる。例えば、ベリー・セント・エドモンズの白馬亭で開催されたチューリップ展示会では、「この賞賛すべき球根を愛する人々は最上の花を作ると、銀製のパンチ用の杓を勝ち取ることができた」。チューリップを展示するための会合室を提供していたのは、リーズのカークゲイトでは、「白馬亭」や「金鶏亭」、ハリファックスのリー・ブリッジでは「剪定鋏亭」、ノッティンガムでは「王冠亭」などのパブだった。展示会では酒も提供されたから、両方を行なうにはパブは都合がよかった。つまり、フロリストはわずかな金を払って開催場所を手に入れ、宿屋の主は大量のエールを売ったのだ。ニューキャッスルの厳格なフロリストの中には、自分たちが催す展示会は「分裂してしまった岩石協会とは異なり、喜びの源であって、浪費と贅沢の源ではない」と指摘している。幸運だったのは、大きな工業都市では同様の展示会がよく行われていたし、ニューキャッスルでもフロリストの望みが叶って、ジェームズ・ビーチによって「日の出亭」で展示会が開催された。アシュトン・アンダー・リンの「植物居酒屋」の主人のように、自分たちの宿屋の名にかけてフロリスト協会を礼遇する者もいた。

一七五〇年から一八五〇年の百年間、イギリス北部の大きな町でチューリップの展示会がないことはほとんどなかった。一七六八年に設立されたヨーク・フロリスト旧協会の会員は、ヒヤシンス、ポリアンサス、オーリキュラを春の展示会にもってきて、祭で締めくくった。チューリップは五月に別に展示された。マンチェスターの植物協会は一七七七年五月二〇日に最初のチューリップ会を開催した。レスターシャーのラングトン教会の教区牧師、ウィリアム・ハンベリー師（1725-1778）は「現在イギリスでは、これまでよりもフロリストの数が増えている……。多くのクラブが設立されて祭が催され、その際最上の花や最も美しい花には賞が与えられる。現在、こうした祭はイギリス中の町で定期的に開催されており、しかもその開催場所は適当に離れている。こうした展示会ではよくあることなのだが、もし織工がその賞をさらっても、園芸家ががっくりすることがないようにしなければならない」と言っている。

フロリスト協会はアイルランドでも盛んで、一七四六年にダブリン・フロリスト協会が設立されている。その設立の中心になったのは、ボイン川の戦い［一六九〇年］で、ウィリアム三世（オレニエ公ウィレム）に味方して戦ったユグノー連隊の将校だった。そうした将校は広大な土地を与えられた。例えば、ポーターリングトンに土地を与えられたルヴィニー侯爵は、そこに家来の兵士やその家族の家を建てるためにフランスから大工を呼び寄せた。チューリップはフランドルとユグノーの栽培家にとって特別な花だった。球根は高価だが、簡単に持ち運ぶことができるから、ヨーロッパ大陸での宗教的迫害を逃れたユグノーの定住地はどこにでも、チューリップは広がっていった。ユグノーはチューリップを同僚に判定してもらうために、ダブリン・フロリスト協会に持ち込んだ。もしチューリップがその厳しい精査に合格すれば、それには名前が与えられ、それを賞賛して皆で乾杯した。

スコットランドのユグノーは兵士ではなく織工で、フロリストの会合をエディンバラで始めた。フランスやフランドルからの逃亡者は、エディンバラ郊外のピカディー・ロウに定住していた。彼らの徒弟が、フロリストの扱っている花を、遠くダンファームリン、グラスゴーさらにペズリーまで運ぶことになって、そうした町にも一七八二年までにはフロリスト協会が設立された。花を育て、展示するユグノーの伝統は、アバディーンのアダムズロッジやバンフのソロモンズロッジのような、スコットランドの伝統的な園芸家の団体と融合した。こうした団体は必要な時に会員を援助する友好団体だったが、「相互教育」が本来の目的だった。秘密の印や合い言葉があって、『対話』（一四四ページ参照）の中で、ガエルゴードがヴァエルモンドに説明しているような装置があった。その団体は花の品評会を催し、一年に一度は大規模な祭を開催した。アダムズロッジは一七八一年六月四日にロンドンで設立されたが、概してこうした団体はスコットランドの伝統だった。とにかくこの頃までにはロンドン花祭は、しっかりとした形を整えていたが、フラムの種苗商でオーリキュラの熱心な栽培家、トマス・レンチ（c.1630–1728）の発案で始められた祭だった。

チューリップを専門にしている協会を含むフロリスト協会が大きくなったのは、新しいタイプのイギリス人栽培家が自信をもつようになった結果だった。一七世紀から一八世紀の初頭にかけて、チューリップは裕福な人の玩具、つまり、その所有者が良い趣味をもっていること、銀行残高がたっぷりあることを示すために、オランダやフランドルから高額の金を払って手に入れた玩具だった。しかし、新たな流行が大庭園に行き渡って、チューリップは流行遅れになった。ミドロシアン地方のクリッチトンのジェームズ・ジャスティスのような良識ある地主の中には、この花に対する信仰を失わない者もいたが、一八世紀後半から一九世紀の百年間に作り出されたすばらしいイギリス産のチューリップは、一七九六年にペズリー・フロリスト協会で賞を独占した銑工のジョン・フィンドレイやヨークシャーのウェイクフィールドの靴作りのジル一家のような職人によって育てられ、改良され、展示された。ジョージ・クラッブは『教区記録』(1807)の中でその傾向について記述している。それによると、フロリストの庭では

お気に入りの場所の周りには葦の垣根が作られる。
そこには豊かなカーネーション、紫色の目をもつナデシコ、
誇らしげなヒヤシンス(フロリストの中にはほとんど評価しない者もいるけれど)
長い茎のチューリップ、踊っているようなオーリキュラが育っている。

かつて貴族のように扱われたが、今ではゴミ扱いのチューリップを救い出すために、こうした素人栽培家は、この花にフランスやオランダの影響を受けていない特徴を持たせるようにした。一九世紀の終わり頃には、彼らの手によってこの花は完璧の域に達していた。その後、なぜかは分からないが、栽培家はチューリップを急に手放し、展示用の花としてダリアと菊を栽培するようになった。マンチェスターやボルトン、そしてヨークシャー、ランカシャー、チェシャー、ダービーシャーの商業の中心地で盛んだった何百ものチューリップ協会の中で、現在も活動しているのはウェイクフィールドおよび北イングランド・チューリップ協会だけである。

この頃までは、昔のやり方で交配種を作り出すのはフランスとフランドルが中心となっていた。オランダの種苗商は主として、裕福な土地所有者に高額で売る球根を専門に扱っていた。イギリスのフロリストは裕福ではなかっ

たが、時間と忍耐をもっていた。彼らの進むべき道をチェルシー薬草園のフィリップ・ミラーが提案していた。「種子から育てて多くの価値ある交配種を手にした、好奇心の強い人々がイギリスにいる。我々がフランス人やフランドル人と同じくらい勤勉にこの花を栽培すれば、ここ何年かのうちにヨーロッパのどこにも負けないすばらしい変種を我々は手にするかもしれない」と、彼は書いている。ミラーは「好奇心の強い人々」の名前を挙げていないが、それは専門家ではなく素人だったのだろう。イギリスのフロリストが育てるチューリップに独自の個性をもたせる鍵は、独立した供給源になることだという結論を出しているのは正しい。

それは南部で始まった。つまり、ジェームズ・マドック父（1718-1786）などの種苗商がロンドンのフロリストに花を盛んに供給し始めたのだ。そうした種苗商は北部の同業者とは異なっていた。彼らは紳士階級ではなく素人栽培家だったが、明らかに北部のフロリスト協会の会員より条件がよかった。彼らの庭はウリッジ、シドナム、クラファム、ランベス、ペントンヴィル、カンバーウェルなどの郊外にあった。マドックはランカシャーのウォリントンから来たクエーカー教徒で、ロンドン南部のウォルワースで商売をしていた。そして「この王国中で、花に好奇心をもつ人々の間でよく知られている」人物と言われていた。リチャード・ウェストンが一七七七年に出版した、マドックの種苗園で売られた花についての記録によれば、当時そこが所有していた品（八百種のチューリップを含む）のほとんどすべては、「最も高く評価されていたものの中から、あるいは珍しい品を扱うオランダの栽培家の所有品の中から選別された」ものだった。しかし、一五年後に出版された、五二ページの『ウォルワースのマドック親子会社が販売している花卉、植物、樹木等のカタログ』を見ると、次第にイギリス産の植物に移っていることが分かる。マドックは七百種以上のチューリップを載せている。フロリストが作り出した六六四種類の遅咲きのうち、一〇三種には英語の名前が付いている。最も高価なチューリップの球根は一個が一〇ポンドだったが、最も高価なヒヤシンス、八重の赤色の変種「コンプト・ド・ラ・コスト」ほど高くはなかった。早咲きのチューリップ（一六世紀に初めて導入された種類）は、一八世紀の中頃には完全に流行遅れになって、ほとんど栽培されていなかった。早咲きの花では「ヴァイスロイ」、「デュク・ファン・トール」、「コンギングズ=クルーン」などの美しい赤色と白色の縞模様の種類だけが植えられていた。

ジョン・ペアソン（*fl.*1780s–1825）は、一七八二年にノッティンガムシャーのチルウェルで種苗商を始めたが、彼はフィリップ・ミラーが言う「好奇心の強い人々」の一人だった。ペアソンは靴下を製造しており、彼の妻は小さな女学校を運営していた。彼の店の前にある小さな庭で、フロリストが扱う花を育てていた。そして次第にポリアンサスとチューリップを商うようになって、金を儲けた。彼の成功の鍵は供給量を制限したことにあった。彼が育てたバラ色のビブロメン「レディー・スタンホープ」などの最上の種類の球根が十分に貯まるまで、実生の苗を売り出すことは決してなかった。売り出す時は、一度に百個の球根を売り出し、一個につき一〇シリングの値段を付けている。球根が広く出荷されるようになると、もちろん値段も下がった。一八二一年に、彼は実生

頂がチューリップの門装飾（鉄製、18世紀、イギリス、ヴィクトリア・アンド・アルバート美術館蔵）

苗が満開になった苗床八枚を一枚につき五ポンドで売り出した。これを手に入れたノッティンガムのフロリストが、「マグヌム・ボヌム」と「ローヤル・ソヴリン」という有名なチューリップを初めて手がけたのである。トマス・ヘウィットという人物もその苗床の一枚を購入し、影響力をもつ雑誌『ミッドランドのフロリスト』の編集者ジョン・フレデリック・ウッドが、彼からそのチューリップを手に入れた。貴族が自分の所有している競走馬の血族関係を調べるように、フロリストは花の血族関係をたどるようになった。

種苗商がつける値段では球根を買う余裕がない栽培家は、独力で多くの交配種を作り出した。そうした栽培家は種苗商にその子球を売って、自分たちが費やした金のいくばくかを取り戻すことができた。しかしながら、一八世紀中頃になると、花の好みや庭園様式が変わって、珍しいチューリップに高額な金を払う客の数が減少し、フロリストの花を専門に扱う種苗商は打撃を受けた。おそらくそれが原因と思えるが、ウォルワースの種苗園の創設者の息子、ジェームズ・マドック（1763-1825）がジェームズ・サワビーの『フロリストの喜び』の出版を熱心に支援した。サワビーの言によると、多くのフロリストが「自分たちが作った最上のすばらしい花が詳しく描かれることを望んでいた」。そして図版五に実物大のチューリップを載せるように提案したのは、おそらくマドックだったろう。それは一〇ギニーの値がついてる「ロドニー」というチューリップで、オランダで栽培されたビブロメンの一種と記述されている。図版六には五ギニーのビザーレの「ペレグリヌス・アポストリクス」が、図版一一にはもっと安価なビザーレ「カストルム・ドロリス」が掲載されている。最後から二番目の図のチューリップは単に「黒色と白色」としか記述されていない。本文には、海外に流出した金を取り戻したいと思っていた商人が「絶賛した」花について、細かい記述が載っている。「一級品のダイヤモンドに価値があり、博物学者にとっては珍種に価値があるように、フロリストが発見した多くの特性をもっている、この変わったチューリップは、フロリストにとって最初の重要なものである。この種の原種と比較すると、これはまさに珍種と言える。また次の年にはもっと変化する可能性も大いにあり得るのだ。その球根の値段は百ギニーである。我々はこれから作り出されるものに名前を付けて公にするつもりだが、目下のところはそれを公にしたくない。」そのチューリップは「ルイ一六世」だったはずだ。これはオランダの収集家で商人でもあるスハネーヴォーフトからジェームズ・マドックが高い値段で買い取ったものだ。それは一八〇〇年のマドックのカタログには二〇ギニーという妥当な価格がついている。

サワビーの本が売れなくても、ロバート・ソーントンが『花の神殿』を一七九八年と一八〇七年の間に出版するのを躊躇することはなかったが、この本も売れなかった。フィリップ・レイナーグルが描いた六本のチューリップがその本の一番はじめに載せられた。花の背景にはオランダの町が描かれているが、強調するところがまったく変えられている。「ルイ一六世」のような外国産のチューリップではなく、有名なビザーレでイギリスの実生のチューリップ「ラ・マジェスティユーズ」、「グロリア・ムンディ」が描かれている。その内の一つは、ロンドンのチェルシーのキングズ・ロードに住んでいた種苗商であり、有名なチューリップの愛好家でもあったトマス・デイヴィー(*c.*1758–1833)が育てたもので、もう一つは、ロンドンのフリート通り一五二番に「オレンジ・ツリー」という名前の店をもっていた種屋でありフロリストでもあったジョン・メイソン(*fl.* 1780s–1810s)が作り出したものである。ソーントンは、この実生種に名前を付けるに際して、「この仕事に資金援助をしてくれた二人の著名な人物の名前を付けた。デヴォンシャー公爵夫人と、優れた感覚と表情豊かな美形という点では、彼女に優るとも劣らないスペンサー伯爵である。彼はわが国の海軍にとって忘れることのできない功労者である。彼の指揮の下、わが海軍は祖先の偉大な栄光をさらに凌ぐようになっている。」

この有名な援助者がいたにもかかわらず、ソーントンの仕事は経済的には失敗だった。彼はこの本を予約した人々に「お詫び」を書かなくてはならなかった。そして彼の問題点は、「かつて適度に豊かだった人々が、文明化したヨーロッパ中に略奪、砲火、殺人を広げている軍人に支払うために、税金を納めなければならないと不満を述べている」という事実にあると述べている。一七九三年にフランスとの戦争が始まり、一八一五年のワーテルローの戦いが終わるまで、平和は訪れなかった。パディントン・グリーンのフロリスト、トマス・ホッグ（1771-1841）は、「社会が平和になり、自分たちも平和な事業に戻って以来、チューリップ栽培に吹き込まれた新鮮な精神」について記述している。フロリストは最上の花から採っておいた種子を蒔いて、新しい「交配種」を育てようと意気盛んだった。ホッグが言うには、「最も満足できる、完璧な成功を得られたのはウィルツのフォックスグラヴのゴールダム氏、オースティン氏、ストロング氏、ロレンス氏のおかげである。これらの人々は種子からチューリップを育て、この国で最上のブレイクした花をいくつか作り出した。クロイドン在住の科学的で経験豊富なフロリストのクラーク氏は、形の美しい花とはっきりとした下地色をもつ、この国で最高の栽培種を『ルイ』、『シャルボニエール』、デイヴィーが作った『トラファルガー』などの種子から育てた。それらの花はフロリストの間で大変高い評価を得ている」。これによって、移行は完成した。つまり、フロリストがイギリス独自のチューリップを作り出したのだ。チューリップの美しさについて、フランドル人やオランダ人の栽培家の評価を受け入れるだけではもはや満足できず、イギリス独自のものを示すことができたのだ。

一五五七年にアウグスブルクに突然現れた時、その新鮮さで皆にショックを与えたチューリップは、少なくとも一七二〇年までは珍しい花であり、流行し続けた。それからチューリップは趣味の花として専門家の職分となった。当初、南部の、特にロンドン近郊の栽培家が優れていたが、趣味として栽培する人と商売として栽培する人がいた。しかし、チューリップは北部でも好まれるようになって、この二つの地域で一八六〇年頃までは楽しく競い合う状態が続いた。しかし、その頃になるとチューリップ協会が南部で消滅し始めた。南部の栽培家は花の形を最も重要視して、花の基部と花糸の純粋性を求めた。北部の栽培家は花に羽状模様や炎状模様がきちんと出ていれば形の悪い花弁を大目に見ていた。ビブロメン（下地が白色で濃い紫色の模様があるもの）、ローズ（下地が白色で赤色かピンク色の模様があるもの）、そしてビザーレ（下地が黄色で赤色か茶色がかった黒色の模様があるもの）がイギリスでのチューリップの神聖な三人組だった。そしてこの三タイプのどれかになっている花だけが品評会で展示された。羽状模様の花には花弁の周りに下地色とは対照的な色のきれいな線模様がある。炎状模様の花はそれぞれの花弁の中心に濃い色の幅広い炎の模様が走っている。羽状模様はわずかでなければならず、炎の模様は花弁の中央部に対称形に、しかもはっきりと走っていなければならない。良質の炎状模様の花は、良質の羽状模様のものより見つけるのが容易であると考えられていた。チューリップの愛好家は、八重のチューリップを好まなかったが、ヒヤシンスの愛好家の間では八重の花は高く評価されていた。フロリストがチューリップを育てる長くて細い苗床には球根が、ほぼ一五〇〇年前にフランス人のドザリエール＝ダルガンヴィーユが勧めていた形通り、きちんと格子状に植えられた。中央部に茎の一番長い花を、一番外側に一番短いものを植えた。苗床の幅は七個の球根が、ローズ、ビブロメン、ビザーレの順番に繰り返し植えられるだけの長さで、ほとんど変えられることはなかった。苗床の長さは球根の量によって変わったが、チューリップが咲いている時には、型通りに植えられた苗床は極上のシルクの布のように見えた。濃いカラシ色のビザーレが濃い紫色のビブロメンとみごとな対比を見せていた。チューリップの愛好家はこれ以外の植え方をすることはなかった。

ホッグは一八二〇年に出した『論文』の中で、フロリストが扱う花の中にチューリップを入れるかどうか悩んでいた。つまり彼はチューリップは流行遅れだと感じていたのだ。それは一七八〇年から一八二〇年の間のことだと思われる。当時サワビーが『フロリストの喜び』の出版のために資金を集めようと努力していたことも、その証拠と言える。しかし、一八二〇年にはチューリップは再びフロリストが熱心に栽培する花になっていた。つまり栽培家は新しいイギリスの実生種を手に入れたのだ。それは種苗商トマス・デイヴィーが初めて作り出したもので、その後ダリッジのウィリアム・クラーク（c.1763-1831）が育てていた。クラークは有名な「ローレンシズ・ラ・ジョワ」など、多くのチューリップを種子から育てていた。彼は趣味の人で、彼の故人略伝記者が書いているところでは、「花を渡すにあたって決して金を受け取らなかった。しかし、実生種の球根を手渡す時には、ブレイクした花の球根一個と交換していた。」

黄色と赤色のビザーレの「マルセルス」はクラークが作り出したもう一つの実生種で、一八三六年の『フロリスト雑誌』の中に美しい姿を見せている。多くの普通のチューリップが黄色だったから、初めの頃は、ビザーレは赤色と白色のローズや、紫色と白色のビブロメンほど高く評価されなかった。しかし一八二〇年代から流行し、特に北部の栽培家に好まれるようになった。「マルセルス」は一八二六年頃紹介されたが、簡単に増えず、「繊細な」花と考えられていた。「この球根は一個が七ないし、八ギニーで売られ、フロリストの間で妥当な価格だと考えられている……」と「マルセルス」が特集されている『フロリスト雑誌』に投稿したフレデリック・W・スミスが述べている。クラークはまた一九世紀初頭の最も有名なチューリップの一つ「ポリフェムス」がブレイクしてできた改良種を育てた。これは薄いレモン色に濃い色の模様がある種類で大変高く評価されていた。ビブロメンの「ファニー・ケンブル」も彼が作り出したものである。現在でもそうだが、当時も俳優や女優の名前を花に付けることが好まれていた。これは花弁の周囲に優雅な線模様があって、普通「羽状模様」の花として扱われていた。ロンドンのチェルシーのキングズ・ロードのトマス・デイヴィーが「ファニー・ケンブル」の球根一個を、ウィリアム・クラークに百ポンドで売った。デイヴィーはフロリストの間で高く評価されており、彼が春に行うオーリキュラ、ヒヤシンス、チューリップ、カーネーションの展示会には、彼を敬愛している多くの人々が集まった。デイヴィーの死後、「ファニー・ケンブル」の球根と二個の子球根がジョン・ゴールダムという愛好家に譲られたが、この人物は七二ポンド一〇シリング支払っている。このチューリップは育つのが遅く、子球根ができるのが遅かったので、途方もない値段が付いていた。

イギリスのチューリップ交配家とフロリストが仕事を始めた頃にはすでに、花の完成度については広く理解されていた。南北の栽培家が細かい事柄を論争して楽しんでいたが、優れたチューリップは少なくとも一メートルの高さがなければならないということは、一般に合意されていた。強いが弾力性のある茎が花をしっかりと支え、完璧

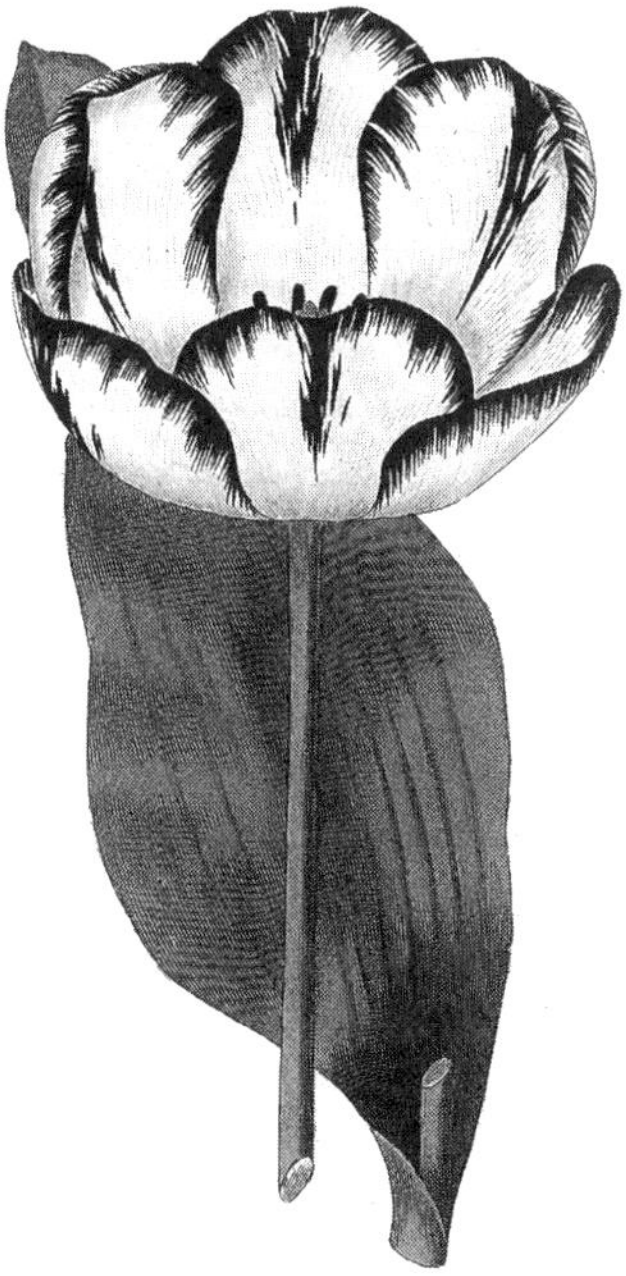

ビブロメン系「ディヴィヤーナ」
(『フロリスト・ガイド』1828より)
ゴッテンブルクのデュプレの所で「ブレイク」し、トマス・デイヴィーにちなんでこの名が付けられた。
デイヴィーは、このチューリップの球根を1個5ポンドで売った。

な対称形にならなければならない。コップ形の花は茎と完璧にバランスがとれていなければならず、茎に対して軽すぎるように見えても重すぎるように見えてもいけない。花それ自体は花弁の縁が規則的で完璧でなければならず、その手触りもよくなければならない。下地色も模様の色もはっきりして、鮮やかで、光沢がなければならない。花弁は上質で、先が尖っていても縁が破れていてもいけない。

チューリップが品評会に出されるようになると、優秀さの基準を決めなければならなかった。どこで行われる品評会でも、同じ六つのタイプのチューリップを出品するのが当然のことだった。つまりローズ、ビブロメン、ビザーレのそれぞれについて羽状模様か炎状模様のチューリップを出品したのだ。こうした事態が驚くほど早く行われるようになった。ウォルワースのジェームズ・マドック［子］が一七九二年に初めて『フロリストの指令書』を出した時、チューリップの記述にはまだ、プリモ・バゲ、バゲ・リゴー、アンコンパラーブル・ヴェルポールなどフランス語を用いていた。彼は「すばらしい変化した遅咲きのチューリップ」の特性について述べているが、羽状模様とか炎状模様という言葉は用いていない。彼はビブロメンとビザーレについては言及しているが、ローズについては何も言っていない。ローズについては後に一八一〇年の「改訂版」でサミュエル・カーティスが付け加えている。マドックは初版本では、外国のチューリップの交配者を信じることで満足していた。カーティスはその件については、別のより頑固な偏向をもっていた。「イギリス産の花がもっている完成度は間違いなく外国の栽培家のおかげだが、オランダ人は金が好きで、我々の作り出した新種の変種を購入せず、イギリスで行ったあらゆる改良を無視している。我々の新種にも連中が作り出したどれにも決して負けることのない利点があるにもかかわらず」と、カーティスは述べている。

ワーテルローの戦いでイギリスがフランスに勝利した後、イギリス人のかたくなさは一層増長した。フロリスト協会自体の拡大も、一九世紀の初めの二五年間にイギリス中をおそった激変で加速された。当時、工業製品の世界貿易の半分は、イギリスの製鉄業者、綿工場の所有者、その他の関連企業家が押さえていた。後にトーリー党首になる人物の父親、ロバート・ピール卿は、自分の木綿工場に一万五千人を雇っていた。イギリスの最初の鉄道、ストックトン－ダーリングトン線が一八二五年に開通した。都会は人口が増し、田舎はからっぽになった。工場主は労働者の健康状態と能率は大いに関係があることに気付き、早急にこの点を解決しなければならなかった。そこで労働者に庭を提供すれば、双方の利益になると考えた。その庭の大きさは一二分の一エーカーから四分の一エーカーまで様々だった。そして通常は辺鄙な所にあって、労働者が住んでいる借家から離れていた。マシュー・ブールトン（1728-1809）は蒸気機関の発明者の一人で、早くも一七六一年に、ハンズワース・ヒース辺りの地所の借地権を買って、それを何十もの小さな地所に分割して労働者の庭を作った。エラスムス・ダーウィン（バーミンガムの有名なルーナー協会の一員）は、ブールトンが荒れ地を庭に変えたことを「貿易が住民にもたらした効果の記念碑」と記述した。ウィリアム・ホウィットは、ノッティンガムのハンガー・ヒル市民園の典型的な区画について記述している。それはフロリストの庭で、「チューリップ、ラナンキュラス、ヒヤシンス、カーネーション、あるいは他の花を見せる場だった。そうした植物に自分たちの余暇を費やし、多大な注意と関心を寄せている」と言っている。つまりフロリストというのは、田舎の現象ではなく都会のもので、花を栽培しているのは小さな区画だったということが分かる。

フロリストのチューリップ展示会は厳格な条件に従って開かれた。まず、期日はその地域の協会のすべての会員に都合のよい日でなければならなかった。一八〇三年五月一二日に、ペズリーのロバート・カーズウェル、D・スミス、トマス・ロバートソンは「品評会用のチューリップを作っているすべての会員の庭を調査するための」調査官に任命された。彼らは「チューリップを品評会に出す日を決定するための調査官だったが、もし次の木曜日の夜に確定できないなら、決定するためにさらに時間をとることが認められるだろう」。この調査官は早急に決定を下さなければならなかったに違いない。なぜなら、翌週には展示会の日を六月三日の金曜日に決めているからだ。「その日は遅咲きと早咲きのチューリップのどちらの栽培をしている者も全員が合意した」日だった。季節は激しく変化するので、フロリストの品評会の期日をはるか前に定めることは決してなかった。

展示会の開催日が決まると、展示会についてその地方の新聞に広告が出されたが、その基本的規則が地域によって変わることはほとんどなかった。一七七六年五月一五日のイプスウィッチの新聞は、同様の催しが開催される百か所について詳しく説明している。「チューリップの展示会は二一日の月曜日にセント・クレメンツ教区のジョン・ライクラフトの店で行われる。この日、三か月間育てたものの中から最上のチューリップ二本を出した人は誰でも、二枚の銀貨を獲得する権利をもつ。三本目のチューリップは五シリングを獲得できる。しかし、協会の会員でなければ、展示は認められない。花はジョン・ライクラフトの店に一二時までに到着していなければならない。食事は一時で、その場でフロリスト協会員の優位が評価される。会長のピーター・バローズ、会計のウィリアム・テイラーとジョン・ソーンダイクによって署名される。」

ノリッジでは一六三一年に最初のフロリストの祭が開催されたのだが、この地にいたユグノーが、ランカシャーで織工として働くためにイースト・アングリアを離れた時以降、フロリストの伝統は絶えてしまったにちがいない。しかし、この地域にはフロリストの扱う花を崇拝することが広まっていたので、一九世紀に再度、その伝統が花開いた。ノリッジのフロリスト協会は一八二八年に復活した。その功績は「イギリス中から多くの優秀な球根を持ち帰ってきたドーヴァーという名前の織工の努力による。その協会の構成員は三〇名以上の会員からなっており、……短い余暇の時間をこの仕事に捧げている大変地位の低い人々である」。その織工がジョージ・ドーヴァー（*fl.* 1820s-1850s）なのはまず間違いない。彼はノリッジのマグダレン通りに種苗園をもっていた。トマス・デイヴィーを始めとする他の種苗商兼フロリストが気付いているように、その協会は商売するには適していたのだろう。「ラ・ジョワ・ド・デイヴィー」の球根一個を一五七ポンド一〇シリングで買いたいという申し出をデイヴィーは拒否した。ランベスのウェストミンスター・ロードのマウント通り三番地の種苗商ロバート・ホームズもまた「ルイ一八世」など、いくつかの美しいチューリップの実生を育てて展示した。彼は後に「ルイ一八世」をペントンヴィルのジョン・ゴールダムに四二ポンドで売っている。種苗商が最上のチューリップに付けたこの値段に、パディントンの栽培家トマス・ホッグは怒っている。「あれらの美しい、この上もなく美しい選別されたチューリップは、それを育てたすべての人の誇りであり自慢だから、普通のカタログで付けられている価格、千ポンドより安い値で手に入れることはできないだろう。これほどのものは何年にもわたる我慢強い研究と疲れを知らない労力がなければ、獲得したり集めたりできないものだ。わが国のフロリストのカタログに載せられているチューリップが、長年にわたってあまりにも高価だったために、愛好家は買うのを思い止まり、嫌悪感をもつようになり、この花に関心をもち、この花を好む人々も入り込むことを躊躇している。値段はたいてい売り値の半分ほどの価値しかない。……これは悪効果であり、ペテンと思われかねず、チューリップ栽培のさらなる拡大を妨げるのは間違いない。」

「ランカシャー、チェシャー、ヨークシャーなどで行われた花の展示会報告」は一八二〇年代に毎年マンチェスターで出版されていたが、それを読むと、北部の主要な工業の中心地ではどこでも新参者が加わって、花の愛好家が急速に増えていった様子が分かる。一八二〇年には一六回のチューリップ展示会が催されており、一八二六年には二七回催された。

器について述べれば、花に愛情を注いでいたように、磁器に花の模様を描くことにも愛情を注ぐようになった。一九世紀初頭から、チューリップは多くの花瓶や花立てに描かれるようになった。例えば、ダービーの磁器工場で製造された磁器には、エナメルや金泥でチューリップの模様が描かれていた。ダービーの有名な花の画家ウィリアム・ペッグ（1775-1851）は、イギリスのフロリストが育てるチューリップを専門に描いたが、彼の父親は協会の温床だった、ダービー近くのエトウォール・ホールで庭師をしていた。一〇歳頃にはペッグはすでに磁器工場で働いており、三年後磁器に絵を描く徒弟修行を始め、その工場で一日一五時間働いた。一七九六年、彼はダービー・チャイナ・ワークスと五年契約を結んだ。この工場は高名なチェルシー・ポタリーを接収して繁昌していた。しかしペッグは、一七八六年にスタフォードシャーでジョン・ウェズレーの説教を聞いて、金持ちの客の食卓上に、罪深いほど美しい花の模様が描かれた高価な磁器を飾ることは道徳上許されるのかと、悩むようになった。一八〇〇年に彼はクエーカー教徒になって絵の具箱を捨て、靴下製造者として、目覚ましいほどの成功を収めることもない人生を始めた。靴下は精神を満足させたが、肉体を維持するのは困難な状況になった。餓死しそうになって、一八一三年にダービー・チャイナ・ワークスでの前の仕事に戻った。そして優雅なチューリップでスケッチブックを満たし、後にダービーの磁器の上にそれを描くようになった。再び七年後、宗教的良心の呵責に苛まれるようになって、彼は永久にダービーの工場を去り、一八五一年に貧困のうちに死んだ。

季刊誌の出版者が良心の呵責に悩まされることはなく、チューリップは雑誌の中で華やかな存在だった。そうした雑誌は一九世紀初頭から次第に増加している目の肥えた読者の要求を満たした。サミュエル・カーティスの『ボタニカル・マガジン』は一七八七年から出版されるようになって、フロリストの花を奨励する以上のもっと広く、崇高な目的をもっていた。しかし、比較的早い段階の一八〇八年に、イギリス産のチューリップを一番目の図版として載せたことがこの雑誌の特徴だった。ただし、フロリストの花が多く載っているのは、カーティスが出版したもう一つの雑誌、『フローラの美』の方だった。これは一八〇六年から一八二〇年まで発行されたものである。こちらの方が図版は大きかったが、ソーントンの『花の神殿』ほど有名にはならなかった。カーティスのチューリップ

イギリスのフロリストのチューリップ
(ウィリアム・ペッグのスケッチブック、1813頃)

の図版は、ウォセスターとスワンシーの磁器工場の主要な絵付け師だったトマス・バクスター（1782-1821）が描いた。『フローラの美』の出版が終わる前に、コンラッド・ロッジディーズが『ボタニカル・キャビネット』(1817-1833）を出版し始めた。これに続いて六年後に、チェルシーの種苗商ロバート・スウィートは『キャビネット』より地域性の強い『イギリスの花の庭』（1823-1837）を出版した。園芸家を圧倒するほど多くの雑誌が出版された。ベンジャミン・モーンドの『植物園』が一八二五年に開始され、『園芸家の雑誌』は優れた博識家のジョン・クローディアス・ラウドンが一八二六年に創刊し、編集した。ロバート・スウィートが出したもう一つの雑誌『フロリスト案内』は一八二七年に創刊された。この五年間の出版物の中で、『案内』がチューリップの絵を一番多く載せており、六一枚の色付きで、それを育てた人物についての説明が添えられている。栽培したのは常に男性だった。ナデシコの栽培が巧みだったのは女性だったが、彼女たちはチューリップにはほとんど関係しなかったようだ。一八二六年五月二二日のランカスター・チューリップ展示会で、黒色の「バゲット」と、人気があった羽状模様の赤色と白色の「ドリトル」と呼ばれるチューリップで一等賞と二等賞を獲得したダルトン嬢という人物は異色だった。チューリップはその時代の小説の中にも現れた。サッカレーの小説の女主人公の一人、モージアナについて、彼女は「女性の中のチューリップであり、チューリップ愛好家は皆、彼女の周りに来て群れた」と作者は書いている。

栽培家の一年はチューリップの栽培を中心に過ぎていく。北部の栽培家にとっては品評会が唯一の目標だったが、ロンドンのフロリストは違っていた。南部のフロリストは同業者のチューリップの収集品を見るために表敬訪問するという大切な行事があった。ヘンリー・グルーム（*fl.*1820s-1850s）は、ウォルワースにあるマドックの種苗園でカーティスの後任者になった人物だが、彼はそうした折に主人役をしていた。表敬訪問した「鑑識眼をもつ人々は会合を開き、比較したり、批判したり、交換したり、購入したりした後、皆で食事をした」。初期の頃から大量の食事や酒がチューリップ栽培に欠かせないものだったようだ。グルームの種苗園には長さ四五メートル、幅一・二メートルのチューリップの苗床があった。それは「壮麗な眺め」だったと当時の人が言っている。ハンプトンにあったロレンスのチューリップ花壇は「ロンドン辺りで最もすばらしいものの一つと言われ」、ここにも多くの人が訪れた。ロレンスは、花弁の縁が純白のベルベットのような濃い紫色の優雅なビブロメン、「ロレンシズ・ラ・ジョワ」を「ブレイクさせた」ことで尊敬されていた。ロレンスの花壇に集まった「多くの趣味人、素人、有閑人、そして有閑人の中でもクラレンス公爵が」チューリップを調べたり、絶賛しているのを見たことがあると、『園芸雑誌』の投稿者バーナードは言っている。ロレンスのチューリップの中には黄色と黒色の「ポリフェムス」があり、これは彼の花壇の中でも最も珍しくて高価なチューリップだった。

グルームとロレンスのチューリップ花壇は、当時最も有名なものだったが、一八二〇年代にはロンドン辺りには他にも多くの花壇があった。例えば、ブルック・グリーンのストロング、ハマースミスのウェルティー、アッパー・カラップトンのオースティン、ミルバンクのチーズの花壇などが挙げられる。イズリントンにはチューリップ愛好家が大勢いた。大変高い値段の「ルイ一八世」の球根を購入したジョン・ゴールダム、一八一九年にイズリントンのボールズ・ポンドにあったノートハンプトン種苗園を、トマス・バーと共同経営していたサミュエル・ブルックス、そしてホロウェーのシティ・ロードのコテージ・プレイスの種屋でフロリストでもあったフランクリンなどがいた。ロザーハイズ、ベスナル・グリーン、ローアー・トゥーティングにも優れたチューリップの栽培家がいた。ウィン例えば、カンバーウェルには、赤色と黄色のビザーレ「エヴァラード」で大評判をとったバウラーがいた。ウィンザーにも栽培家がいたし、スローでも種苗商のチャールズ・ブラウンという情熱的な栽培家がいた。これも南部と北部の大きな違いだった。一八二〇年代には南部のフロリストの多くは種苗商だったが、だからといって北部の素人の栽培家が彼らを慕うようにはならなかった。

ロンドンのフロリストも展示会を開いていたが、主要なものはイズリントン、ダリッジ、ハマースミス、チェルシーで開催された。トマス・ホッグはイズリントンとチェルシーの協会の規則について説明している。そこの年会費は一ギニー一〇シリングだった。チューリップは通常は午後一時に提出されて、食卓に座っている会員の手から手に渡され、会員が「正常な」内に判定された。食事と判定が終わると、一般の人にも花を公開した。ホッグは他にも協会はあるが、彼が話しているこの二つは「会員数が多いだけでなく、チューリップ栽培で最も尊敬されている」協会だと言っている。中には、イメージの点で問題がある協会があったのは明らかだ。

一八三〇年から一八五〇年は、チューリップが最も愛好された時期である。一八三二年、ジョージ・グレニー(1793-1874)は「フロリストと素人のロンドン協会」を設立する。気難しいグレニーは、若い頃時計職人になる修行をしたが、後に『庭師新聞』の編集者になり、フラムのダンガノン種苗園の所有者になった。編集者としてのグレニーは「厳しく喧嘩早い」と言われていたが、一八四〇年代初頭に行われたチューリップの改良には強い影響力をもっていた。その理由は、良質のチューリップと呼ばれるためには、彼が決めた「特性」、言い換えれば彼が定めた基準に従わなければならなかったからだ。基準がはっきりしていると品評会での判定が容易になるから、グレニーの「特性」を当時のフロリストは忠実に守ろうとした。彼はこの大きな飛躍を起こした人物だが、常に信頼されていたわけではなかったので、いつもイライラしていた。他のフロリストは「私の考えに従って自分たちが作業をしている」ことを用心深く隠していると彼は書いている。『園芸家と実践的なフロリスト』誌に書いていることを見ても、「無視され傷つけられたとの思いから、彼は感情を抑えることができなかった」が、フロリストに強い影響力をもち、鋭い鑑識眼をもつ人物として彼を評価する者もいた。グレニーはカンバーウェルのバウラーが育てた「エヴァラード」全部（七個の球根）を一四〇ポンドという高額で購入している。

しかし、チューリップの球根に価値があると再び思われるようになると、一七世紀初頭にオランダの栽培家を悩ませた問題が、イギリスのフロリストを苦しめ始めた。一八三一年の『ハル・アドヴァイザー』誌は、ハル近郊のビヴァリー・ヒルズの「マーマデューク・カーナビー氏が所有しているすばらしく、価値あるオーリキュラとチューリップの収集品」が激しく攻撃されたと報告している。マンチェスター近くのローアー・ブロートンのアルビオン・プレイス在住のジョン・スレーターは「ランカシャーにある一級品の苗床から選りすぐられた花が展示された会合で、私の花の三つが一等賞を、二つが三等賞を得た。そして『ロワ・ド・シャム』は間違いなく私が出品したものの中で最高の花だったが、判定される前に食事中に盗まれた」と不満を述べている。

スレーターが一八四三年に『チューリップについての記述カタログ』を出版する頃には、北部の栽培家は南部の栽培家を凌ぐようになっていた。『園芸通信』の報告によれば、「五月には、ウォルワースやカンバーウェル・ローズに接している家の裏庭にあるチューリップの花壇には、花を保護するキャンバス地の布が掛けられているのを」見ることができるが、ウェイクフィールド、アルトリンチャム、ダービー、ハリファックスで見られるほど多くはない。南部の人々が良質の新しいチューリップに途方もない値段を付けることに北部の栽培家は苛立っていた。マンチェスターの住人のスレーターは、ロンドンの栽培家のカタログには、球根一個につき彼らの言う「適正価格」の五〇ポンドとか百ポンドという値段がついているものがあり、しかもそのチューリップを作り出した田舎のフロリストには、代金として三ポンドしか渡していないと不満を述べている。北部では最高価格のチューリップ、一八二〇年代にダービーのシャーウッドが育てた、羽状模様のピンク色と白色の「レディー・クリュー」でもわずか五ポンドである。スレーターによれば、ロンドンの栽培家が「地方の同朋にもう少し気前良くすると」都合よく行くだろう。「もしそうなれば、ランカシャーのチューリップ栽培家は、フロリストが扱う他の花についてそうであるように、すぐにロンドンやその近郊の栽培家を凌ぐようになるだろう。」

しかし、ジョージ・グレニーが健筆をふるっていた間、南部の人々は勝利を譲ろうとしなかった。グレニーは南部で育てられた「ポリフェムス」がこの国で最高のビザーレであると、断固として主張し続けていた。一八四一年一〇月一四日の『花卉園芸雑誌』の寄稿者は、チューリップの最高の判定者はロンドンのフロリストなのか、それともランカスターのフロリストなのかという疑問を投げかけている。この寄稿者は、チューリップ・ロッジのジョック・フロラムというペンネームを用いるという注意を払っていたが、グレニーにはそのようなためらいはなかった。彼にとっては、北部の栽培家は野蛮人だった。彼らはチューリップの形よりも羽状模様や炎状模様の方を重視しているのだから、それ以外ではありえないではないか。グレニーは一八四三年に『園芸家と実践的なフロリスト』の中で、チューリップの特性について書いている。規定は全部で一二あり、規定その一はチューリップの花の形は「開いた時に半球から三分の一球の形にあるように整形すべし」と書いている。グレニーはそれを意図していたわけではないが、一八四〇年代のチューリップ大戦争で初めの一発を発射したのだ。一八四九年の国内チューリップ協会の設立によって、南部と北部の間にあった敵対関係は不安定ながら一応収まることになる。

グレニーは自分のことを、ウォルワースの種苗商でフロリストでもあったヘンリー・グルーム（「扁球」形の完成は彼の功績）の好敵手以上の存在だと考えていた。そして『チューリップについての記述カタログ』の筆者ジョン・スレーター（「半球に一六分の一球分を加えた」形を作り出すために努力した。それは重要なことだったのだ）の好敵手であると考えていた。しかし、彼はG・W・ハーディー博士（1801-1875）を好敵手の中に入れたことはなかった。ハーディーはソルフォード生まれで、チェスターフィールドとストックポートで勉強したが、当時はマンチェスターで外科医として年期契約で働いていた。産科が彼の専門だったが、フルートとコントラバスに、とりわけチューリップにその情熱を傾けていた。鈍い灰色がかった紫色のチューリップ「タリスマン」は彼の作品だった。そのチューリップがブレイクした時、美しいビブロメンができた。それは白地に紫がかった黒色の模様があるチューリップだった。一八四七年にハーディーは新しい雑誌『ミッドランドのフロリスト』に「チューリップの形の完成について」独創性に富んだ文章を発表した。この雑誌は特にミッドランドとイギリス北部の栽培家を対象にした雑誌だった。断固たる調子で、ハーディーは自分に同意しない人々によって出された、チューリップの最上の形は半球形しかないという意見を粉砕し始めた。

ハーディーは、一八四〇年に『フロリスト・ジャーナル』で、ヘンリー・グルームが擁護していた扁球形、つまり半球より一五分の一球分だけ欠けているチューリップを取り上げた。ハーディーの攻撃の的になった不運なグルームは「花柱を少し押さえ、花弁の下の部分にむかって少し外側に膨らませるべきで、そうすれば花にきれいな角ができる」と述べていた。無慈悲にも、ハーディーはその説を無視し、虹のイメージを引き合いに出している。もし虹の中央部にくぼみがあって、どちらかの側に膨らみがあったら、これを改良だと我々は考えるだろうかと、彼は尋ねている。「この異常な形をチューリップの完璧な形だと考えるようにグルーム氏がしむけている。」

スレーターは半球に一六分の一球を付けた形を完璧な形と考えたが、それで以前より良い状態にはならなかった。花弁が大きくなれば、花弁が内側に曲がろうとする傾向が強くなって、中央部を隠してしまうとハーディーは指摘した。もし花弁が外側に反り返るなら、これはチューリップ本来の形を愛する者に同じように嫌われるだろう。しかし、スレーターはマンチェスター人だったから、ハーディーは彼には寛大で、もしスレーターがフロリストの誰もが従うことができない他の条件を加えなければ、彼の言う完璧な形は問題にならないほど小さなことだと付け加えている。スレーターは「花の形は六枚の分厚い花弁からできあがっていなければならない。その花弁は中央部から初めは少し真横に広がって、それから上に向かって行き、底が丸く、先が基部よりも広がっているコップ形にならなければならない」と書いていた。そのコップ形は底の部分がどうしたら丸く、しかも横に広がっている状態にできるのかとハーディーは大声で非難し、スレーターの理論をグルームの理論と同じように捨て去った。

グレニーは最悪の状態になった。彼は作り出す理想の形として三分の一球の形を好んだ。その理由は「すべての愛好家はチューリップの美しさは、花弁の内側の表面如何だということを知っている。……もし内側の表面全体が一度に見ることができなければ、それは欠陥と見なされることも知っているからだ」。フロリストのチューリップはその美しさを見せるようにしっかりと開くことができるはずであり、もしコップ形が三分の一球より大きければ、それが効果的にできないということはグレニーには明白なことだった。半球形は深すぎて花の内側の複雑な様子を見られないからという理由でグレニー氏が反対したことは「まったく根拠がない」とハーディーは否定した。最高のチューリップとは複雑な模様がついていることだから、花弁の大きさは「考えなければならない重要なこと」だった。半球であれば、羽状や波状の模様を描くのに大きなキャンバスとなった。もし半球形で直径が一〇センチあれば、三分の一球形よりも一・五センチほど大きな花弁になるとハーディーは評価した。半球形の利点は大変大きいから、「すべてのチューリップの形を判定するのに従うべき基準として躊躇なく半球形を採用する」とも言っている。チャールズ・ディケンズの小説に出てくるランカスターの手工業者グラジリンド氏ならその意見に賛成したろう。『困窮の時』に出てくるグラジリンドの秘蔵の弟子ビッツァーは、チューリップを変化させ、左右対称の模様を作り出すことについてはよい仕事はできなかっただろう。高慢で無頓着、抑制がきかず強情で、予測不能で不可思議、繊細で寛容、そして優雅なイギリスのフロリストが作るチューリップを変化させることはできなかっただろう。

残念ながら、ハーディーが厳密に記述した内容に合致するチューリップはほとんど見つけることができなかった。羽状模様のビザーレ「チャールズ一〇世」、すばらしい羽状模様のビブロメン「ビアンフェ」、昔からある羽状模様のローズ「ヒロイン」、そしてロレンスが作った炎状模様のローズ「アグライア」のような人気があったものも、コップ形が長すぎる点が彼の理想からはずれていた。さらにハーディーは『ミッドランドのフロリスト』の次の号で、新たな攻撃を仕掛けていた。つまり彼は花の縁の正しい形と花弁の最も好ましい形について考察し、グルームとスレーターは「きれいな丸形」であるべきだと言っているのだが、丸形の意味を定義していない点を再度批判した。つまり二人が花弁は丸形というのは半円なのか、それとも決まった大きさの扇形なのか。ハーディーはそれを明確にしなければならないと考えた。またグレニーは先が平らなチューリップを好んでいるとあざ笑っている。この特質は、ハーディーが苦労して指摘しているように、自然にはないものである。グレニーは自分の威厳をかろうじて保ちながら、「これ以上論評することでこの紳士に名誉を与えるつもりはない」と言って戦場から撤退した。ハーディーはまた自分の本の編集者ジョン・フレデリック・ウッドが選んだ花の挿絵についても非難した。ウッドの選んだチューリップの花弁は鋏で切られたように見えると言っている。フロリストは「自然のなせる業を自分たちの想像力と同程度の粗雑な法則に」従わせており、「自然が苦労して教えている真の教訓を無視して、自然が作り出そうとはしない形を作り出そうと無駄な努力をしている」とハーディーは嘆いている。

チューリップには「優雅な曲線を作り出そうとする傾向」があり、『ミッドランドのフロリスト』の読者に、チューリップの花弁を顕微鏡か高い倍率の拡大鏡で調べてみるようにと彼は熱心に説いた。チューリップの基本構造について悲観的な評価を述べ、機能と形は切っても切れない関係にある、と言っている。縁が曲線であることはその形に欠くことができない要素だった。その要素を明確にするにあたって、ハーディーは完璧な花弁の曲線部のさしわたしの長さは花の半径に等しくなければならないと結論し、それを計測するための大変複雑な方法を付け加えた。

ハーディーはチューリップ全般についての論文の最後に、四法則を提案しており、それを組み合わせることによって、完璧なチューリップの形を作り出せると言っている。

一　完璧なチューリップは、その周囲が円でなければならない。その深さは幅の半分である。この幅とは一つの花弁の先からその対角線上にある花弁の先までの長さを言う。

二　花弁は内側に三枚、外側に三枚の六枚でなければならない。花弁はすべて同じ高さで、花弁の円形部分は花の直径の半分でなければならない。その縁は均質で、堅く、滑らかでなければならず、表面は均一でなければならない。

三　花の鮮度を保てる限り、それぞれの花弁の間に隙間ができてはならない。

四　コップ形の周囲と花弁の上部の縁の周囲は同じ大きさでなければならない。それはアーチ形あるいは曲線になっていて、その円形部分は花の直径の半分、あるいは花の深さの半分でなければならない。

ハーディーはこの法則は時の試練に耐えると確信しており、事実「ハーディーの規則」は広く受け入れられた。

フロリストが自分だけの法則を定めていたフルカークのような土地でも、優れたチューリップの栽培家ジョージ・ライトボディ（1795-1872）がそれに注目した。ライトボディは若い頃海軍で過ごし、カディスの攻防戦やアメリカとの戦いに参加している。彼が常に身に着けていたメダルは地中海でフランス船を捕獲したことを記念したものだった。彼には分かっていたのだが、「ハーディーの規則」はどうしても必要なものだった。交配種を作っている人々が熱狂的に活動している頃、シーズンごとに何千もの新種の実生チューリップが市場に出されており、フロリストが理想とする花の目的と目標を法則化する必要があった。チューリップの形は、その模様より栽培家にとって達成しやすい目標だった。チューリップに「ブレイク」を起こさせ、その結果としての羽状模様や炎状模様を作るのは、気まぐれなウイルスのなせる業なので簡単には操れなかった。きちんとした基準を定めれば、フロリストもチューリップ展示会で判定者のえこひいきにあうことはなくなるだろうと、南部でも北部でも期待していた。『ミッドランドのフロリスト』は少なくとも地理的には両陣営に足場をもっていたので、模様を作り出すことに喜びを見出す北部の栽培家と、形と純粋性に執着している南部の栽培家の仲介としての役割を果たせる唯一のものだった。

しかしながら、チューリップの栽培を趣味にしている人と、新種の実生種を発表し、それを売るために、多くの展示会を利用した商人との間にはまだ摩擦があった。「もし商人が展示会で、自分たちの努力の成果を気前よく公開し、素人同士だけで賞を競い合うならば、商人は大きな満足感を得られるし、チューリップへの関心もさらに大きくなるだろうと私は思う」と、不満を感じている素人の栽培家が書いている。商人は現在の見本市のようなものを考案すべきだともこの人は提案している。「展示会では会員の名前と居住地を書いた札を付ける」ようにすれば、素人栽培家は商人の所に出かけて、自分の収集品に加える球根を選ぶことができるだろう。現行の制度では競争したいという気にならないとも述べている。しかし、その両者の間の線引きは困難な場合があった。アシュトン・アンダー・リンのジェームズ・ヘイは、一八三〇年代、四〇年代に何度かイギリス中に猛威を振るったコレラで死亡したが、素人のフロリストと考えられていた。彼が一八四六年に死亡した時、所有していた高価なチューリップが競売にかけられた。それは通常行われていることで、その売り出しの利益が死んだフロリストの家族のために必要な基金となった。しかし、ヘイはバックラーが収集していた実生のチューリップを、友人のアシュトンのハーパー・ハウスのジェームズ・ウォーカーと二人で購入していた。素人が次第に商人のようになっていたことが分かる。

フロリストと言えば高貴な職人というイメージが支配的だったが、自分たちが作り出した新しい実生種を売るためには、裕福ではあるが、技術の点では劣り、忍耐力のない園芸家が必要だった。ハウィットというフロリストがノッティンガムのハンガー・ヒルの市民園について記述している。それによれば、フロリストは収入の一部を、アルトリンチャムのジョン・シェルマーダインのような収集家に頼っていたのだ。収集家はチューリップを集めるために「大金を出し渋ることはなかったからだ」。シェルマーダインの花壇の宝石は、昔からある羽状模様の黒色と白色のチューリップ「ルイ一六世」から育てられた実生種だった。シェルマーダインは「議員」フロリストの典型だが、コレラで死亡した時、彼の同時代人が「アルトリンチャム花協会での彼の抜けた穴は、おそらく誰にも埋められないだろう」と残念がっている。フェルトン・フロリスト協会と花と園芸協会とが統一し、善良で寛容な会に変化したことが、その頃書かれた詩の中に反映している。その詩は一八四五年六月二三日に行われた「フェルトン花卉栽培家と園芸家連合」の第二回展示会で「風が歌う歌」の曲に合わせて歌われた。

四五年の春は幸せをもたらした。万歳！
汝がもたらした連合が
すべての関心を一つにした。
それは我々皆が求めていたものだ。
我々は以前のように美しいものを展示するだろう、
そして皆が宣言するだろう
役に立つものと珍しいものを混ぜることが最上の行為であると。

この詩の後半では、パースニップ、リークそして最後にチューリップの美点を賞賛している。それらの植物は、新たに合体したフェルトン連合の展示会で展示された。

そして我々はチューリップを賞賛するが
その理由も述べよう。
「その華やかな色合いが
俗な目を引きつけるからではない。
否！　その様々な魅力が
こうして明るく輝いていると、
我々に絶対者の力を思い起こさせるからだ。

全能の神の！」

一八四七年にダービーで行われた公開チューリップ展示会の報告もまた善良で寛容なものだ。この年、「五〇人以上の紳士が『子馬の頭亭』で一緒に食事をした。テーブルクロスが取り外され、いつもの忠節を誓う乾杯に応じて、座っていたサドラー氏が立ち上がり、ミッドランド園芸協会に対する期待について述べた。彼が巧みな演説をしている間も、その演説を賞賛して繰り返し乾杯が行われた。」

競争心を煽る品評会は一八四〇年代後半から一八五〇年代初頭に頂点に達した。一八四七年五月二四日、ランカシャーのバートンの「王の頭亭」で開催された品評会で、この頃の重要なチューリップの一つ、羽状模様のビザーレ「ロイヤル・ソヴァリン」が優勝した。フルカークでは、最上のチューリップに送られる賞は銀製のカップで、二等賞は一ギニーだった。一八四八年五月一八日に「ライオン・ホテル」の演奏会場でのケンブリッジ・フロリスト協会が小規模なチューリップの展示会を開いた時、ケンブリッジ近郊のステイプルフォード・ハウスのリチャード・ヘッドレーが全部の賞を獲得した。次の日、ランカシャーのリー近郊のベッドフォードで開かれたピーター・イートンのチューリップ会では、「工場賞（やかん一個）」をトマス・ベルショーの「ローズ・ユニーク」が獲得した。チューリップの純粋性が流行し始めた時も、花の形が美しくなくても、この昔からあるピンク色と白色の美しく洗練された模様があるチューリップを捨てるなどとてもできない、と北部の栽培家は思った。こうしたりっぱな法則があればフロリストが詐欺を行うようになるのは、避けられないことだったろう。バーズレムの「女王の頭・イン」、リーズのガウワー通りの「ウッドマン・イン」、ブラッドフォード近郊のヴィンダークリフの「グリーン・マン・イン」などで、フロリストの不満をあおるような展示会があった。判定という感謝されることのない仕事をしたのは、勇敢な者だけだった。ロンドン北部のイズリントンのキングズランドにあるラム・ファームの所有者アレクサンダーは、フロリストに世辞も言わない「正直者」と言われていたが、彼は南部人だったから、多くの北部の展示会に対して疑惑をもっていた。『ミッドランドのフロリスト』の編集者ジョン・フレデリック・ウッドは、マンチェスターのチータム・ヒルのジョン・スレーターがそうだったように、あちこちで判定を頼まれていた。しかし、スレーターもチューリップの改良種を作ろうとしていた人物で、しっかりとした羽状模様のローズ系の「ジュリア・ファーネス」と有名な「ポリフェムス」から育てたビザーレの実生種「アドニス」を作っている。そうした人物に公平な判定ができただろうか。もし趣味で栽培している人だけが熱中しているのであれば、無私無欲な判定者が欠かせないが、「そうした判定者を見つけることは、協会同士でも言っているように大変困難なことだ」と幻滅した人が書いている。一八四七年、ウェイクフィールドの展示会では判定者の一人がその名前を聞いたことがないというだけの理由で、あるチューリップを酷評したために大騒動になった。

競争があり、それに賞がついていれば、不正が起こるのは当然のことだった。「リーズ近郊のカークストールのフェアプレイ」と名乗る人物は、「貧しい人や隣人に迷惑をかけようが、自分の収集品を増やすために、真夜中にうろつくことに気がとがめることはないが、すべての栽培家が正直に自分の作品を展示しているとは言えない。こうした人々を排除している協会はほとんどないのでは、と私は考えている。自分がうまくいかなかった時に、自分よりも幸運だった競争相手の悪口を言う人がいるのと似たようなものだ」と述べている。ウェイクフィールドでの公開チューリップ展示会が再度不満の原因を作った。リーズから出展した人物が第一位を獲得した時、地元の団体の会員が、賞を獲得した花は、その人が栽培したのではないという噂を流した。それに腹を立てた四〇名のリーズのフロリストがその噂は中傷であることを証明したのだが、そうしたことがさらに頻繁に起こるようになった。

一八四九年に国内チューリップ協会を設立した理想主義者は、国内という名称にすれば、自分たちの好きな花に権威を付け加えられると同時に、北と南の間の相違を包み込めると希望していたに違いない。一八五一年に全英チューリップ大展示会がダービーで催され、葉巻商人でチューリップ愛好家のエフレム・ドッドウェルが組織的な委員会を「イギリス中のすべての都市、町、村そして花の栽培地域に」作るべきだと熱心に説いた。しかし、このオリンピックのような考え方は実現されることはなく、この全英大会も地方の競技会の一つになってしまった。E・Y・アワーズ（間違いなくペンネーム）は怒りを隠さず書いている。この展示会は「多くの北部の栽培家を満足させるために行われ、特に質の悪いチューリップでも捨てようとしない商人を喜ばせることになった。花の形が美しくない変種を擁護している三名を判定員の中に入れ、その人選を正当化するために、四人目の判定員として、ロンドン出身のヘンリー・ゴールダムを加えて、自分たちが好きなようにしている。花の形が美しくない種類を失格としなかったから、賞を獲得しても名誉なことだと愛好家は思わなかった。質の悪いチューリップを排除したいという自分の意見を通すことができなかった時、ヘンリー・ゴールダムは判定員を辞めたので、南部の人々の尊厳と嗜好を保つことはできた。南部では、花の形が美しくない変種は、注目に値しないものとしてすべて拒否していたのだ。彼は『紳士諸君。あなた方三人に反対しても意味がないと思っています。質の悪い花に賞を出すことなど決して容認できないので、私は辞任します。そうした花を好むのは北部の人々だけにしてほしいと願っています』と言った。スラウに住む最高の専門家のターナー氏、ハロウェーの活発な活動をしている園芸家エドワーズ氏は、ロンドンの最も貧しい栽培家でも自分の花壇を汚したくないと思っているようなチューリップに、自分たちの花が負けるという不名誉を黙って我慢しなくてはならなかった。」

判定者だけでなく栽培家も、小競り合いをしたり、喧嘩腰だったり、中傷合戦をしていたけれど、チューリップ栽培の技術は頂点にあった。これは園芸一般の傾向を反映したものだった。つまり、一九世紀の後半には園芸は科学的になり、園芸家も真剣にそうありたいと思っていた。あらゆる分野で向上していた技術は、際限なく磨きがかけられていた。『花園芸キャビネット』、『園芸家年報』、『フロリスト』、『コテージの園芸家』、『庭のゴシップ話』、あるいは他の五月につぼみよりも早く現れる雑誌の中で、専門家が提案している助言のすべてに従おうとすれば、目覚めている時間の全部をチューリップの花壇で過ごさなければならないだろう。まず、球根は幅一・二メートルの花壇に植えなければならない。土壌には石灰を蒔かなくてはならない。花壇は水はけを良くするために土寄せをしなくてはならない。新たにチューリップの愛好家になった者は、細心の注意を払って、荒石、堆肥、そして注意深くふるいにかけた培養土を順番に置いて花壇を作らなければならないだろう。

春には、葉と茎の間に決まった角度で水をやらなければならないというのは、おそらく胚芽を傷つけずに水をやるためだったと思われる。ある人が助言しているのだが、花壇の周りを四つん這いになって這い回って、水を吹き付けるよりも良い方法は他にない。霰からチューリップを守るために、芽を出したチューリップの上に網をかけなければならず、霜対策としてもっと重いカバーも必要だ。黄麻の布が最上であると考えられた。スコットランドの栽培家ジョン・カニンガムは花壇から雨を防ぐために黄色の油布のテントを用いた。それぞれのチューリップは成長するにつれて、風で茎が折れないようにするために、一本ずつに支柱を立てて注意深く保護しなければならない。時に、緑色に塗られた麻糸の線が何本も花壇の端から端まで、地面から六〇センチほどのところを走っていた。そしてチューリップの茎を緑色の梳毛糸でそれらの麻糸に結んだ。

フロリストにとって悪夢と言うべき根瘤病が花壇に蔓延する恐れもあった。その病気にかかると葉が萎んでしまうので、すぐに分かるのだが、高価な球根にまで病気が広がる前に、病気の葉を取り除かなくてはならなかった。日除けがチューリップ花壇に影を作るように立てられた。ブレイクしたチューリップの花弁の色は、明るい太陽光線を浴びると「消えやすい」ことを栽培家は知っていたからだ。黄麻よりも軽いキャラコ布が夏用の覆いとして最適だったが、ミッドランドの栽培家はノッティンガム・レースを用いることが多かった。苗床にはマット、キャンバス、網そして支柱があって、庭というよりは倉庫の裏庭のように見えた。完璧な形とは言えないチューリップには、コルセットが取り付けられた。木綿紡績工が「粗紡糸」と呼んでいた柔らかくフワフワした糸が開いていない花の周囲に結わえられて、展示台での判定の直前までそのままにされた。これとはまったく逆に、木屑を丸めたものを花の内側に入れて、花が開いた状態に保てるようにした。これは、チューリップの形をハーディーの基準に近づけるためにも用いられたし、太陽光線で漂白して下地色をくすんだクリーム色から満足できる純白にするために用いられることもあった。

地中にいる小さな黒色のナメクジ、レザーバックという名前の虫をチューリップの球根から遠ざけ、地上におびき出す方法としては、生のジャガイモとカブラを刻んだものを花壇の上に置いた。ある栽培家は、この方法で何千もの虫を捕まえるという「憂鬱な満足」を得たと報告している。チューリップの地上に出ている部分が枯れると、栽培家は球根を掘り起こすというやっかいな仕事に取りかからなければならなかった。名前の付いたいろいろな変種が混じり合うことがないように、きちんと順番通りに掘り起こさなければならなかった。球根は十分乾燥させて、植え付けの時期が来るまで、暑すぎず、寒すぎず、乾燥しすぎず、湿気が多すぎない場所に貯蔵しなければならなかった。ネズミに食べられないようにもしなければならなかった。

花を育てる方法と同じくらい花を観賞する方法にも特別な作法があった。ロンドンのウォルワース種苗園の創始者で、強い影響力をもっていた『フロリストの指令書』の著者でもあるジェームズ・マドックは、花がよく見えるようにチューリップ花壇の横の道を花壇より二〇センチほど低くしなければならないと提案している。「見ている人の着物が花に触れないように、花を折らないように」、六〇センチの高さの木枠を花壇の周囲に立てるべきだとも言っている。チューリップは、フロリストの扱う他の花よりも開花期間が長いという長所をもっていて、三週間以上花を観賞することができた。マドックはまた、モグラ取り器のような奇妙な仕掛けについて記述している。それは花が咲かないなどの理由で人に見せられないチューリップを引き抜くために、花壇の下に入れる道具だった。彼の本の中で図解されているが、その円筒の道具は、きれいに開花したチューリップからできた新しい球根を、溝の中に移すためにも用いられた。フロリストはチューリップの花壇を、欠点のない完璧な状態に保つために工夫もしていた。別の場所で育てた花を球根から切り取って、水の入った小さな壺あるいはガラス器にその花を入れ、それからその器を地中に入れると、花が地面から生えているように見えた。一五〇〇年前にトルコ人もそれとまったく同じことをしていた。

新種を獲得するためのチューリップの交配法は大変複雑で、それだけのために何冊もの本が必要だった。初期のチューリップの栽培家が、最上のブレイクを起こしたチューリップの種子から最上のブレイクしたチューリップはできないことを認識するには、しばらく時間がかかった。彼らは最上の単色のチューリップを育て、それから取った実生種が、望みの羽状模様や炎状模様にブレイクするのを待たなければならなかった。六月はチューリップを交配するのに重要な月だった。ラクダの毛でできたブラシを使って、ある花の雄しべの花粉を別の花の柱頭に注意深く移すのだ。マンチェスターのフロリスト、ジョン・スレーターは、その作業の後で、ノッティンガムで作られたネットでできた帽子を花全体に被せるようにと勧めている。その帽子があってもなくても、莢を乾燥状態にするためにはガラス器で覆っておかなければならなかった。

もしこの作業がうまくいって、莢を無事に結実させることができても、種子が花が咲くほどの大きさの球根に成長するまで、七年間も努力し続けなければならなかった。この時間の長さは、フロリストが扱う他の花が早く育つのとは好対照だが、チューリップ愛好家の一人が哲学的に考察しているように、「人生は好意的に見ても、不確かなものだけれど、実生のチューリップを育てることで人生が短くならないことは確かである」。チューリップの種子を蒔くのに最適な時期については、熱心に議論された。早春に蒔いた方が良い結果をもたらすことが分かって、秋に蒔くことは次第になくなった。栽培するにあたっては排水の仕方が成功の鍵を握っていた。牡蠣（当時牡蠣は貧しい人々の食べ物だった）の貝殻が、種子盆の底に線を引くのに用いられることがよくあった。干しぶどうの古い箱がその盆の代わりに用いられることもあった。キャンバス地の帆が日除けになった。

チューリップ栽培家の務めは、細心の世話をすること、細かいことにまで注意を払うこと、鋭い観察眼を備えること、忍耐力があることだった。七年間育てた後でも、チューリップがブレイクするのに一〇年も二〇年も待たなければならないことがあり、それでも努力が報いられるとは限らなかったのだ。ブレイクすれば、栽培家の努力は成功したと考えられ、しなければ、失敗したと考えられたけれど、チューリップの中にはブレイクするものもあれば、しないものもあるのはなぜなのかは、まだ謎だった。一八四八年になってもまだ『ミッドランドのフロリスト』は、苦悩する読者の手紙に答えて、百年以上前に『好奇心の強い有益な園芸家』の中でジョン・カウェルが推薦した漆喰と厩肥を混ぜる方法を引用している。カウェルは便器に貯まった水を加えることもしている。一九世紀中頃の非常に敏感な雰囲気の中で、『ミッドランドのフロリスト』はその部分は採用しないのが最上と考えた。球根を植える場所をあちこちと変えると、望ましい結果を得られる場合があった。乾燥させた球根を夏の暑い太陽光線で灼くとよいと助言している栽培家もいた。これはチューリップの自生地を考慮すると、合理的な考えだった。やせて乾燥した土壌が最高の結果をもたらすと考えている栽培家がいたし、厩肥をたくさん用いることを擁護する栽培家もいた。しかし、一八世紀初頭の栽培家がブレイクさせようと錬金術や呪文に頼っていたのに対して、一九世紀のチューリップ愛好家はもっと理に適った説明を求めた。その答えが出た時には、チューリップ愛好家自体がほとんどいなくなっていたのは、皮肉なことと言える。

グルームの種苗園はウォルワースからロンドン郊外のクラパム・ライズに移転していたが、そこで一八五五年に行われた競売には、チューリップの球根、約三万個が出品された。しかし、南部では売買を目的として栽培している人々が実質的には消滅したことを、そして趣味で栽培している人々の間での関心が薄くなったことを示していた。ただしその前年でもグルームは、彼の所有している新種のチューリップに驚くような値段を付けて広告を出している。背の高い羽状模様のあるローズ系の「ダッチェス・オブ・ケンブリッジ」と「ミス・エリザ・セイモア」に百ギニーの値段が付いていた。一七七〇年代にジェームズ・マドックが作ったウォルワースの種苗園は、チューリップ愛好家の天国になっていた。ここの名声は、彼の義理の息子のサミュエル・カーティスが管理するようになっても汚されることはなかった。その後一八二五年に、カーティスはここをヘンリー・グルームに手渡している。そこでチューリップの花壇は空になった。グルームのすばらしいチューリップが長さが四五メートルの花壇で大公開されたのは過去のことだった。それより数年前にリチャード・クレスウェル師（1815-1882）がそうした公開日についての記録を残している。グルームの展示用花壇が誇らしげに「広大な大テントの中央にあって、その花壇の上にはリネンの覆いが、両側面や端の方は梳毛のキャンバス布の覆いがかけられていた。上の部分と両脇の布は巻き上げることができ、花壇のどの部分にも必要に応じて太陽をあてたり日陰を作ることができた。この方法によって、空気も自在に取り込むことができたし、大テントの中は涼しく、爽やかで花にとって最適だった。グルーム氏は紳士のような礼儀正しいフロリストで、大袈裟に儀式張らずに私を案内してくれ、すぐに大勢の国王、王妃、公爵、貴族、貴婦人、そして平民のところに連れていってくれた。その光景は目が眩むようで壮麗なものだった。太陽は輝き、それぞれの愛らしい花が美しく広がっていた」。グルームのチューリップは、競売で驚くほど安い値段で買い取られた。購入者はマンチェスターの栽培家ジョン・スレーターで、これはグルームがその種苗園を所有していた三〇年間で手にした莫大な富に対する北部のフロリストの復讐と言えた。

初期の優秀なイギリスのフロリストのほとんどが、ジェームズ・マドック、ロンドンのキングズ・ロードのトマス・デイヴィー、バーミンガムのハンズワースのルーク・ポープのような種苗商だったが、もうすでに死亡していた。ポープは一八二五年、デイヴィーは一八三三年に亡くなっている。第二段階の栽培家の多くは「議員」フロリストで、こうした人々も姿を消しつつあった。ジョン・シェルマーダインも亡くなっていた。サフラン・ウォルデンのチャールズ・バロンは、チューリップと同じくらいタチアオイでも有名な人物で、一八四八年に死亡したが、その葬儀には彼が所属していた会の全員が墓まで行列していった。彼はこの会では傑出した会員だったからだ。ギボンズの作った実生のチューリップは「チェラストン」と呼ばれているが、これが一八四〇年代に初めて登場した時には大騒ぎになったが、彼の方は忘れられてしまった。しかしダービーシャーのサルストンのジョン・スペンサーは、一八四七年にダービー・チューリップ公開展示会で、美しい黄色に赤みがかった茶色の模様がある「マグヌム・ボヌム」で一等賞を獲得し、彼の商売はまだ繁盛していた。

基礎を作ったのは南部の人々だったが、ローズ系チューリップを「産業」にしたのは、ランカシャーのベッドフォード・リーのウィリアム・リーのような北部の栽培家であり、優れた洗練されたイギリス産のチューリップが消滅しないように努力していたのは、ランカシャーのミドルトンの絹の手織工だったデヴィッド・ジャクソンやヨークシャーのウェイクフィールド辺りの優れた栽培家だった。ウェイクフィールドの栽培家の中には、例えば、トムとジョージのジル兄弟やネットル・レーンのウィリアム・メラーなど、驚くほど多くの靴製造者がいた。その同じ通りに、トム・スパーが育てた何万本ものイギリス産のチューリップが花を咲かせていた。毎年ウェイクフィールドの展示会の前の日曜日には、そこにチューリップもうでをする事が大きな楽しみになっていた。もう一人の栽培家トミー・パーカーは「チューリップに関心がある人なら誰とでも話をして夜遅くまで起きている」ような人だが、彼はウェイクフィールドの今はパーカーズ・フォールドと呼ばれている通りに暮らしていた。シェフィールドも栽培家の「聖域」だった。シェフィールドのフロリストの多くは刃物師で、その代表的人物のベン・シモニット（1834–1909）がハト、ウサギ、グレイハウンド犬そしてチューリップの交配に時間を費やしていた。

スコットランドでは、ペズリーのフロリストが長い伝統を守って、チューリップ栽培をしていた。その伝統はこの地に定住したユグノーの織工にさかのぼる。一八五三年六月九日、ペズリーの協会員は、アメリカに移民した元協会員のマシュー・ペリーからきた手紙を読むために集まった。ペリーは新世界でもフロリストの伝統を続けるために、百個のチューリップの球根、ラナンキュラス、他の種子を購入したいと言ってきた。ジョン・ウォータートン、ジョン・ロバートソン、ウィリアム・マックアルパインの三人は返事を作成する委員に指名された。「この協会の会員だったペリー氏に敬意を表するために」、三人はいろいろの種類のチューリップの球根百個と彼が手紙に書いてきた他の花の種子を無料で送ることを決定した。ただしラナンキュラスは送らなかった。この花は多く花を付けなかったので、手元にほとんど種子がなかったからだ。

特にダービーシャー、ランカシャー、ノッティンガムシャーで見られる、こうしたひたむきな栽培家の努力にもかかわらず、チューリップはフロリストが扱う花としては下降していった。展示会の台の上に完璧な状態で花を置くことは容易なことではなかったし、過程より結果が重要だったフロリストは、次第にリークや菊などそれほど骨が折れないものに注目するようになっていった。チューリップ栽培家の間で多くの楽しい競争に火を着けた同族意識は、この頃にはフットボールのチームによって表されるようになる。一八七〇年代からはほとんどの大きな町が自分たちのフットボールのクラブをもっていた。第一回アソシエーション・フットボールの最終戦が一八七一年に行われている。町や都市の顔が急速に変化していくこともチューリップの下降に影響した。その影響をチューリップの栽培家だけでなく、フロリストの誰もが感じていた。一八五一年の人口調査によれば、英国史上初めて田舎よりも都市に住む人の人口の方が多くなっている。景気が良くなったことでマンチェスター、ノッティンガム、ダービーのような工業の中心地の成長に火が着き、フロリストの織工が家の中で手織機を動かすのではなく、人々は工場で働くようになった。工業が急激に発展するにつれて、フロリストが何世代にもわたって花を育てていた小さな土地の多くがなくなっていった。一九〇六年に小自作農地および市民農園法が可決されたが、それを救うには遅すぎた。一九世紀後半のフロリスト、フランシス・ホーナー師は、「今中年の人々が子供だった頃には、この忙しい町の多くに郊外の庭があって、年取ったフロリストがよく出かけていく場所だったが、今や醜い煉瓦とモルタルの建物が外に向かって増殖している。私がフロリストとして仕事をし始めた頃、町から一マイルほどのところでオーリキュラやチューリップを育てていたが、今では単調な家屋が並ぶだけのうんざりするような通りになっており、昔の緑地には無味乾燥な名前が付けられている」と書いている。情けない気分でホーナーは、二〇年前に彼のチューリップ花壇だった所を訪れている。そこは四番地と命名されて、新しい居住者が住んでいた。彼は無表情で何も理解していない人々の目に出会ったのだった。

ファルカークのジョージ・ライトボディ（一八七二年没）やケンブリッジのリチャード・ヘッドレー（一八七六年没）のようなチューリップ栽培家の死によって、多くの知識が消滅した。イギリス産のチューリップが美の中心であり、フロリストの技量が頂点にあった百年間が彼らが生きていた時代だった。チューリップ愛好家にとって、五月の開花期にヘッドレーの家、ステイプルフォード・ハウスに毎年招待されることは何より大事な行事だった。ヘッドレーの死の一か月後、『庭』という雑誌に、彼の球根を売り出すという広告が出ている（一八七六年五月二三日）。その中には彼が交配したもの、ビブロメンの「ジョン・リントン」や緋色と白色の羽状模様の「サラ・ヘッドレー」などがあった。サラ・ヘッドレーは彼の妻の名前である。チューリップ戦争でハーディー博士と激しく闘った園芸評論家のジョージ・グレニーが一八七四年にミドルセックスのノーウッドで死亡し、その翌年には彼の好敵手もその後を追った。チューリップの判定者泣かせで、激しい文章を書き、自由党の忠実な党員であり、ウォリントンの議員でもあったジョージ・ウィルモット・ハーディー博士の葬儀がセント・ポール寺院で行われ、ウォリントン墓地に埋葬された。彼の葬列が通る時、店のシャッターは閉じられ、家のブラインドが降ろされた。彼の名前は、ダービーのトム・ストラーが育てたチューリップと、一八六二年トマス・ヘインズが育てた、長くこれに優るものがなかった赤色のビザーレのチューリップの名前になっ

フランシス・ホーナー師（1838-1912）
ヨークシャーのカークビイ・マルザードのフロリスト

ている。「ドクター・ハーディー」は今でもウェイクフィールドおよび北イングランド・チューリップ協会の年会の品評会で賞を獲得している。

初期の頃には優れたチューリップの栽培家が死んでも、別の同じくらい優れた技術をもつ人物が現れて、その損失は補われた。この頃はキャスルトンのステークヒル漂白工場のサミュエル・バーロー（1825–1893）だけが、この四人の死によってできた穴を埋めるために立ち上がった。この四人の名前はすべての栽培家にとってチューリップと同義語だった。バーローは一八七一年にハーディーが所有していたチューリップを購入した人物で、アーノルド・ベネット型の英雄だった。彼は独立独行の精力的な田舎の判事で、ミドルトンの市長となり、マンチェスター植物および園芸協会の理事やマンチェスター美術クラブの代表を務め、ウィンターボトム製本布会社の社長や、国内（現在の王立国内）チューリップ協会の会長をしていたこともあった。「植物の生命を危うくする様々な要因の一つに大気汚染がある。その悪影響で周辺地域はほとんど木が枯れてしまった」という地域の問題に、少なからず貢献する一方で、熱心な園芸家でもあった。「ラスキン氏と彼に追随する人々は、自然美と真実の敵として『悪魔が勧めている工業化』に反対している。このユートピア的な運動を唱えて、時間と精力を無駄にしている。それらの人々はステークヒルに出かけて、この明らかに敵対する二つのものが忍耐と根気強さと技術をもって平和に共存しうる方法を学ぶべきだ」と厳しいことを書いている寄稿者にとっては、この両断法は積極的な利点に見えたようだ。ステークヒル漂白工場の煙突と同じような六〇もの煙突がステークヒルに立っていた。

ランカシャー生まれのバーローはメドロック・ヴェイルに、「ランカシャーの工場地域の不快な生活に、愛すべき美しいもの、甘美なものを作り出すことに多大な貢献をした、労働者で熱狂的な植物愛好家でもあった人々の一人」の息子として生まれた。バーローは父親の後を継いで、まずはメドロック・ヴェイルのオットー・ヒューム親子会社という漂白工場に入り、後にステークヒルの工場で働いた。若い頃からルピナス、ヒナゲシ、美しいプリムラ、オーリキュラを育てていた。チューリップに情熱を注ぐのはその後のことである。しかし彼は一八四八年にはそうした花を人々に見せるようになっていた。彼の父親が死んだ時、三〇歳のバーローは、ステークヒル漂白工場の工場長になった。それから六年後にはこの工場の所有者になった。その頃ステークヒルは「手工業が必要とするものと高度な文化と上品な嗜好」を密に連動させている完璧な模範例と考えられていた。マンチェスター派の画家の絵がバーローの家の壁にかけられていた。彼はカミーユ、ピサロなどフランス印象派の絵を購入した、この国の最初の人物の一人だった。展示棚には「磁器の珍品」がたくさん置かれていた。戸外では、サム・バーローは近隣の悪質な土壌と入れ替えるために、ランドゥドノーのグレート・オームズ・ヘッドにあった彼の所有地から大量の土壌を汽車で運んだ。ぶどう園、ラン用の温室、温室用の植物、すばらしいベゴニア、ペラルゴニウム、ロードデンドロン、ユリがあった。そしてイギリス産のチューリップを、他の誰にも負けないほど大量に収集していた。

バーローはまさに「議員」フロリストで、自分の趣味のためには金はいくらでも出した。そしてミドルトンの絹織工デヴィッド・ジャクソンのような技術者でフロリストでもある人々に利益をもたらした。バーローは一八六五年頃、ジャクソンが育てた「ミセス・ジャクソン」を手に入れたいと思った。それは驚くほど美しいビブロメンで、花弁の質がよく、白地に輝くような黒色の羽状模様があり、下地色（常に重要な評価基準であった）は雪のように真っ白だった。他の人が手に入れないように、彼はその変種の球根を全部欲しがり、自分より二〇歳年上のジャクソンに球根の重さ分の金を払うと言った。最終的にはそれ以上のものを支払ったが、当時のスコットランドのフロリスト、ジェームズ・ダグラスが言っているように、「マンチェスターあたりの連中は頭が弱い」ということだったのだろう。

バーローの花びん
1882年の王立国内チューリップ協会の展示会で用いるためにデザインしたもの。

ビール瓶に入れて展示されるチューリップ
（ウェイクフィールドの展示会で）

彼の四つのチューリップ展示用の花壇それぞれには、七種の花が一四〇列並んでいる。そこで彼は弱々しげな花を付ける「ベッシー」を育てた。これは白地に濃い紫色の羽状模様があるビブロメン系で、ハリファックスの栽培家ジョン・ヘップワースが作り出したものだった。バーローは羽状模様のビザーレ「ジョージ・ヘイワード」も育てたが、これは金色の下地色の上に濃い紅色がかった栗色の模様が付いていた。一八五三年に初めてブレイクした、有名なチューリップで、翌年『フロリスト』という雑誌にその見事な姿が載せられた。それは驚くべきものだったが、羽状模様の管理はひどく困難で、不確実な花だった。これは、前世代に属するフロリストの南部の栽培家ハンプトンのロレンスが初めて作り出したものだった。バーローは完璧な「アニー・マクレガー」も育てた。これは純白の下地にバラ色がかった緋色の炎状模様があるチューリップで、ランカシャーの織工ジョン・マーティンが作った。このチューリップができたことで、イギリスでの交配種作りに大躍進があったのは確かで、何十年間も「アニー・マクレガー」よりすばらしいものは現れなかった。

王立国内チューリップ協会の会長としての地位を考慮して、バーローは展示用の台にも関心をもつようになった。イギリス産のチューリップは、北部の公的な建物の中で大切に育てられた。そして伝統に従って、チューリップは濃い茶色のビール瓶より美しい器に入れて展示されることはなかった。そこでバーローは、高さ一六センチ、直径一〇センチの黒色のガラス製の花入れ瓶を考察した。それが展示会に、特に王立国内チューリップ協会が主催する展示会に「秩序と規則性の色合い」をもたらすことを彼は希望していた。しかし、一八九三年五月二八日に、「煙突の森の間に花の楽園を作り出した」サミュエル・バーローは、マンチェスターの倉庫の階段から落ちて死亡した。「ドクター・ハーディー」でハーディーが記憶されているように、鉄道員でありフロリストでもあるトム・ストーラーが育てたチューリップに付けられた名前によってバーローは記憶されている。ストーラーはダービーの鉄道の築堤でチューリップを育てていた。事実、ビザーレの「サム・バーロー」は二人の優れたチューリップ栽培家の成果を組み合わせたものである。ストーラーはそれを「ドクター・ハーディー」ともう一つのすばらしいビザーレ「サー・ジョセフ・パックストン」を交配して作り出したのである。何世代も受け継いできた技術と、何百年間もイギリス産のチューリップの血が自分たちの花の中を流れるようにしてきた、チューリップ愛好家の努力が「サム・バーロー」の金色と緋色の花に結実していた。しかしその血は大変薄くなっていた。

第7章　現在に至る百年

一九世紀末までの長いチューリップの歴史の中で、この花の特徴は何度も変わった。その間、チューリップは常に珍品であり、植物学者にとっては驚異の的であった。まず、花の宝石と考えられ、ヨーロッパ中の裕福な人々や流行に敏感な園芸家が育てる上流好みの花だった。そうした人々がチューリップに飽きると、今度は趣味の花になり、フランス、フランドル、イギリス、スコットランドの栽培家が賞賛する華やかな花となった。彼らのような栽培家の手によって、チューリップは完成の域に達し、頂点を極めるが、彼らもこの花を捨て去ることになった。その空所を埋めたのは、賢明なオランダ人で、彼らはチューリップを花壇に大量に植える花にし、さらに切り花として売買し大きな利益を手にした。こうした流れは、アメリカの方が早く進んでいた。一八世紀後半に時計製造者で銀細工師でもあったウィリアム・ファリスは、チェサピークの庭ですばらしい羽状模様や炎状模様のチューリップを育てたが、次第に彼のような人物はいなくなり、大量の花を展示することが普通になっていった。一八四五年の春には、ロングアイランドにあるリンネ植物園では、六百種類のチューリップが咲いていたが、その頃イギリスやフランスでは、チューリップはまだ、専門家の園芸家の特別なお気に入りでしかなかった。E・H・クレラーグがパリで初めて花壇に多くのチューリップを植えて展示した。一八八九年、彼はトロカデロ宮殿の周囲に彼が作った新種のダーウィン系のチューリップを大量に植え、万国博覧会を訪れる人々の目に触れるようにした。しかしこの博覧会の記念品としては、エッフェル塔のほうが長くもった。当時の園芸に関する寄稿者の一人は、キュー植物園の大温室の前の花壇には大量のチューリップが「配置を考えて植えられ、それに色を添えているのは交配種である。そうした種類は数年前には知られていなかったものだが、このように王立庭園に大量に植えられているのを見るのは楽しいことだ」と言っている。鮮やかな黒っぽいプラム・レッド色の花「クルール・カーディナル［緋色］」がブロード・ウォークの側にある花壇にたくさん植えられていた。一八九六年までには、コーク近郊のアード・ケーンにある種苗園で、多くのすばらしいチューリップを栽培していたベイラー・ハートランドが、「大公園計画用にチューリップを特別価格で」提供するようになっていた。そしてチューリップはロンドンのあちこちにある王立の庭園に大量に植えられるようになった。縁が黄色で下地が赤色の昔からある八重の早咲きチューリップ「ターネソル」が、白色の「ヨースト・ファン・デン・フォンデル」と一緒にグロヴナー・ゲイトに植えられ、そのチューリップの下には一面にオーリキュラ、サクラソウ、黄色のドロニカムが植えられていた。リージェント・パークには鮮やかな赤色の八重の早咲きチューリップ「グランド・マイトル」の花壇があった。ガナーズベリ・パークの花の配置は洗練されたもので、昔からある黄色の縦縞や斑点の付いた茶色の美しいパロット系のチューリップ「マークグラーフ」と、別の茶色と赤色のパロット系のチューリップ「カフェ・ブルン」が、格子模様になるように植えられていた。北部の大きな工業都市の公園や植物園でも事情は同じだった。一九一二年、三万本のチューリップがシェフィールド植物園に植えられた。一重の早咲きのチューリップ「ホワイト・ホーク」の純白の色は特に有名だったが、これはこの花自体が遺伝としてもっている特質というよりも、石炭工のストライキのせいで、煙と埃が減ったことが関係していたかもしれない。ブラッドフォードの元は建物があった場所に、小さな球根の畑ができて、「モーレイ通りとイースビー・ロードを通る、市電の利用者や歩行者の間で評判になっている」。ブラッドフォードの競売屋フレッド・テリーは、この投機に遅れて参入した。オランダの球根畑で見たものに感動した彼は、オランダのヴァーゲナール社に代理人を送って球根を購入し、ブラッドフォードの跡地に七〇種類の変種を一万本植え、その「畑」全体に百ポンドの保険をかけた。一九二〇年代には、ロンドンにある公園だけで二百種類のチューリップが植えられていた。球根は全部イギリスの栽培家が供給しており、費用は帝国市場局（国内で作られた商品の購買促進を望んでいた）と労働省が負担した。

エドワード朝庭園の権威者、ガートルード・ジェキルのチューリップの配置方法は、リージェント・パークのものよりも巧妙だった。ふさわしい色のチューリップを組み合わせることができるかどうかがすべてであると、彼女は『庭』の読者に言っている。この雑誌は一八九九年からジェキルが編集していた。彼女は黒っぽい紫色のチューリップ「ファウスト」とそれより明るい赤色のチューリップ「グランデ・モナーク」を組み合わせたり、鈍い色相の黄色の「ブロンズ・キング」ともっと濃い銅色に紫色の影がある「ルイ一四世」を組み合わせたりしている。彼女は明るい色を避けたのではなく、お互いを引き立たせるように注意深く選んでいたのだ。炎のような色の「オレンジ・キング」と、同じような陰影があるが少し赤い色が濃い「パノラマ」とを格子模様になるように植えた。ジョセフ・ジェイコブ師もこの雑誌に投稿していた。ジョージ五世の戴冠式が行われた一九一一年に、フリントシャーのウィットウェルにある彼の庭を訪れた人々が特に好んだのは、彼が育てている五百ほどの変種の中で、赤色のチューリップだと記述している。少々風変わりな寄稿者のジェイコブは、「赤色は大事件を連想させるから、我々は無意識のうちに赤色を好むのだろうか」と言っている。しかし、大量のチューリップを花壇に植えることによって起こる問題を指摘している者もいた。つまり通常、五月の終わり頃に作られる夏の花壇（帯状に植えられたペラルゴニウム、フクシア、いろいろな一年草）の邪魔になるということだ。チューリップが自然に枯れるのを待って、上手に花壇から引き抜く余裕はなかった。花が咲き終わると同時に球根を掘り起こし、捨ててしまうことになり、それはオランダの球根業者には実にありがたいことだった。

すべての人が新しい方法に移行したわけではなかった。外国産だというだけの理由で、肉色の新しいダーウィン系を植えないほど、外国嫌いの面もあった。細やかな感情をもつ園芸家の中には、このチューリップは「音楽教育を受けた人にとって『ルール・ブリタニア変奏曲』がそうであるように、極端に毒々しい」と感じる者もいた。また馬鹿な間違いを犯している者もいて、「外国の血を混ぜることは本筋の価値をひどく損なうことになるのは否定できない。大陸産の多くは美しさを欠くし、純血のものに混ぜると、その花の姿はただちにお里が知れてしまう」と言っている。エドワード朝時代でさえ、イギリス人の中には、チューリップを愛でるためにハールレムの球根畑を訪れはするけれども、自分たちの庭で「チューリップが、我々の目に激しい衝撃を与えることを望んでいない」と感じている者がいたのだ。花の下に別の花を植えることで、その効果を和らげることはできるから、背の低いワスレナグサ、八重のハタザオ、リムナンテス、シレネ、イワナズナ、ムラサキナズナ、プリムラ、プリムラポリアンサ、ヒカゲユキノシタが、チューリップにいっそう自然な雰囲気を与えるために、一緒に植える花として勧められることが多かった。

花壇作りに熱中するのと並行して、いわゆる野生庭園作りに移行しようとする熱心な動きもあった。つまり植物はもはやことさら華やかに見せたり、余分なところを切り取ったりせずに、自然が作り出したままにするようになった。そのやり方はアイルランドの庭師ウィリアム・ロビンソンが声高に推奨していたもので、彼の著書『野生の庭』は一八七〇年に出版された。サセックスのイースト・グリンステッド近郊のグレイヴタイにロビンソンが作ったすばらしい庭では、その主張が実践されていた。大西洋の向こうにさえ彼の主張に耳を傾ける者がいた。「日陰の隅の方の芝生には何本かまとめて、あるいは大量に耐寒性のある球根を植えれば、美しく、しかもほぼ永久に美しい花を咲かせることができる。耐寒性の球根は、自分に合ったついの住処を見出すと、季節になれば花を一杯咲かせ、植えた後もまったく、あるいはほとんどまったく手入れをしなくてもよい」と二〇世紀初頭のアメリカのカタログに書かれている。「このような植え方をするのは『馴化』と呼ばれ、現在ヨーロッパで一般に行われている。」さらにそのカタログではクロッカス、コルキクム、チューリップがその目的に適った植物だと推薦している。チューリップは元の状況に戻ったのだ。何度も生まれ変わった後、またスタート地点と同じ野生の花になった。しかし、園芸家がチューリップを「馴化するのに適する場所を見出すまでに、新世界では数え切れないほど多くの球根が枯れてしまった。北緯四〇度がチューリップの北限だった。南緯四〇度という当時まだ未知の領域でも大丈夫だと説得する必要があった。新世界に人々がチューリップをもってくるまで、この花はそこに存在していなかったのだ。

一八九五年の『園芸ジャーナル』、『コテージの園芸家』の中で、チューリップよりもトマトについて多くのページが割かれている。トマトは新世界から導入されたばかりの、大変珍しい植物だったが、チューリップの地位がひどく下がってしまったことを示すものでもある。一八九四年五月二五日にバットレイ・チューリップ協会の会員が「オレンジの木亭」で六九回目の年に一度の展示会を開催した時、その数年後にこの協会が消滅することを予測できた人が何人いただろうか。その展示会では、チェシャー州へイルのチャールズ・ニーダムが銀杯を獲得したが、サミュエル・バーロー夫人が亡き夫の記念として贈呈したものだった。それ以降わずか七人の名前がその杯に刻まれただけだった。というのは一九〇一年の展示会が伝統的な形で公開の場で行われた最後の展示会だったからだ。次第に少なくなるフロリストの中の恐竜のような存在だったフランシス・ホーナー師は、四〇人の愛好家が収集したチューリップが今では屋根の下に山積みされていると嘆いている。チューリップの花はよろめいていた。この花の育て方を知っている人々は消えようとしていたし、元に戻せる人はほとんどいなかった。しかし、ウェイクフィールドだけは別で、信念を守っていた。この町のガス工場の敷地内にあった地所で、すばらしい羽状模様のチューリップを育てていたトミー・パーカーは死んだ。しかしメラー家、ジル家、カルヴァート家、ハードウィック家はまだ代表的なフロリストだった。その内の何人かは三代目の栽培家だった。ウィリアム・メラーは一八九三年、ボロー・マーケットのブランズウィック・ホテルで開催されたウェイクフィールドの展示会で炎状模様と羽状模様の両方で一等賞を獲得した。しかし、それから三〇年後には、ウェイクフィールド協会でさえ潰れそうになっていた。「シャープレイ、メラー、ムーアハウス、ショフィールド、ヘップワース、ジル、ハードウィックを始めとして、その他の多くの昔からのチューリップの栽培家が活躍できるように、我々に手を貸して欲しい。我々の手でウェイクフィールド周辺で、我々の高貴な花、イギリス産のチューリップがいつまでも咲き乱れるようにしたいものだ」と、一九二八年の年次報告で協会の書記が訴えている。

王立国内チューリップ協会もうまくいってなかった。一八四九年に高邁な望みをもって設立されたが、北部と南部のチューリップ栽培家を統合するという目的、また、唯一の罪がワットフォードの南で生まれた不幸であるチューリップ愛好家に対して、北部のフロリストがもっていた疑惑を払拭するという目的も達成してはいなかった。一八九〇年の展示会はマンチェスターの植物園で開催され、その入賞者のほとんどがマンチェスターのウッド、ストックポートのキッチン、スタリーブリッジのノウルズなど北部の栽培家だった。一八九四年、王立国内チューリップ協会の展示会はヨークで行われ、その後ヨーク・フロリスト旧協会の会員は、グッドラムゲイトのホワイト・スワン・ホテルでの昼食で同僚をもてなした。しかしその年、結びつきの弱い協会は北部と南部の二つに割れた。優れた園芸家エレン・ウィルモット（1858–1934）は、この協会の南部部会の著名な会員で、エセックスのウォーレイ・プレイスとフランス領リヴィエラにある庭に、大量のチューリップを植えていた。この部会は一八九五年にロンドンのテンプル法学院で独自の展示会を開いた。ここでも賞を獲得したのはマンチェスターの栽培家だった。北部の栽培家は三週間後にミドルトンのフリー図書館で自分たちも展示会を催した。チャールズ・ニーダムとサミュエル・バーローの甥、ジェームズ・ベントレー（1859–1924）はその展示会で賞を獲得し、その後「雄豚の頭亭」で祝賀会を開いた。再度フリー図書館で開かれた一八九六年の王立国内チューリップ協会の展示会で、正式に選ばれた判定者に異議を唱えるために、ジョージ・グレニーの好戦的な幽霊が呼び出された。南部の栽培家は「もし我々が判定者の人たちに、純粋であることがチューリップにとって本質的な資質だということを思い出させるとしても、彼らは我々を許してくれるだろう……」と冷静に意見を述べている。誰でも想像できるだろうが、結局勝利したのは北部の栽培家だった。一九三六年、南部を基地にしている王立国内チューリップ協会会長のダニエル・ホール卿は、ウェイクフィールドおよび北イングランド・チューリップ協会に向けて手紙を書いた。当時この国でチューリップに専念しているのはこの協会だけだった。ホール卿の手紙には、ニーダムの死にともなって国内チューリップ協会には、ホール卿自身とピーター・バーのわずか二人の会員しか残っていないと書いている。また彼は国内協会の基金の残高は、毎年行われるウェイクフィールド展示会でニーダム・カップ賞を作るために用いるべきだと言っており、以前王立国内チューリップ協会の展示会で与えられていたすべての銀杯をその協会に譲った。ウェイクフィールド協会議事録にはそれについてきちんと記述されている。「大杯一個、小杯一個、賞盃一枚。それらは会員に大いに賞賛された」と。

オランダの種苗商E・H・クレラーグが新しいダーウィン系チューリップを売り出したことについて、イギリスのチューリップ栽培家が嫉妬を込めて記述している。チューリップ栽培の伝統がフランドルで次第に衰退していくと、クレラーグは最後の大きなチューリップ収集品の一つを購入した。そして最上の変種（この段階ではすべてがピンク色と紫色で黄色は入っていない）を選別して、チャールズ・ダーウィンの息子のフランシスの許可を得て、それらの名前をダーウィンと付けた。クレラーグは商売上手で、新しい商標を売り込む機会を逃すようなことはなかった。一方、ピーター・バー（c.1862-1944）はコヴェント・ガーデンの種苗商で、同じような動きをしていた。バーの父親（1826-1909）も名前はピーターで、カナークシャーのゴヴァン近くで生まれたが、南に移ってきた。まずウォセスターの種苗園で働き、次にロンドンのコヴェント・ガーデンで商売を成功させ名を馳せた。もじゃもじゃの顎髭で黒いベレー帽を被った彼は、球根栽培家というより印象派の画家のように見えたが、ラッパズイセンとチューリップの権威者として有名だった。バーの攻勢は激しく、彼は新聞という支持者ももっていた。新聞はこの件についての扱いではっきりとした偏向があった。「ここ数日間で、イギリス産のチューリップの中でも興味深い種類が、バー親子のロング・ディットン種苗園で満開になっている。いくつかの花壇に植えられており、イギリスのどの種苗園でもこれほど完璧なすばらしいチューリップを見ることはできないと言っても間違いない。」ピーターズフィールドのロイドがもっていた収集品を買い上げるなどして、ピーター・バーは自分の種苗園に二万本以上のイギリス産のチューリップを集めていた。そしてクレラーグが羽状模様や炎状模様の変種に関心があったのに対して、単色の交配用のチューリップに関心をもっていた。彼が需要に応えようとしていたのか、それとも需要を作り出そうとしていたのかはよく分からない。

クレラーグがフランドル産のバゲット系チューリップにしたように、バーの目的は展示会に出品するための矯正からイギリス産のチューリップを解放することだった。「どんなタイプのチューリップでも本来庭に植えるための花で、イギリス産チューリップはけばけばしいオランダ産のものと同じくらい貴重である……」と熱心な寄稿者が『庭』に書いている。「けばけばしい」という言葉がオランダ産の花に対する深い偏見を露呈していると言えるが、花壇の縁に様々なイギリスの草本を植える場合、イギリス産チューリップはそれにふさわしいと言えるほど強い花ではなかった。チューリップは貴族だった。悪天候を嫌った。愛育され、覆いをかけられ、傷付けられないように守られていた。チューリップが大好きなナメクジからも守られなければならなかった。

クレラーグの名誉のために言えば、彼は誘惑に乗らなかった。粘り強く、あらゆる機会をとらえて、イギリスのチューリップだけが栽培する価値があるという、イギリス人の主張に反駁していた。ジェームズ・ウォーカーのハム種苗園にあるパロット系のチューリップについて、『庭』が熱心な報告を発表した時、クレラーグはこの雑誌の編集者に、彼のもっている最上のダーウィン系の見本と一緒にすばらしいオランダ産のパロット系のチューリップを送った。その時の編集者は、グレイヴタイ出身の短気なウィリアム・ロビンソンだった。そして彼はそれほど簡単に買収されはしなかった。「イギリスで交配したチューリップの中には美しいものがある。大きな月のようで、中央部が純白で、最も美しい形をして、鮮やかで繊細な柔らかな色のローズやビブロメンの中には、特に美しいものがある。そうしたチューリップを我々が偏愛していることは認める」と、彼は堂々と返答している。しかし、クレラーグは正しかった。ダーウィン系チューリップは、大量に花壇に植え付けるという新しい流行には、イギリス産チューリップより適していた。ダーウィン系の茎は長く、強くて、花を高く上に押し出した。そこでこのタイプのチューリップは内側からより外側から見る方が美しかった。それは一本ではなく、多数の花を塊で見るには不可欠なことだった。一方、イギリス産のチューリップの場合、下地の純粋な色、葯、雄しべ、羽状模様や炎状模様が組み合わさった美しさがチューリップの魅力で、しかもこれらの模様は花弁の外側よりも内側にはっきりと現れた。

クレラーグと同じで、ピーター・バーも球根の競売では、昔からあるチューリップを選んでいた。球根の競売は伝統に従って、古いタイプのフロリストが死亡すると行われた。しかし彼は良質の花に対してブラッドハウンド犬のような嗅覚をもっており、イギリスやアイルランド中の庭から古い変種も集めていた。アイルランドの南部や東部の庭は長い間、古いタイプのチューリップを愛する人々にとって絶好の球根探しの場だった。そこにはボイン川の戦いの後、初期のユグノーがもってきた球根の子孫もあったのだ。昔の美しいユリのような花を付ける「ミセス・ムーン」は、黄色で甘い香りのするチューリップである。この花はバトラー夫人というアイルランド人の庭で、一重の早咲きチューリップ「オフィール・ドール」の花壇の中に、突然姿を現した。彼女はあまっていた「ミセス・ムーン」の球根百個を数シリングで売った。しかし、数年後アイルランドの種苗商がこの球根一個を二シリング六ペンスとか三シリングという高額で売っているのを見て、悔しい思いをしたに違いない。種苗商のホッグやロバートソンがダブリン郊外のラッシュで一五エーカーの平らな砂地に球根畑を作った時に分かったのだが、チューリップはアイルランドでよく育った。二人はリンカンシャーのボストンとケンブリッジシャーのウィスベッチにも土地を所収していたのだ。しかし、もっともありそうもない場所が宝物を提供したのだ。ダブリンのトリニティ・カレッジの庭の管理者、フレッド・バーブリッジ（1847-1905）は、ピーター・バーと一緒にワイト島を訪問した時のことを記述している。この島のカリスブルック城の影がかかる小さな庭に大量のメイ系のチューリップが咲いているのを見つけた。「単色の花、縦縞模様の花、斑点模様の花、紫色にチョコレート色の斑点がある昔からある耐寒性の花、村の女性が『トリークル〔糖蜜〕チューリップ』と呼んでいた茶色に黄色の縁飾りがある花。それらはすべてすばらしかった。そこでバーと私は低い柵に覆いかぶさるようにして見ながら、賞賛していると、その所有者が縁にフリルが付いている帽子をかぶって現れ、私たちにもっと近づいて見るようにと言ってくれた。彼女は鍬を取ってくると、『いくつか球根』をあげようと言ってくれたが、私たちは旅の途中で、その球根をよい状態で持ち歩くことができないと説明した。」

オランダの優位を抑えようとする闘いに挑んだ種苗商は、バーだけではなかった。ロバート・ウォレス（1867–1955）は、エセックスのコルチェスターにある畑で五万本のチューリップを育てた。一九一二年四月三〇日に王立園芸協会が主催したウェストミンスターでの展示会では、サットンの種苗商が二千本のチューリップを二百個の花瓶に入れて出展した。リーディングの球根畑で育てられたチューリップで、サットンは銀メッキで花の女神の模様が施されたメダルを獲得した。他の球根栽培家もこの展示会にチューリップをもってきた。コルチェスターのロバート・ウォレス、ジョージ・マッセイ親子会社、ホッグ・ロバートソン会社（「アイルランドのオランダ」というのが二人のスローガンだった）、アレックス・ディックソン（彼の作るバラの方がチューリップよりも有名だった）、R・H・バス、ジェームズ・ボックス（サセックスのヘイワーズ・ヒースの種苗商であり畜産業者でもあった）などがいた。時に集団の方針に従わない寄稿者が挑戦的にオランダ産チューリップの優れた資質を大声で吹聴して、足並みを乱すこともあった。一八九四年に、クレラーグが作ったサクランボ色の「プライド・オブ・ハールレム」は、バーの収集品の中で最上のチューリップであると『園芸ジャーナル』の中に書かれている。しかしながら、バーは五月に花が咲く自分のチューリップを苦労しながら売り続けた。彼は古い小屋の庭から探し出したのだが、そこで五〇年以上も放置されたまま、花を咲かせ続けていたのだ。しかし、心が頭を完全に支配できるものではなかった。ウォレスとバーが一九五〇年代に会社を閉めるまで、イギリス産のチューリップを提供し続けたことを考慮すれば、バーはずっとイギリス産チューリップに忠実だったと言えるが、耐寒性があって、天候に左右されないダーウィン系やその他のチューリップに需要が多いことは認めざるを得なかった。たとえ彼らがそれらを供給しなくとも、他の誰かがするだろう。一九〇七年、バーは紫色と白色の美しいパロット系の「センセーション」を導入した。このチューリップは「レーヌ・デスパーニュ［スペインの女王］」の変種としてオランダで栽培されたものだった。その名前が付いた理由はすぐ分かる。つまり、これは紫色と白色のパロット系チューリップ第一号だったからだ。このグループは一七世紀の中頃から知られていたが、「センセーション」が現れるまで、すべてのパロット系チューリップは赤色と黄色のビザーレだった。

ツリパ・スアヴェオレンス
（ツリパ・シュレンキー）
この花からオランダの栽培家は初期のチューリップ、デュク・ファン・トールを作り出した。

　オランダの栽培家や種苗商による外国市場への侵入は新しい現象ではなかった。彼らは一七世紀中頃から球根を輸出していた。ハールレムのクレイン・ホウトヴェークのフールヘルムは、ヨーロッパ中の園芸家の間で有名だった。しかし、当初は市場それ自体がまったく違っていたのだ。客は裕福な王族や貴族で、そうした人々は膨大な数の異なった種類のチューリップを購入したが、一種類の量は少なく、しかも高額の金を払った。売買がもっと一般的な人々を対象にするようになると、拠点が定まるようになって、オランダがその拠点として活気づいた。オランダのチューリップ栽培家は個人に売るのではなく、委託販売の球根を大量に外国の種苗商に送り、その球根を売ってもらった。一八六〇年頃、チューリップ売買の完全支配を確立して、オランダの栽培家の黄金時代は始まった。チューリップの交配は大流行し、特にアメリカでの需要が増大したが、この花への需要が増すことによって、いっそう熱心に交配が行われた。しかし、その需要を満たすには、球根を育てるためのさらなる土地が必要になった。そこでオランダでの干拓地改良が目覚ましく進むことになった。それ以前には干拓地がチューリップ栽培のために用いられることはなかった。歴史的に見ると、栽培はハールレム辺りの砂地が中心だったが、他の地域、リセやリメンにまで広がった。

オランダ人の球根栽培の業績を否定する者はいない。オランダ人はよく働いた。多くのイギリスの産業では「私は私、彼は彼」という風潮が行き渡っていたが、彼らはそうした態度に惑わされることはなかった。オランダの種苗園の所有者は、自分が雇っている者よりも一生懸命に働いた。オランダの球根栽培家も自分たちの市場をよりよく理解するために、球根を輸出している国々を訪ねるなどの努力をしていた。オランダの球根カタログは定期的に英語、ドイツ語、フランス語に翻訳され、外国通貨での値段表も添えられていた。「イギリスの会社、それも第一級の会社で、外国語のカタログを、あるいは簡単な一覧表のようなものでも、それを出している会社がどれくらいあるか」と『園芸広告』が問うている。

アメリカはオランダにとって重要な市場だったし、一九世紀中頃にはアメリカの種苗商は、海外の信用できる供給者を探していた。フィラデルフィアのヘンリー・ドリアーは、一八一一年に設立された、ハールレムにあるクレラーグの会社と取引していた。「球根のカタログにあなたの名前をよく見ます。この国でも競売で売っており、ここで売られている他の国の球根よりあなたの所の球根の方が優れていることは、これまでの試験で分かっています。そこで私が売る球根を毎年あなたから直接輸入したいと思います。私はこの町で種子と植物を扱っている者ですが、時間に間に合うように球根を受け取り、しかも名前やその記述内容が正しい点で、私が常に信頼している店から毎年輸入したいと願っています。」ドリアーは球根貿易の切実な問題点を指摘している。その一つは今なお悩まされている問題である。球根の荷が大西洋を渡る場合、その到着期日が不確実だということだった。また球根を間違った名前で売り出せば、言い訳の余地はなかったが、この問題は今もなお客を悩ましている。

オランダの栽培家にとってアメリカの市場が重要だったのは、一八四九年に初めてアメリカに球根の行商人を送ったヒヘホムの種苗商ファン・デル・シュートにとっても同じだった。その行商ではニューヨークからフィラデルフィア、バルチモア、ワシントン、ボストン、オルバニー、バッファローに出かけている。「彼はすべての園芸家やすばらしい庭をもっている人の所に行って、大変安く売ると話を持ちかけた。彼は多くの注文を獲得した」と、ヘンリー・ドレアーがクレラーグに報告している。ファン・デル・シュートはクレラーグよりも安い価格を申し出て、ドリアーを彼から離そうとしたが、ドリアーはそれまで通りクレラーグと取引し続けた。クレラーグが支払い期日を延ばすことに寛容だったことが、その理由だったかもしれない。ファン・デル・シュートは市場を広げた。それは価格に多大な影響を与えた。別のアメリカの種苗商、マサチューセッツ州ウォセスターのジョン・ミルトン・アールは、大量の球根、その大半はファン・デル・シュートの球根がボストンの競売でびっくりするほど安い値段で売られた、と言っている。

二〇世紀の初めの一〇年までに、アメリカは年間百万ドル分の球根をオランダから輸入していた。そしてオランダの栽培家は、球根にかかる輸入税を下げるよう合衆国政府に圧力をかけられるようになっていた。その代償としてオランダは、アメリカの花を輸入し続けることになった。両国間の位置関係をひっくり返そうとする人の中には、アメリカの種苗商が独自にチューリップの球根を育ててはいけない理由はないと文句を言う人もいたが、オランダと同じくらいに効果的に、かつ経済的に球根が生産できると本気で考えている人は、ほとんどいなかった。そしてオランダはアメリカ産のトウモロコシの重要な市場だった。トウモロコシはイギリス以外のヨーロッパのいくつかの国に輸出されていたのだ。

チューリップはアメリカに輸入される球根の中で常に最も重要なもので、ヒヤシンスやキズイセンより少なくとも三倍の価格で売られていた。一九二〇年にアメリカは五四〇〇万個、一九二五年には一億六〇〇〇万個、一九三〇年には一億五三〇〇万個のチューリップを輸入した。初期（一八〇〇年から一八五〇年）にはヒヘホムのルーゼン親子会社とリセのド・グラフを含むわずか三社がアメリカに輸出していただけだった。一八五〇年から一八八〇年の間に少なくとも七社がその貿易に参加した。一八八〇年から一九一四年の流行期には、ヒヘホムのファン・ザンテンやリセのグルレマンズを含む二二のオランダの種苗商がアメリカの種苗商や栽培家にチューリップを送っていた。たいていの種苗商はごくわずかな土地しかもっていなかったから、小さく分かれていることがオランダの球根業の特徴だった。リーンフェルド親子会社（有名なキイチゴ色のパロット系「エステル・リーンフェルド」を作り出した）がヒヘホムに四五ヘクタールの球根畑をもっていたのは例外で、たいていの種苗商はもっと小さな規模で営業していた。J・ムーイはハールレムにわずか一・五ヘクタールの土地しかもっていなかった。ルーゼン家はヒヘホムに一三ヘクタール、ゲリット・セガーズはリセに九ヘクタールの土地をもっていた。しかしヘームステデのネリス親子会社のようなもっと大規模な栽培業者は、多くの輸出市場を維持することができたのだ。彼らはアメリカやカナダだけでなくイギリス、アイルランド、ドイツ、イタリア、スペイン、ポルトガル、ルーマニア、ユーゴスラヴィア、ブルガリア、ギリシャ、ロシア、ポーランド、スウェーデン、ノルウェー、デンマーク、フィンランド、アフリカ、南アメリカ、さらにオーストラリアやニュージーランドに球根を送った。それは驚異的な業績だった。

『園芸広告』の中で指摘されているように、オランダ人が成功したのは当然だった。彼らはカタログ作りに苦心した。自分たちの球根が人の目に触れる機会を決して逃さなかった。ニューヨークのブロンクスの公園、サンフランシスコのゴールデン・ゲイト・パーク、セント・ルイス植物園に何百万個の球根を寄付した。ヨーロッパではパリのチュイルリー公園、ベルリンの動物園、ポツダムのサンスーシ、シュトゥットガルト、ブダペスト、コペンハーゲン、さらにワルシャワの公園で、オランダのチューリップが確実に目立つようにした。もし世界のどこかで花をテーマにした国際博覧会があれば、オランダ人はそうした催しに役に立ち、頼りがいがあった。しかも大量の花を提供したのだ。一九二七年、フランス国内園芸協会が組織したパリ・エクストラヴァガンザに、次の年にはゲントにもその姿があった。一九三二年、ニューヨーク園芸クラブが組織した展示会でも大々的に展示された。翌年、フィラデルフィア花博でも強い衝撃を与えた。一九三九年の二月一七日から一九日に、テキサスのヒューストンで行われたアメリカ・フロリスト協会が組織した国内花展でも四〇種類、二万本のオランダ産のチューリップが展示された。むろん、「花卉販売中央委員会」が吸い上げる金があり、それはすべてのオランダの球根栽培家に負担金として課せられた。一九二五年、ニューヨークのブロンクスの公園に植え付けた時には三千フローリン以上もかかった。一九三〇年、パリのチュイルリー公園用に八千フローリン分のチューリップが送られた。しかし、チューリップ市場にとっては、それは無駄金ではなかった。

オランダの企業家も球根畑に出かけるツアーを企画した。それは観光客に人気の催しになった。「木曜日はアムステルダムで過ごそう」などの小さな町に立ち寄るツアーは、二〇世紀後半に考え出されたものではない。百年以上も前に、チューリップ・ツアーがあった。それは「うまく計画され、うまく実行される、最小限の混乱と疲労で、最大限の楽しみと興味の五時間を過ごすことができる。美術館巡り、昼食会、市長による歓迎の挨拶があり、森や球根畑を通り抜け、アムステルダムにもどってレストランで定食を食べる」というコースだった。客を獲得するために別の方策も考え出された。例えば、アメリカのガーデン・クラブ、イギリスの婦人学校、スウェーデンの生徒、ブカレストの園芸協会に贈り物をするなどである。オランダで栽培されている大量の球根を吸収する新しい市場を見つけ出そうと、たゆまぬ努力をする点で、オランダ人に優る者はいなかった。

イギリスとアメリカで、早咲きのチューリップの方が遅咲きのものより好まれるようになって、一九三七年には、アメリカは八八〇〇万本の遅咲きのチューリップを輸入していたが、早咲きは二一〇〇万本しか輸入していなかった。ドイツやスカンジナヴィアの市場では状況が逆転していて、早咲きの方が二倍も売れていた。長い間、最も人気があった早咲きの変種は、一八六〇年に作られたオレンジ色と赤の香りがある「プリンス・オブ・オーストリア」や一八四五年に作られた美しい緋色とプラム色の「クルール・カーディナル」のような昔から好まれていたチューリップだった。オレンジ色で香りがある一重の早咲き「フレッド・ムーア」は一九〇八年に作り出されたが、これも人気がある変種だった。第二次世界大戦が勃発する直前には、オランダからイギリスに輸出される球根は一〇億個にまで達していたが、その頃には早咲きのチューリップより遅咲きのものの方が盛んに栽培されるようになった。戦争が終わる頃には遅咲きのチューリップの栽培が中心になっていた。サクランボ色のダーウィン系の交配種「アペルドルン」、紫色がかったスミレ色の「アッティラ」、優雅なユリのような花をつける「アラディン」、白色の「ブレンダ」、茶色がかった赤色の「カッシーニ」、優雅なトライアンフ系の「ドン・キホーテ」が市場を支配していた。これらすべては一九四〇年代、ないしは一九五〇年代初頭に作り出された種類だった。二〇世紀の終わりには、優雅な「ホワイト・トライアンファター」（一九四二年に作られた）や「チャイナ・ピンク」（一九四四年）などユリのような花が咲くチューリップが、イギリスの園芸家の間ではまだ人気があった。

切り花市場に関心をもつ栽培家にとって、早咲きのチューリップは重要だった。その理由は一般の庭で咲く何か月も前に花が咲くので、多額の金を手にすることができるからだった。芳香をもつ黄色の八重の早咲きチューリップ「モンテ・カルロ」は、紹介されてから四〇年以上も、切り花として最高の花だった。一九五四年に初めて作り出された鮮やかなピンク色の「クリスマス・マーヴェル」もそうだった。象牙色がかった白色の「インゼル」は、みごとな薄色の葉をもつチューリップだが、これが最もよく売れる切り花リストに新たに加わったのは、もっと後のことだ。珍しい緑色がかった黄色の葯が、総督が身に着ける上着と同じほど豪華な花の中央で輝いている、鮮やかな紫色の「ネグリット」もそうである。

一八八〇年代に、ロンドンのコヴェント・ガーデンの市場で売られていた切り花の価格表の中に、チューリップは見えない。しかし、一八九三年までには、ウォルター・ウェアー（c.1855-1917）が、商品としてチューリップを大量に育てていた。トッテナムのヘイル・ファーム種苗園のトマス・ウェアーの息子のウォルター・ウェアーは、その頃イギリスで最も成功していた栽培家の一人だった。彼の種苗園はバース近郊のイングルスコムにあったが、そこで育てたすばらしい「イングルスコム・イエロー」などのチューリップを紹介した。このチューリップは、イギリスの栽培家が作り出したものの中でクレラーグの作ったダーウィン系に近いものだった。しかし、彼が作ったチューリップの中で最も人気があった切り花用の花は、ユリのような花が咲く「ピコッテ」で、これは白地にピンク色の縁取りがあって、しかも花弁の端ほどその色が濃くなっているという種類だった。ウェアーは市場用に何千もの花を育てたが、二〇世紀の初めの数十年の切り花の価格を見れば、これが高い利益をもたらす商品だったことが分かる。一九一一年四月二九日に、一ダースが一六シリングで売られたチューリップが、コヴェント・ガーデンの市場で売られた花の中で最も高い。ほとんどのチューリップはそれよりも安いが、平均価格でも、チューリップより高いのはカトレアだけである。しかし季節が進むにつれて、切り花の価格は下がった。その年の五月二〇日までにはスペイン産のアイリスとドイツスズランの方がチューリップよりも高くなっているが、最上のチューリップは一束一シリングの値段が付いている。一九二六年のイギリスで起こったゼネスト以前には、チューリップは栽培家にとってうまみのある花だった。その年の春の売り出しで、一ダースを一束にして一八から三〇シリングの価格が一二種類のチューリップに付けられた。今やその季節には毎日百万本以上のチューリップが売られるが、手に入れるのが容易になれば、それだけ価格は低くなる。ガソリンの給油所の前にバケツに入れて売られているチューリップは、今では最も安価に手に入る花になっている。

一九世紀後半以降、大量の商品を扱う市場ができると、オランダ人以外の人々もチューリップに投資しようという気になった。イギリス東部、特にリンカンシャーのスポールディングあたりに球根畑が作られた。排水状態がよく微砂質土壌の湿地帯は、ハールレムと同じくらい栽培条件が良く、一九二〇年代までには、花の生産はその地方の経済にとって重要なものになっていた。第二次世界大戦が勃発した頃、国内販売は禁止されたが、そのかわり球根輸出会社はアメリカに四百万個のチューリップ（「クララ・バット」、「バーティゴン」、「ウィリアム・ピット」を含む）の球根を武器と交換で送った。一九世紀の終わり頃に貿易の機会が開けると、日本にもチューリップが紹介された。当初、バラでさえ洗練された花だと思っていない日本の園芸家は、自分たちのすばらしく洗練されている庭に、チューリップを植えようとはしなかったが、商売としての可能性は認め、一九二〇年代には日本の西海岸の気候の穏やかな地域で、球根栽培の産業が急速に発展した。今では日本で毎年一億二千万個以上の球根が生産されて、稲作の循環にうまく合った花となっている。チューリップ畑は、ワシントン州のスカギット渓谷で多く見られるし、オーストラリアのダンデノンの山岳地帯でも見られる。タスマニアやニュージーランドの南島（ニュージーランドにチューリップが紹介されたのは一九〇八年）でも商業的に栽培されている。チリ南部や南アフリカの高地でも栽培されている。栽培条件がオランダと非常によく似ているアイルランドやデンマークでも見ることができる。

チューリップ産業は世界中の気温が穏やかな地域に広がってきたけれども、扱いの点で他の誰より（トルコ人より）みごとなので、チューリップと言えばオランダ人ということになる。オランダは低く見積もっても、年間生産数の三分の二にあたる二〇億個の球根を輸出している。国土のほぼ半分の三万四千平方キロメートルが球根畑となっている。一三億三千万ポンド［約二六六〇億円］ほどの輸出額があってその面積は増え続けている。交配業者は、球根貿易に適するように、すぐに大きくなる新種や切り花産業用に促成栽培に適する新種を探している。「植物の交配および繁殖研究のためのオランダ・センター」では、科学者が新しい実生種の成長のサイクルの特徴を早い段階で発見していた。ある種の栽培品種の球根は他の種類よりもはるかに早く大きくなるのだ。初期の栽培家が見つけ出して絶望的な気分になったように、黄色と赤のカウフマニアナ系の「ストレサ」などの球根は、他の種類より多くの子球根を作り出すが、紫色と白の「ルイ一四世」のような最も高価な昔のチューリップは、絶望的に繁殖が遅い。かつて、この喜ばしくない性質ゆえに花の価値が高くなったが、新しい大量消費市場では、そうした貴族的繊細さを交配者は黙認するわけにはいかない。チューリップがウサギのように早く大きくなることを望むのだ。子球根あるいは「娘」球根を最も多く作るチューリップは、種子からでも最も早く花を付けるチューリップであることを発見したのは、交配者にとって有益なことだった。栽培家に二重の利点を与えることになるからだ。

チューリップを切り花売買用に促成栽培することは、球根を売買するより富を生む。オランダの球根畑の半分に二〇の栽培種が植えられていて、そのすべてが促成栽培の切り花用の花である。事実、チューリップの切り花市場の半分をわずか一〇種類の栽培種が支配している。これは自然が千種類以上の花を作り出したことを考えると極端に少ない。これは、交配者が切り花市場用に新しい栽培種を作り出す際、実生の時に早咲きの傾向があったものを選び出し、活用した結果だ。チューリップの茎の長さ、葉の堅さ、葉が茎についている様子、葉と花の比率が考慮すべき重要な点だった。もちろん、花瓶に入れても、花ができるだけ長く枯れないことも重要だった。容易に想像できると思うのだが、屋外の球根畑で長く枯れないチューリップは、水の中でも同じくらい長く生きることを交配者が発見した。深いサクランボ色でプラム色がかった紫色の葯がある「デビュタント」は、「植物の交配および繁殖研究のためのオランダ・センター」の科学者が切り花市場用に選んだ実生のチューリップの一つである。交配者もチューリップが成熟する割合を操作してきた。自然の状態では、チューリップは種子から花が咲くほどの球根になるにはだいたい七年かかる（ツリパ・スプレンゲリはそれより早い）が、科学者は交配種が四年以内に成熟する方法を研究した。光の強さと貯蔵温度をいろいろ変えて実験し、成長のサイクルを一年から八か月にして、二年間に三度開花するようにした。余分な経費がかかるとしても、商業上の利点は明白だ。

しかし何にもまして重要なことは、花それ自体の美しさである。我々がなぜチューリップを購入するかと言えば、茎が長くて強いからでも、葉が対称的についているからでも、開花までの時間を自然が意図している三分の二に短縮したからでもなく、この花が美しいからだ。空が灰色で太陽のない、北西の風が強く吹いている時に、物問いたげな様子の鳥の群のように、花瓶の中で揺れているチューリップほど心を温かくしてくれるものはない。科学者もそれを理解していて、色はどのようにチューリップに入るのか、どうしたら絹布のような花弁の表面に、ピンク色、紫色、オレンジ色、あるいは黄色などの色がつくのかを正確に分析し始めた。科学者の手によって美しさは化学的に究明されるようになったのだ。黄色はカロチノイドの、赤色はシアニディンのせいである。オレンジ色はカロチノイドとシアニディンが混じったものである。しかし、赤色の花には通常ペラルゴニディンと呼ばれる色素が含まれており、そのせいで、異なった赤色の色合いができるし、それと青色がかったデルフィニディンが結びつくと、紫色のチューリップができる。ピンク色は色素の混じり具合が最も複雑だが、その色素は簡単に混ぜ合わせることができる。しかも、チューリップの奇妙で魔法のような特徴は、実験室の中でさえも優勢である。科学者の目には、同じ色のように見える花でも、分析してみるとまったく別の色素が混じり合っていることが分かった。逆に、少なくとも化学的には同じ色素が同じ割合で混じっている花でも、まったく違った色に見えることがある。実生の花の中には、親のどちらの花にも現れていない色素が現れるものがある。コラチノイドしか含んでいない黄色のチューリップと、同じ色素でできている別の種類の黄色のチューリップとを交配すると、赤色のシアニディンが優勢になっている実生の花を作り出せるかもしれないのだ。赤色は黄色の交配種の中で劣性に違いないという結論を科学者が出した。常に表に出てくるわけではないが、中に潜んでいて、その劣性の色が突然現れ、交配者にそのチューリップの祖先のことを思い起こさせることになる。

花の形は花の色を明確にするのと同じくらいに困難なことも分かってきた。何年もの間、それぞれの特徴を「付ける」ために、ユリのような花を付けるチューリップ、八重のチューリップ、際だつような色が縁に付いたチューリップから交配種を作り出そうとしている。しかし、明るい赤色のユリのような花が咲くチューリップ「ディアニート」とユリのような花を付けないチューリップを交配させると、その実生の花は「ディアニート」の特徴をもつ花の形にはならないことが分かった。長く細い優雅なくびれがある花のツリパ・アクミナタと交配することによって、ユリのような花の実生のチューリップ「ノヴィレッド」（一九九〇年に作られた）や硫黄色の「タルビオン」（一九八二年に作られた）が生まれたのは幸運によるものだった。これらはさらに新種を作るのに利用されることになる。八重の早咲きの赤色と黄色の「アボードメント」から生まれた実生の花は一重だったが、昔の八重の早咲き「ムリリョ」は他のどのチューリップよりも簡単に変種を作る。一八六〇年に紹介されて以来、このチューリップからは一三九種類の変種が生まれている。「縁飾りがある」チューリップとの交配はもっと満足のいく結果をもたらした。少なくともその結果生まれた実生の半分が「縁飾りがある」ものだった。

「ムリリョ」が作り出した変種は、交配者が作り出したものではなく、自然の突然変異だった。最初のパロット系のチューリップで、一七世紀のフランスやイギリスの栽培家が記述している「モントルーズ」も自然の突然変異だった。一九七五年に遺伝子操作によってパロットの品種が作られた。フクシャ色の「アメジスト」がそれで、一重で遅咲きの深紅色と白色の「コーデル・フル」を「自家受精すること」によって作られた。パロットの遺伝子はある程度まで利用できるようになり、パロット系の特徴である一風変わった縁がギザギザの花弁の花を作り出すことが以前より簡単になった。チューリップが生まれつきもっている外見を変える能力、一重ではなく八重の花を作ること、花弁の縁がつるつるのものだけでなく、ギザギザのものや切れ込みのあるものにすること、縁に模様があるもの、あるいはないものができることなどがその主要な魅力である。「ムリリョ」のような栽培種の中には例外的に、当てにならない遺伝子をもっているものもあるが、赤色の一重の遅咲きの「バーティゴン」、ラベンダー色の一重の遅咲きの栽培種「ウィリアム・コプランド」、サクランボ色のダーウィンの交配種「アペルドルン」のようなチューリップは、同じように突然変異を起こしやすい。突然変異を起こしやすくするには、球根にX線をあてるという人為的な刺激を与えればよいこともある程度分かった。もしX線処理が早い時期に（八月に）行われると、多くのチューリップが次の年の春に形の悪い花を付ける。もし遅い時期（一一月）にX線をあてると、その球根を植えてから初めての春には正常な花が咲くが、その次のシーズンには花が咲かない。その割合はまだ、「自然二、人為一」だが、濃い赤色のトライアンフ系の「ルスティッジ・ヴィットヴェー」にX線をあてることで、紫がかった赤色の突然変異種「サンティナ」や「イヴォンヌ」が生まれる。

ユリ型のチューリップ「ジャクリーン」
（1958年に作り出された種）

交配者が引っかかる別の罠がある。たいていのチューリップは一二の染色体が二組ある二倍体（2n＝2x＝24）である。ダーウィンの交配種は三倍体で、四倍体（2n＝4x＝48）のものがごくわずかある。ツリパ・クルシアナ、ツリパ・オルファニデア、ツリパ・シルヴェストリスはすべて四倍体である。耐寒性があって背の高い一重の遅咲きの「ミセス・ジョン・T・シーパーズ」はがっしりとした黄色の花を付けるが、これも四倍体であり、洋紅色と白色のトライアンフ系「ジュディス・レイスター」もそうだ。交配者は四倍体を好む。その理由は、四倍体の花の方が二倍体よりも確実に交配種を作り出すからだ。しかし落とし穴があって、四倍体の花はすべて遅咲きで、その結果切り花産業には役に立たないのだ。交配者は四倍体と二倍体とを交配させて、三倍体の花を増やそうとしたが、ここにも問題があった。そうしてできた実生の花の大半は種子を付けず、それから別の交配種を作ることができないことだった。

たくさんの野生種から、花の世界で他にないほど多彩な色の交配種が作り出されたということは、原則としては正しいだろう。交配者が香水製造者のように、多くの野生種のチューリップに囲まれて立っているところを想像していただきたい。逸品のチューリップを世に出すためにどの花に手を出そうとするだろうか。それはその花を誰のために作るかによる。切り花市場用の花を栽培する人は、何よりも早咲きの種類を評価する。そこでツリパ・プルチェラが必須の素材のように思えるだろう。これは二月の終わりまでに丸い紫色のチューリップが咲く。しかし、このチューリップは交配者が考え出した性急な結婚に協力することを拒否して、可能性がある相手として選び出されたどんなチューリップとも交配することはないだろう。次にツリパ・ツルケスタニカに手を出している交配者のことを想像してほしい。この種類は茎に七個までなら花を付ける。これは多数の花を付けるチューリップを客に提供できるから、切り花を商売にしている人にとって非常にありがたい花である。しかし、またもやこのチューリップはたかり屋を足蹴にする。エリオステメネス系（ツリパ・タルダ、ツリパ・ベイケリ、ツリパ・ダシステモン、ツリパ・サクサティリス）もそうだが、ツリパ・ツルケスタニカは、庭用のチューリップとは交配しない。花がブレイクして羽状模様や炎状模様を付けるのはウィルスが原因だが、商業用に栽培している人は、ウィルスが原因ではなく模様を付けるチューリップを見つけ出すことにも興味があるだろう。一方園芸家はブレイクを起こした古い栽培種のいくつかを手に入れることを強く望んでいた。ここに助けになる種が用意された。チューリップをブレイクさせるウィルス（ＴＢＶ）を絶対寄せ付けないものがツリパ・フォステリアナの中に見つかり、この性質が、「カンタータ」のようなツリパ・フォステリアナの栽培種や複製種の「プリンセプス」などに伝わった。「カンタータ」

ツリパ・ツルケスタニカ
(W.R.ダイクのチューリップの種に関する覚え書きから)

はツリパ・フォステリアナの美しい葉も受け継いだ。葉で評価されるチューリップはそれほど多くはないが、ツリパ・フォステリアナは輝くような緑色の葉をもち、アラム属の葉と同じように光沢がある。リセの有名な栽培家ディルク・レフバー(1894-1979)は、チューリップの交配者が直面している皮肉な現象を指摘した。形、色、そして花弁の形の点でほとんど完璧な実生の花(トルコの宮廷の最も気難しい栽培家さえ感激させるほどの逸品)を育ててみると、それはいつでも貧弱で、栽培するには弱すぎることが判明した。レフバーはさらに交配種を作り出すことがどれほど気まぐれな偶然に依存しているかも指摘した。同じ種類の二本のチューリップを同じように交配したとしても、しかもそれぞれが数時間以内に行われても、まったく別の二つの実生の花になってしまう。しかし時にそうした意外な結果を生み出す組み合わせを交配家が見つけ出すと、他の皆がこの新しい希望で刺激を受けた。ツリパ・フォステリアナの「マダム・レフバー」とダーウィン系チューリップをかけ合わせて、レフバーは三六四の実生種を育てた。その中には有名な「アペルドルン」と

「ゴウトシュトゥック［金貨］」が含まれており、そのすべてが当時の栽培種より優れていた。チューリップに関わる人間にとって、これは夢のようなものだった。

チューリップを操作することはできるが、力づくでどうなるものでもないことは交配者も認めている。最も素直に見える花にさえ、隠れた無秩序な部分があることを知っているのだ。トライアンフ系の「ホランディア」の鮮明な赤色の花弁がブレイクすると、わずかに緑色の部分があることから、それが分かるし、わずか二年前に紹介されたトライアンフ系の「メアリー・ベル」の花弁が波打ち、ひどくカールしているのを見ても分かる。だから、トライアンフ系のチューリップがパロット系チューリップに変わったとしても、それを作り出した人がショックを受けるだろうかと考えてしまう。一七世紀のイズニッキの陶工がタイルに描いたチューリップと同じ針のような花弁をもつ、卵の黄身色のチューリップ「ヨコハマ」にも、黄色だと思われていた八重の「モンテ・カルロ」に火のように赤色の小さな斑点があることにもその無秩序な部分を見て取れる。リーンフェルドの厩舎で育てられたサラブレッドの一つ、光沢がある黒色の「ブラック・スワン」の下地の色が驚くような空色であることにも見て取れる。その鮮やかな青色の下地は、フランドルの忍耐強いチューリップ愛好家が何百年も作り出そうとしていたものだった。彼らこそこの花にその最良の特徴を与えた人々だった。

実験的な交配の中心地、オランダのオウド・ニードルプの周囲にある球根畑の中を歩きながら、私はギールト・ヘイグマンに「今までに、まだしていないことは何でしょう」と質問した。その土地は水平線まで平らで、モンドリアンの絵のようにいろいろな色の正方形に区切られていた。長く伸びた黒色の溝がそれぞれの正方形を区分けしており、海まで続く排水がこの国の海岸の防波堤の向こうまで何マイルも流れている。ヘイグマンは自分の畑の花の列の間をゆっくりと歩き、あるチューリップの美点を、あるいは別の花の問題点を述べた。彼の育てた千種類ものチューリップのうち一つの実生の花にだけ、深刻な問題があるようだった。そしてその実生種を市場に出して成功を収めるのに二〇年はかかるだろうと言った。流行はあまりにもはかないものだから、それに追随することはできないと彼は説明した。「クィーン・オブ・ザ・ナイト」や「ブラック・パロット」のような黒いチューリップへの情熱に応じて、新しい栽培種を作り出しても、その時にはもう、その流行を追う人々は別の新しい流行に移っているだろう。彼はできるだけ変わらない目標を見据え続けなければならなかった。チューリップがもつ自然の優雅な形をもう一度確立すること、病気に抵抗できるようにすること、変化への並外れた能力を開拓することなど。そしてこれほど忍耐強く育てられ、厳格に評価された無数の実生種の内のどの花を、彼は夢に見るのだろうかと私は思った。彼は小さな花の区画の方に歩いていった。それは私たちの周りの広大な赤色や黄色の区画の中にあってほとんど見えなくなっていたものだった。彼はその上に覆いかぶさるようにして、一本のチューリップを取り出し、私の面前にそれを出した。それは黒色の縦縞模様のビブロメンだった。それは一七世紀のオランダで、チューリップ熱の時代にあれほどの大騒ぎを起こした「ヴァイスロイ」ではなく、二〇世紀を映し出す鏡というべきチューリップだった。濃い紫色の羽状模様や炎状模様が花弁の上にあって、みごと

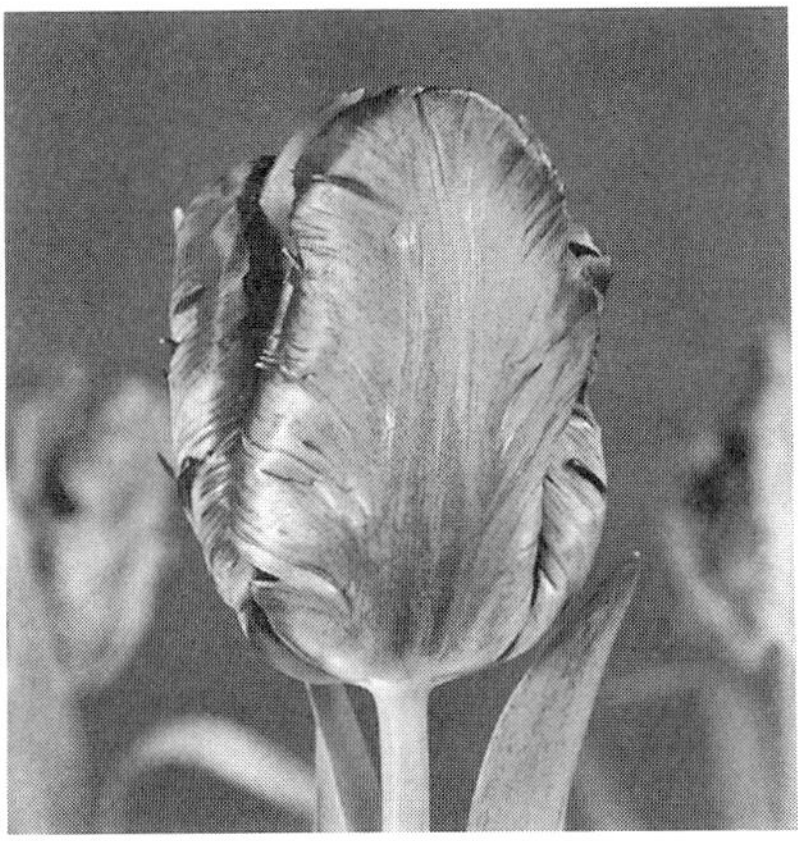

パロット系チューリップ「ジェームズ五世フォレスタル」（1955年に作られた）

なダマスク織りの色と感触があった。チューリップの下地色は雪のように真っ白だった。中央部の雄しべには蝶の触角と同じ濃い色の点があった。私はチューリップの未来を見た。そしてそれは魅力溢れる未来であるように思えた。

訳者あとがき

本書はアンナ・パヴォード著の『チューリップ』(Anna Pavord, *The Tulip*, Bllomsbury Publishing Plc, 1999)の第一部の翻訳です。原書は二部構成の四五〇頁近い大著で、第二部は現在ヨーロッパで入手可能なチューリップの特性が記述された、チューリップ・カタログになっています。残念ながら、日本の花屋、あるいは種苗店でチューリップを購入し、栽培するのに役に立つものではないので割愛しました。

この本はイギリスでは一九九九年のノンフィクションの部門でベストセラーになりました。ただ一種類の花の歴史を扱っている、どちらかと言えば専門的な本がこのようによく売れたということは、かの地での植物栽培に関わる人々の層が大変厚いことを示しているように思われます。チューリップはイギリスでも春を代表する、人気がある花ですが、それを単に栽培したり、愛でるだけでなく、その花についてはどんなことでもすべて知りたいと思う人々がたくさんいるということですから。しかも本書はその要求にみごとに応えていると思います。

筆者、パヴォードは、『インディペンデント』紙のガーデニング欄を担当し、『オブザーヴァー』紙にも二〇年来執筆しており、また『ガーデン・イラストレイテッド』誌の副編集長でもあります。*The Flowering Year* や *Gardening Companion* など、ガーデニングに関する著書では、高い評価を得ています。今はイギリスのドーセットに暮らしていて、古い牧師館の広い庭で、二〇年にわたり植物栽培を楽しみ、かつ研究しているようです。

ところで「春の花を一つ挙げなさい」と言われたら、何を挙げますか。桜ですか。チューリップそれともヒヤシンスでしょうか。菜の花を挙げる方もいるでしょう。しかし、「春になったら庭にどんな花を植えますか」と問われれば、まず間違いなくチューリップの名が挙がると思います。チューリップは我が国に導入されてまだ百数十年ほどと言われていますが、私たちにとって、春を象徴する代表的な花になっています。私も幼い頃のお絵かきでは、赤や黄色のチューリップをよく描いたと思います。

小学六年生から中学二年生までの約三年間を私は富山市で過ごしました。その頃庭にいろいろな花や野菜を植えていたのですが、あるとき、父が「黒いチューリップ」の球根を植えました。それまでチューリップと言えば、赤色か黄色のものしか知らなかった私たち家族は、さすがチューリップの本場富山ならではのことだと感心して、花が咲くのを楽しみに待っていました。ところが「黒いチューリップ」が咲いた時、それは黒色ではなく濃い紫色だったのでがっかりしたこと、さらにその次の年には、その色がもっと薄い紫色になってしまったことを、この本の翻訳をしていて思い出しました。そこで花屋さんを覗いてみました。本当に多種多様なチューリップがあって嬉しくなったのですが、黒いチューリップはありませんでした。第七章にも書かれているように、この色の花を求める人々が少ないからなのでしょうか。現在の育種技術をもってしても難しいからなのでしょうか。

私はヨーロッパにでかけると、美術館巡りをするのが楽しみの一つです。そうした美術館には一七世紀のオランダの画家が描いた花の絵が必ず数点は陳列されています。それらの絵が、本物のチューリップを購入することができなかった当時の人々にとっての代用品だったということを、この本を翻訳して初めて知り、大変驚きました。

私たち日本人にとっても馴染み深いこの花の歴史は、その色艶やかな美しい花からは想像できないほど劇的です。人々に喜びと楽しみを与えただけでなく、人生を狂わせ、破滅に導くこともありました。一国の政治や経済にまでも影響を与えた植物は、チューリップを除いて他にはないでしょう。チューリップはトルコなどからヨーロッパに導入されました。それ以降多くの栽培家が忍耐と努力をかさねて、幾多のチューリップを作り出し、今日私たちは安価にそれらを手にすることができるようになったわけです。この本を手にしていただいた皆様に、それを実感し、追体験していただけるなら、訳者としてこれに優る喜びはありません。

本文中にほんの少し日本についての記述がありますので、それを補足しておきます。我が国では、チューリップについての記述は、岩崎常正著の『本草図譜』（一八二八年完成）にチュリッパと出ているのが最初です。文久年間（一八六一年から一八六三年）にフランスからヒヤシンスと一緒に輸入されたと言われています。一般に植えられるようになったのは日露戦争前後のことのようです。初期は鬱金香《うっこんこう》と呼ばれていました。国内での球根生産を目的とした栽培は東京付近で始められましたが、ウイルス病の発生により、一九一八（大正七）年に新潟、富山両県に移されました。その後、京都府の丹後でも生産されるようになりました。第二次世界大戦中は生産が途絶えましたが、終戦とともに再開され、戦後は北海道から島根にいたる日本海側の各県で栽培されています。現在では球根は、オランダから輸入されているものが圧倒的に多いものの、我が国からもアメリカやカナダに輸出しています。

本書中の［　］は、訳者の注釈です。当然ながら本書にはトルコ語、フランス語、オランダ語、ラテン語で書かれた人名、地名、植物名が多数出てきます。古い時代の植物名など、最後まで意味の分からないものもありました。お気づきになった誤りなど、ご教示いただけるならばありがたいと思っています。また、本書を翻訳するにあたって、友人、知人の方々に助けていただきました。編集部の日高美南子さんも忍耐と努力をもって支えてくださいました。深く感謝いたします。

二〇〇一年早春

白幡　節子

1845	ロングアイランドのリンネ植物園に600種類のチューリップが植えられる。
1847	『ミッドランドのフロリスト』が出版される。
1849	ヘンドリック・ファン・デル・シュートが初の行商人としてアメリカに出かける。
1849	国内チューリップ協会が創設される。
1850	イギリスでの熱狂に翳りが見える。
1854	ウォルワースの種苗商、ヘンリー・グルームのカタログの中で、300種類のチューリップが1個百ギニーで売り出されている。
1878	アルバート・リーゲルがトルキスタンでツリパ・カウフマニアナを発見。
1885	ジュール・ランラールのコレクションが売り出される。これをもって、フランドルでの三百年におよぶ長い伝統的なチューリップ栽培が終焉。
1886	ダーウィン系チューリップをE. H. クレラーグの会社が紹介する。
1897	ロンドン、リージェント・パークの王立植物協会の庭で王立国内チューリップ協会主催のチューリップ展示会が大規模に開催される。
1901	フロリスト協会による最後の伝統的なチューリップの展示会。
1917	チューリップ命名法委員会の報告。
1928	マートンのジョン・イネス園芸研究所のドロシー・ケイレーがチューリップの「ブレイク」の過程を明らかにする。
1929	王立球根栽培家連合がチューリップについて初の『国際登録』を出版。
1936	王立国内チューリップ協会が消滅。
1943	D. W. レフバーによるダーウィン系の交配種が紹介される。
1975	最初の遺伝子操作によるパロット系チューリップ「アメジスト」を紹介。
1994	オランダは80カ国に20億個の球根を輸出。

	出版される。
1726	『イスタンブールのチューリップ栽培家の覚え書き』がアリ・エミリ・エフェンディ・クツファネシによって出版される。
1728	イブラヒム・パシャお抱えのチューリップ栽培家だったシェイク・モハメドの写本には、チューリップの交配が進んでいることを示す例が見られる。1323種類の交配種が掲載されている。
1730	種苗商サミュエル・スミスが『ヨーク新報』紙に広告を掲載。
1734	ヒヤシンスに投機することに警鐘を鳴らす目的で『対話』が再版される。
1741	バーデン=ドゥルラッハの選挙公の庭にある2400本のチューリップのリストがG. C. ヴァルトハーンによって出版される。
1742	種苗商ジェームズ・マドックが665種のチューリップをカタログに掲載。
1746	ボイン川の戦いでオラニエ公ウィレムの側で戦ったユグノーの将校たちによってダブリン・フロリスト協会が創設される。
1750	チューリップの人気に翳りが見え始める。
1750	「カイザーズクローン」が紹介される。この品種は現在もオランダでは2.3ヘクタールもの土地で栽培されており、交配種の中では最も古いチューリップである。
1760	ダルデン神父の『チューリップ論』がアビニョンで出版される。
1760	N. ファン・カンペンの『球根植物の概論』がハールレムで出版される。
1760	アメリカのボストンの新聞に50種類のチューリップの広告が掲載される。
1763	ファン・カンペンの『オランダのフロリスト』が英語に翻訳される。
1768	ヨーク・フロリスト旧協会が設立される。
1776	有名なビブロメン系のチューリップ「ルイ一六世」が育てられる。
1777	ジェームズ・マドックのカタログに804種類のチューリップが掲載される。
1786	カーティスの『ボタニカル・マガジン』の最初の部分が出版される。
1789	オランダのフロリストで種苗商でもある M. ファン・ニューケルクによって「ルイ一六世」が初めて売り出される（球根１個250ギルダー）。
1800	「ルイ一六世」がウォルワース種苗園のカタログに掲載される（球根１個20ギニー）。
1826	ハンプトンのロレンスによって、交配用に優れている「ポリフェムス」が育てられる。
1830	イギリスでの熱狂が頂点にある（1830-1850年の間）。
1835	ウェイクフィールドおよび北イングランド・チューリップ協会が設立される。
1843	ジョン・スレーターの『チューリップについての記述カタログ』が出る。

1612	エマニュエル・スウェールトが初めて商売用のカタログとして『花譜』を出版。
1613	『アイヒシュテットの園』が出版される。
1614	クリスピン・ド・パス（子）の『花の園』の中にすばらしいチューリップの木版画。
1617	パリで『チューリップとその花の変種についての概論と要約』出版。
1618	ジョン・トラデスカントがアルハンゲリスクを訪れ、この地に「チューリップとスイセン」があると記述。おそらく野生種と思われる。
1620	パロット系チューリップの記録。
1623	ヴァッセナーが「センペル・アウグスツス」をその年のチューリップに選ぶ。この球根が１個千フローリンで売られたと記述。
1629	ジョン・パーキンソンの『太陽の楽園』で140種類のチューリップについての記述あり。
1630	スルタン・ムラト四世が育てたチューリップのリストを公表。
1631	ノリッジで初のフロリストの祭が催される。
1634	チューリップ熱の始まり。
1636	チューリップ熱の頂点。1637年には終焉。当時球根業者は、１ヶ月で現在の３万ポンドに相当する金を儲ける。
1636	バーデン=ドゥルラッハ辺境伯の庭の植物リスト公表。4796種類のチューリップについての記述あり。
1636	ツリパ・クルシアナがイギリスで知られるようになる。
1637	２月５日アルクマールでチューリップ競売
1651	オーストリア大使シュミット・フォン・シュヴァルゼンホーンがメフメット五世への贈り物として40種類のチューリップをヨーロッパからイスタンブールに運ぶ。
1651	パリの種苗商ピエール・モランが所有している植物のカタログを初めて出す。
1659	トマス・ハンマー卿が『庭の本』を完成。
1660	トマス・フラーが『花の言葉』の中で「チューリップにかけた愛情と好意を大半の人が忘れている」と嘲笑気味に述べている。
1665	ジョン・リーが『フローラ―花の栽培』の中に184種類のチューリップを掲載する。
1678	ピエール・モランによって『花の栽培にとって必要な記述』が出版される。
1680	「カイザーズクローン」が紹介される。今日もまだ入手可能。
1698	ペンシルヴェニアにあるジョン・テータムの庭でチューリップが栽培される。
1700～	ヒヤシンスの人気がチューリップよりも優勢になる。
1703	スルタン・アフメット三世の統治下、オスマン帝国内でのチューリップ熱が起こる。
1703	ヘンリー・ファン・ウーステンの『オランダの園芸家』の英語版が

チューリップ年表

西暦	チューリップ史
1451	チューリップがスルタン・メフメットの庭で栽培される。
1521	スレイマン大帝の統治下、チューリップはオスマン文化にとって欠くことができないものとなる。
1546	フランス人探検家ピエール・ベロンがトルコとレヴァント地方への旅を開始。
1553	ピエール・ベロンの『いくつかの珍品についての考察』がパリで出版される。
1554	フェルディナンド一世の大使としてオジエ・ギゼリン・ド・ブスベックがトルコに向けて出発する。
1559	コンラート・ゲスナーがアウグスブルクのヘルヴァルトの庭で咲いているチューリップについて記述。ヨーロッパで最初の記録。
1562	チューリップがコンスタンティノープルからアントワープに届く。
1565	レオンハルト・フックス著『古写本』の中に8枚の花弁をもつチューリップの記述あり。
1568	レンバート・ドドエンスの『本草書』にオランダ初のチューリップの絵が掲載。ファン・デル・ボルクト制作の木版画。
1571	リールのマティアス・ド・ローベル（ロベリウス）41種類のチューリップについて記述。
1576	カロルス・クルシウス著『イスパニア稀少植物誌』出版される。その付録の部はチューリップを含む記述があって貴重。
1576	マティアス・ド・ローベルの『植物誌』出版される。
1577	ロンドンでジェームズ・ガレットがチューリップを栽培。
1581	『図譜』の出版。2173枚の木版画のコレクション。
1590	チューリップがライデンで栽培される。
1593	クルシウスが植物学の教授としてライデンに来住、新しい植物園造りに携わる。
1597	ジョン・ジェラードの『本草書』出版。
1598	チューリップがモンペリエで栽培される。
1600	(～1650) チューリップがヨーロッパの庭園で広く流行する。
1601	クルシウスが『稀少植物誌』の中で「カフェ・ラレ」と「カヴァラ・ラレ」を含む様々なチューリップについて記述。
1606	『花譜』がパリでピエール・ヴァレによって出版される。
1610	オランダ産のタイルにチューリップのモチーフが現れる。

Utrecht/Istanbul 1993
Roman, A *Samenspraecken* Haarlem 1637
Sanders, John *The Select Florist* Derby 1829
Schaap, Ella B *Dutch Floral Tiles in the Golden Age* Haarlem 1994
Segal, Sam *Tulips Portrayed* Amsterdam 1992
Sievert *Hortus Florum Imaginum* (volume of paintings *c*1720 in the Lindley Library, London)
Slater, John *A Descriptive Catalogue of Tulips* London 1843
Slikke, C M van der *Tulpenteelt op Kleigrond* Berlikum 1929
Sowerby, James *The Florist's Delight* London 1790
Stafleu, Frans A and Cowan, Richard S *Taxonomic Literature* Utrecht 1976
Step, Edward and Watson, William *Favourite Flowers of Garden and Greenhouse* 1897
Stevenson, Rev Henry *The Gentleman Gardener's Director* 1769
Stork, A L *Tulipes Sauvages et Cultivées* Geneva 1984
Sweert, Emmanuel *Florilegium* Frankfurt 1612
Taylor, Paul *Dutch Flower Painting 1600–1720* London 1995
Thornton, Peter *Seventeenth Century Interior Decoration in England, France and Holland* New Haven 1978
Thornton, Robert *Temple of Flora* London 1807
Titley, Norah and Wood, Frances *Oriental Gardens* London 1991
Tournefort, J P de *The Compleat Herbal* 1719–30
Wakefield and North of England Tulip Society *The English Florists' Tulip*
Wassenaer, Nicolas *Historisch Verhaal* 1625
Weinmann, Johann Wilhelm *Phytanthoza-Iconographia* 1745 (Lindley Library, London)

Hanbury, Rev William *A Complete Body of Planting and Gardening* 1770
Hanmer, Sir Thomas *Garden Book* (edited by Eleanour Sinclair Rohde) London 1933
Hartland, Baylor *Original Little Book of Irish Grown Tulips* Cork 1896
Harvey, John *Early Nurserymen* London 1974
Hendrix, Lee and Vignau-Wilbert, Thea *Nature Illuminated* London 1997
Herbert, Zbigniew *Still Life with a Bridle* London 1993
Hogg, Thomas *A Concise and Practical Treatise on the Growth and Culture of the Carnation, Pink, Auricula, Polyanthus, Ranunculus, Tulip, Hyacinth, Rose and Other Flowers* Paddington Green, Middx 1820
Howitt, William *Rural Life in England* London 1844
Hulton, Paul *The Work of Jacques le Moyne de Morgues* London 1977
Jacob, Rev Joseph *Tulips* London 1912
Jardine, Lisa *Worldly Goods* London 1996
Jeffers, Robert H *The Friends of John Gerard* Falls Village, Connecticut 1967
Johnson, G W *A History of English Gardening* London 1829
Justice, James *The British Gardener's Director* Edinburgh 1764
Kampen, Nicholas van *The Dutch Gardener* London 1763
Komarov, V L (ed) *Flora of the USSR* translated from the Russian by the Israel Program for Scientific Translations Jerusalem 1968
Kouwenoorn, Pieter van *Verzameling van Bloemen* 47 folios containing *c*200 drawings *c*1630 Lindley Library, London
Krelage, E H *Bloemenspeculatie in Nederland* Amsterdam 1942
Krelage, E H *Drie Eeuwen Bloembollen Export* 's-Gravenhage 1946
Landos, David *The Wealth & Poverty of Nations* London 1998
Levier, E *Les Tulipes de l'Europe* Neuchâtel 1884
Lobelius, Matthias *Plantarum seu Stirpium Historia* Antwerp 1576
Loudon, John *Encyclopaedia of Gardening* London 1822
Maddock, James *The Florist's Directory* London 1792
Mathew, Brian *The Smaller Bulbs* London 1987
Mathew, Brian and Baytop, Turhan *The Bulbous Plants of Turkey* London 1984
Mattioli, Pier Andrea *Commentarii in sex libros Pedacii Dioscoridis* Venice 1565
Miller, Philip *The Gardener's Dictionary* (ed Martyn) London 1805
Monstereul, de la Chesnee *Le Floriste Francais* Caen 1684
Morin, Pierre *Remarques Nécessaires pour la Culture des Fleurs* Paris 1678
Nelson, C and Brady A (eds) *Irish Gardening and Horticulture* Dublin 1979
Oosten, Henry van *The Dutch Gardener* London 1703
Parkinson, John *Paradisi in sole paradisus terrestris* London 1629
Pasinli, Alpay and Balaman, Saliha *Turkish Tiles and Ceramics* Istanbul 1991
Passe Crispyn de *Hortus Floridus* Utrecht 1614
Payne, C. Harman *The Florist's Bibliography* London 1908
Platt, Sir Hugh *The Garden of Eden* London 1655
Punch, Walter (ed) *Keeping Eden* Boston 1992
Rea, John *Flora, Ceres and Pomona* London 1665
Roding, Michiel and Theunissen, Hans (eds) *The Tulip: A Symbol of Two Nations*

文　献

Amherst, Hon. Alicia *A History of Gardening in England* London 1895
Ardène, le Père d' *Traité des Tulipes* Avignon 1760
Baytop, Turhan *Istanbul Lalesi* Ankara 1992
Belon, Pierre *Les Observations de Plusieurs Singularités* Paris 1555
Bentley, J W *et al. The English Tulip and its History* (Messrs Barr & Sons 1897) reprinted by the Wakefield and North of England Tulip Society Wakefield 1973
Besler, B *Hortus Eystettensis* facsimile edition London 1994
Blunt, William *Tulipomania* Harmondsworth 1950
Blunt, Wilfred and Stearn, William *The Art of Botanical Illustration* London 1950
Botschantzeva, Z P (trs. H Q Varekamp) *Tulips* Rotterdam 1982
Brenninkmeijer-de Rooij, Beatrijs *Roots of Seventeenth-century Flower Painting* Leiden 1996
Chardin, Sir John *Travels into Persia* 1686
Clusius, Carolus *Rariorum aliquot Stirpium* Antwerp 1576
Clusius, Carolus *Rariorum plantarum Historia* Antwerp 1601
Coats, Alice *Flowers and their Histories* London 1968
Cordus, Valerius *Annotationes in Pedacii* Strasbourg 1561 bound with Conrad Gesner's *Caspari Collino Pharmocopoeo*
Cowell, John *The Curious and Profitable Gardener* London 1730
Damme, A van *Aanteekeningen betreffende de geschiedenis der bloembollen* Haarlem 1899–1903 reprinted Leiden 1976
Davis, Dr P H (ed) *Flora of Turkey* Edinburgh 1965–68
Desmond, Ray (ed) *Dictionary of British and Irish Botanists and Horticulturists* London 1994
Dodoens, Rembert *Florum et Coronarium Odoratumque Nonnularum* Antwerp 1568
Douglas, James *Hardy Florists' Flowers* London 1880
Duthie, Ruth *Florists' Flowers and Societies* Aylesbury 1988
Dykes, W R *Notes on Tulip Species* London 1930
Fisher, John *Mr Marshall's Flower Album* London 1985
Gerard, John *Herball* London 1597
Gesner, Conrad *Caspari Collino Pharmocopoeo* bound with Valerius Cordus's *Annotationes in Pedacii* Strasbourg 1561
Gilbert, Samuel *Florist's Vade mecum* London 1682
Gobelius, S *Plantarum seu Stirpium Icones* Antwerp 1581
Hall, A D *The Book of the Tulip* London 1929
Hall, A D *The Genus Tulipa* London 1940

〈マ〉

〈ヤ〉

〈ラ〉

〈ワ〉

〈タ〉

〈ナ〉

〈ハ〉

花の名索引

〈ナ〉

〈ハ〉

〈マ〉

人名・書名索引

〈ア〉

〈カ〉

〈サ〉

〈タ〉

［訳者略歴］

白幡節子（しらはた　せつこ）

1978年、大阪市立大学大学院文学研究科修士課程修了。現在大阪経済大学、立命館大学非常勤講師。

［主要翻訳］『プラント・ハンター物語』（M.タイラー・ウィットル著、八坂書房、1983、共訳）『世界を変えた植物』（B.S.ドッジ著、八坂書房、1988）『花の西洋史』（A.M.コーツ著、八坂書房、「草花篇」（1989）「花木篇」（1991）、共訳）『スパイス・ストーリー』（B.S.ドッジ著、八坂書房、1994）『神秘主義への扉』（P.ワシントン著、中央公論新社、1999、共訳）

チューリップ―ヨーロッパを狂わせた花の歴史

初版発行――――2001年4月10日

著　者――――アンナ・パヴォード

訳　者――――白幡節子

発行者――――鈴木一行

発行所――――株式会社大修館書店

〒101-8466 東京都千代田区神田錦町3-24

電話 03-3295-6231（販売部）03-3294-2356（編集部）

振替 00190-7-40504

［出版情報］http://www.taishukan.co.jp

装丁者――――井之上聖子

編集協力――――（有）メビウス

印刷所――――錦明印刷

製本所――――三水舎

ISBN4-469-21266-0　　Printed in Japan

花の名物語100

D・ウエルズ 著　I・パターソン 画
矢川澄子 訳

未知の植物を求めて旅した探検家、花を独占しようとした皇后、欧米の代表花100を選び、花の名に秘められた歴史と物語を鮮やかに描き出した花の名小事典。

四六判・338頁　本体2000円

ヨーロッパ文学 花の詩史

山中哲夫 著

詩にうたわれた花の意味とは——中世から現代に至るヨーロッパの文学作品や絵画に表現されたさまざまな花をめぐる詩的考察。作品中の花々に込められた意味を追究する。

四六判・420頁　本体3200円

タバコの歴史

上野堅實 著

煙草を吸うマヤの神々から20世紀の多国籍タバコ企業まで、人とタバコの友となり、敵となりの500年。波乱に富んだ数世紀を文化史・産業史の両面から描いたタバコの正史。

A5判・364頁　本体3200円

世界ビール大百科

F・エクハード、C・P・ローズ他 著
田村功 訳

ビールには八千年の歴史と文化がある！　エピソードに富んだ歴史・神話、世界各地の地ビールの原料や醸造法の詳細、様々な用語、ビールについての全てに答える初の大事典。各種索引付。図版300点余。

菊判・582頁　本体4800円